“十四五”职业教育系列教材

创新创业教育

CHUANGXIN CHUANGYE JIAOYU

主　编　李　丽　王静涛

副主编　陈孝伟　范静雅　杨文海　胡艺文

　　　　贺　莉　杨　琳

参　编　张亚军　周建雷　齐永意　陈保利

　　　　李姬飞　李鹏飞　陆　潇　李志慧

　　　　马文良　吴锡茜　张　帆

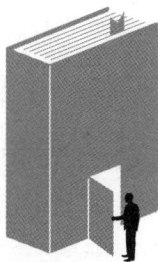

中国电力出版社
CHINA ELECTRIC POWER PRESS

内 容 提 要

本教材为“十四五”职业教育系列教材。

本教材旨在激发大学生与生俱来的创新潜能，开发大学生创业意识，提高大学生创新能力素养，培养其职业生涯规划的自主意识以及创业能力；从实用、易教易学的角度出发，将内容划分为四篇十一个章节，主要内容包括创新创业形势分析、创新思维启发、创新方法训练、创业准备与规划、创业者素养、创业机会识别与创业计划书撰写、名匠访谈等。此外，本教材涵盖了知识微课、案例解读、名匠访谈、思政融入等多种资源类型，为资源开放共享性的新形态教材。

本教材为创新创业教育通识类公共教材，高职特色明显，适用于高职院校培养高素质技能型人才教育以及电力行业学习者进行针对性的学习；同时作为通用教育教材，也适用于对创新创业感兴趣的人群进行参考。

图书在版编目（CIP）数据

创新创业教育 / 李丽，王静涛主编 . -- 北京 : 中国电力出版社，2021.12
“十四五”职业教育系列教材
ISBN 978-7-5198-6223-7

Ⅰ . ①创… Ⅱ . ①李…②王… Ⅲ . ①大学生－创业－高等职业教育－教材 Ⅳ . ① G717.38

中国版本图书馆 CIP 数据核字 (2021) 第 234849 号

出版发行：中国电力出版社
地　　址：北京市东城区北京站西街 19 号（邮政编码 100005）
网　　址：http://www.cepp.sgcc.com.cn
责任编辑：冯宁宁（010-63412537）
责任校对：黄　蓓　于　维
装帧设计：赵姗姗
责任印制：吴　迪

印　刷：北京天宇星印刷厂
版　次：2021 年 12 月第一版
印　次：2021 年 12 月北京第一次印刷
开　本：710 毫米 ×1000 毫米　16 开本
印　张：17.25
字　数：324 千字
定　价：52.00 元

序

党的十九大报告指出，创新是引领发展的第一动力，是建设现代化经济体系的战略支撑，要加强国家创新体系建设，鼓励更多社会主体投身创新创业。2021年7月，习近平总书记在天安门城楼代表党和人民庄严宣告，在中华大地上全面建成了小康社会，历史性地解决了绝对贫困问题，正在意气风发向着全面建成社会主义现代化强国的第二个百年奋斗目标迈进。自此，我国经济已由高速增长阶段转向高质量发展阶段，对推动大众创业、万众创新提出了新的更高的要求，推进职业教育领域创新创业教育改革、培养具有创造精神的大国工匠成为职业教育新时期的使命责任。

青年是国家和民族的希望，创新创造是社会进步的灵魂，创业是推动经济社会发展、改善民生的重要途径。新时代是属于创造者和开拓者的，创造力是最珍贵的财富，拥有这种能力，能够把握发展最佳的机遇，缔造伟大的成就。广大青年要增加担当意识、实干意识、机遇意识，以时不我待的机遇意识投身创新创业，以百折不挠的笃定信念拥抱创造创新，以脚踏实地的实干精神践行创造创新，以开拓事业的理想追求倾情创造创新，努力在创造创新中实现人生价值，为实现中华民族伟大复兴的中国梦贡献青春力量。

近年来，国家、相关部委、地方政府支持大学生创新创业的政策连续出台，以及各类创新创业大赛的推动，我国职业院校大学生参与创新创业的积极性和热情被充分调动起来，大学生创新创业已形成良好的氛围。但是面向电力能源专业职业教育领域，尚缺乏一本系统性、具备实战性质的训练教材来对大学生进行教育和训练。正是基于这种考虑，教材编写组进行了卓有成效的创新与探索。

本教材获河北省高等职业教育创新发展行动计划项目支持，面向电力能源专业，依托智慧职教平台，打造了“互联网 +”新形态立体化资源，具有鲜明的职业教育特色。教材内容从步入创新创业时代、迈上创新之路、开启创业之旅、榜样的力量四个篇章展开，详细讲授了创新认知、创新思维、创新方法；阐明了创业准备、创业素养、创业计划与实践。与此同时，同步建立了与教材配套的教学资源库，围绕电力能源专业发展前景和产业需求，突出体现了“敬业、精益、专注、创新”为内涵的工匠精神。对应的立体化网络资源 360 余个，原创作品达到 95% 以上。

本教材最大限度地体现了产教融合、校企合作的职业教育特点，其中以名匠访谈系列内容最具代表性。名匠访谈版块通过对电力能源行业企业创新者及创业者访谈，以双创实践者的第一视角阐述了创新创业者的精彩故事。这些特色内容是本教材探索职业创新创业教育的模式创新，能够极好地引导学生真正走进身边的创新创业达人，开展科技创新、发明创造、社会实践等创新性实践活动，培养大学生创新精神、激发创新思维、享受创造乐趣、提升创新能力。同时这些双创访谈者中的部分企业家——陈保利、李姬飞、李鹏飞、陆潇、李志慧、马文良、吴锡茜、张帆等人均参与了本教材的编写工作，受邀成为学院双创导师，定期进入学生课堂进行双创引导教育以及实践指导工作，更深切地融入职业教育领域中，真正体现了产教融合、校企合作的职业教育新特色！

相信在这本教材的引导下，当代大学生能够从创新的故事、创造的故事、创业的故事中，汲取信仰的力量、初心的力量、奋斗的力量，争做新时代大国工匠，奋力走好新时代的长征路，把自己的理想同祖国的前途、民族的命运紧密联系在一起，敢于筑梦、勇于追梦、勤于圆梦！

江西电力职业技术学院院长

2021 年 9 月

前言

从世界范围上看，创新创业教育开始于20世纪50年代，标志性事件为1947年哈佛大学建立了第一门创业课程《新创企业管理》。我们国家的创新创业教育则起步较晚，真正在全国推行要从2010年才开始。

自党的十七大提出“提高自主创新能力，建设创新型国家”和“促进以创业带动就业”的发展战略之后，我国开始逐步推进高等学校创新创业教育工作。《教育部关于大力推进高等学校创新创业教育和大学生自主创业工作的意见》（教办发2010年3号）中指出：“在高等学校开展创新创业教育，积极鼓励高校学生自主创业，是促进高校毕业生充分就业的重要措施。”

我国的双创工作掀起高潮是在2014年。2014年9月的夏季达沃斯论坛上，李克强总理提出“大众创业，万众创新”的号召，让人振聋发聩！2015年李克强总理又在政府工作报告中提到“创新”这个词汇近四十次之多。

至此，教育部开始全面推进创新创业教育和自主创业工作，呼吁各地各高校要把创新创业教育作为推进高等教育综合改革的重要抓手，将创新创业教育贯穿人才培养全过程，面向全体大学生开发开设创新创业教育专门课程。2015年，《国务院办公厅关于深化高等学校创新创业教育改革的实施意见》（国办发2015年36号）提出：2015年起要全面深化高校创新创业教育改革，2017年要取得重要进展，形成科学先进、广泛认同、具有中国特色的创新创业教育理念，形成一批可复制可推广的制度成果，普及创新创业教育，实现新一轮大学生创业引领计划预期目标。到2020年建立健全课堂教学、自主学习、结合实践、指导帮扶、文化引领融为一体的高校创新创业教育体系，学生的创新精神、创业意识和创新创业能力明显增强，投身创业实践的学生显著增加。

到了2018年，《教育部办公厅关于做好2018年深化创新创业教育改革示范高校建设工作的通知》（教高厅发2018年20号）开始以深化课程、师资等重点领域改革为主线，着力建设创新创业教育优质课程，着力提升教师创新创业教育能力。鼓励高校纳入覆盖本校创新创业教专兼职教师以及相关专业导师。

在相关政策引领指导下，保定电力职业技术学院积极响应号召，将创新创业教育课程逐步纳入人才培养体系，课程组又依托河北省高等职业教育创新发展行动计划（2019—2021）——创新创业教育专门课程建设为契机，进一步探索建设新型创新创业人才培养模式，不断激发学生创新创业热情，启迪创新思维，强化创业能力训练。

《创新创业教育》为资源开放共享性的新形态教材，建立了创新创业教育素材库，资源丰富，涵盖知识微课、案例解读、名匠访谈、思政融入等多种资源类型，原创类资源达到了95%，实现了线上资源共享。在创新创业理论基础之上柔性植入电力行业专业特色，既有理论知识宣贯，又有专业案例介绍；既有国家双创政策解读，更有行业名匠现身说法讲述我们身边的故事，对创新创业教育从方法到技术，再到政策进行了全方位地解读与指导。教材应用群体广泛，行业特色鲜明，应用前景可观！

本教材的编写团队形成了专职教师—专业课教师—辅导员—企业导师相互配合、协同工作的编写格局。创新创业教育专职教师团队有机融合学院各系部专业教师以及学生管理部的骨干教师，主要负责教材中创新创业理论知识与专业案例分析，实现了教材理专一体的编写目标；企业“双创导师”有机融入编写团队，主要负责教材名匠访谈与创业部分内容的审核，有力体现了教材产教融合的编写特色！

在教材编写过程中，学校学院领导、老师们给予了宝贵的修改意见，编写组得到了学院领导以及各系部老师们的的大力支持和帮助，在此特向所有给予帮助和付出艰辛努力的老师和同仁表示衷心致谢！

限于时间紧张，本教材一定存在着不成熟之处，如有疏漏和不妥，恳请各位专家批评指正！

编　者

2021年10月

目录

第一篇
步入创新创业时代

当前，全球经济发展迅速，创新创业是经济发展的重要推动力，高校作为培养创新创业人才的重要基地之一，其创新创业教育的发展备受瞩目。

我国创新创业教育具有起步晚、发展快的特点，仍存在课程设置不够合理，教育体系不够完善，实践训练不够，师资力量薄弱等明显不足。对比发达国家创新创业教育的发展现状，可以看出国外的创新创业教育具有一些值得我们学习和借鉴的明显特点：真正践行了学生为主体的指导思想；多方面的支持力度大，注重实践训练；结合当地的经济发展实际，以案例研究为导向成为了主要的教学方法等等。因此，首先我们想要对几个典型发达国家的创新创业教育特点进行一个基本的学习与梳理。

第一章　国际创新创业形势

导师寄语

启智润心

2014 年，李克强总理的“大众创业、万众创新”的号召，给了我们创新创业的动力和方向！我们国家的创新创业教育起步虽晚，却充分吸取和借鉴了发达国家的经验和特点，发展迅猛。

从世界范围看，创新创业教育开始于 20 世纪 50 年代（1947 年哈佛大学建立了第一门创业课程《新创企业管理》，大约 20 世纪 70 年代开始了真正的创新创业时代，早于我国约四十年），而我们国家的创新创业教育真正开始在全国推行要到 2010 年才开始。发达国家在创新创业教育上起步早，各具特色，有很多值得我们借鉴和学习的方面。在本章的学习中，我们能够了解发达国家的创新创业教育的特点与现状的知识，同时也能够理解和分析我们国家的创新创业教育在学习中的继承与开创。

有声小课堂｜观看微课：创新创业教育之国际创新形式特点

理论启发

发达国家创新创业教育的显著亮点：

英国：最出名的是谢菲尔德大学，将创新创业教育按照课内和课外做了明显区分。课内给予应用场景；课外的创业基地很真实，完全超越了仅仅参观的初级水平，能够真正让学生深入企业，参与项目开发和实际操作。

美国：很多人知道美国在创新创业教育方面处于领跑位置，他们除了创新创业的课程，更有相应的学位项目，重视体验式学习和应用式的学习。特别是针对理工科学生的研发实验室，创业基金和种子基金，还有研发费用返还政策等，都很有特色。

以色列：著名的全民创业、全民创新的国家，科技创新对 GDP 贡献率高达 90% 以上。犹太人的历史和苦难使国家和民族迸发出了强大的创新创业能量，国家极为重视，出台了青少年网络精英、新一代钻石工匠大师等极具特色的计划法案。

芬兰：创新创业教育享誉全球。学生从幼儿园就开始就接受了创新意识的培养和创造能力的训练；社会福利政策完备，学生无创业不成的后顾之忧，教育体系中，本科、硕士、博士教育全免费。

日本：在高校开展创新创业教育过程中，重视与产业界、社会紧密结合，体现了大学创新创业的社会参与。企业为大学生提供实习基地，为有潜力的创新创业计划提供“风险资金”；学校利用科研优势，为企业解决具体的技术难题，实现大学与地域经济的共同发展（校地合作与校企合作）。

韩国：创新创业教育围绕创业的全过程，鼓励学生以全球市场竞争力为着眼点掌握创新创业知识和技能。创新创业教育经常以应用场景为特色；创业教育课程主要由本校教师、企业资深人士和来自不同国家的访问学者三个群体共同承担。

新加坡：高校在政府倡导创新经济的大背景下，积极投入高校创新创业教育与学生创新能力培养工作之中。举措中最有特点的是设立了创业与创新硕士课程项目。

德国：创业教育针对性很强，通过在大学建立创新创业教育教授席位制度，保证创新创业教育研究和教学质量；创新创业教育得到了大型企业的大力支持，西门子、大众、拜耳等公司定期举办创意类大赛，不仅在本国，在中国也举办了大赛，中国学生也能够获益。

导师小结

这些国家在创新教育的发展上各具特色，很多方法和政策我们听着也很熟悉，因为在我国高校的创新创业教育中也已经广泛地模仿或应用了发达国家的经验，只是在发展水平上，还存在明显的差距。

专创融合

【案例 1–1】

美国前 75 强大企业中，有 10 个 CEO 是印度人；世界 500 强企业中

30% 的掌舵人（CEO）都是印度人，包括谷歌、微软、万事达等全球著名企业。

事实上，早在 2011 年，美国《时代周刊》就曾经预言：印度的头号输出品不是咖喱、瑜伽和宝莱坞电影，而是 CEO。

印度裔高管的家庭背景都很普通，如果要寻找他们成为大企业 CEO 的秘诀，不容忽视的是他们的教育背景。

他们多在印度顶尖高校——印度理工学院完成本科教育，然后到国外知名大学深造，获得 MBA 学位，然后再回到本专业继续深造，获得博士学位。

这个现象产生的原因，首先是印度理工学院被称为世界上最难考的大学（录取率比哈佛还要低）。这里聚集了印度一流的人才，被称为印度的精英工厂、斯巴达式大学、地狱式新兵训练营、全英语授课大学和最有效益的大学。

更重要的是，硕士课程拿工商管理类学位，接受这样的创新创业类教育，相当于给他们埋下了一颗创业的“种子”，他们除了懂本专业，还懂一些市场，有财务的技能、营销的知识、沟通交流的能力。不知道什么时候，这颗种子就有可能生根和发芽。

启智润心

我们需要反思，为什么我们出国的大学生，很多只能做工程师？他们不懂交流、缺乏沟通、不懂市场是重要的原因。我们的创业教育，不仅仅是要鼓励大学生创业，更重要的是在大学生心中埋下一颗种子，有创业的精神，有创业的意识，有创新创业的能力，在合适的时机生根发芽。即使是不创业，只是就业，也可以超越以往的大学生。

第二章　国内创新创业形势

导师寄语

提到创新创业政策，很多人最熟悉的一定是“大众创业、万众创新”这个提法。2014 年 9 月的夏季达沃斯论坛上，李克强总理首次在公开场合正式提出了“大众创业、万众创新”的号召，要在 960 万平方公里土地上掀起“大众创业”“草根创业”的新浪潮，形成“万众创新”“人人创新”的新态势。2015 年李克强总理在政府工作报告中提出：推动“大众创业、万众创新”，“既可以扩大就业、增加居民收入，又有利促进社会纵向流动和公平正义”，政府工作报告中，一共提到“创新”近四十次之多。

有声小课堂｜观看微课：创新创业教育之解读“大众创业、万众创新”

理论启发

知识一：解读“大众创业、万众创新”

“创”有“开设”“开办”“做新东西”“新的形式”等意思。

除了生存型的创业和模仿型的创业（草根创业）以外，基于创新的创业才能够称为“创新创业”（参加创业大赛的项目一般强调有创新的要素）。

1978 年我国开始改革开放，“对内改革，对外开放”开始提出了“创新”的口号，在缺乏物质基础的条件下，还不可能提“创业”。

依靠资源的经济高速增长基本走到了尽头，简单的产品制造不能满足人民的需求，逐渐接近人均 GDP 四千到六千美元的中等收入陷阱（巴西、阿根廷等国的教训）。

学经济出身的李克强总理，在改革开放 35 年以来，在国家具有了一定的经济和物质基础的条件下，提出了这个顺应时代的号召。

国家靠资源的经济增长方式，逐渐陷入中等收入陷阱，必须靠创新型的经济转型才能有所突破。

高校自然地成为了创新创业的一个主战场。

知识二：国家创新创业政策解读

标志文件一：

《教育部关于大力推进高等学校创新创业教育和大学生自主创业工作的意见》（教办〔2010〕3号）

在高等学校开展创新创业教育，积极鼓励高校学生自主创业，是促进高校毕业生充分就业的重要措施。统筹做好高校创新创业教育、创业基地建设和促进大学生自主创业工作。

（1）党的十七大提出“提高自主创新能力，建设创新型国家”和“促进以创业带动就业”的发展战略。

（2）创新创业教育是适应经济社会和国家发展战略需要而产生的一种教学理念与模式。

（3）加强创新创业教育课程体系建设、加强创新创业师资队伍建设、广泛开展创新创业实践活动、全面建设创业基地。高等学校要把创新创业教育和大学生自主创业工作纳入学校重要议事日程。

导师小结

顺应形势要求，提出创业带动就业，是基于中小企业实际解决了近80%的大学生就业的现实。

创新创业教育实现的载体只能是相应的课程体系建设，因此要求高校开设这个方面的课程。但是实际上，高校可以说完全没有创新创业的专业师资（我国当时尚没有创业管理的专业，只有少量创新管理或人力资源管理类的师资）。

标志文件二：

《教育部办公厅〈普通本科学习创业教育基本要求〉的通知》（教高厅〔2012〕4号）

制定本要求，各地各高校要按照要求，结合本地本校实际，精心组织开展创业教育教学活动，增强创业教育的针对性和实效性。

（1）教学目标：通过创业教育教学，使学生掌握创业的基础知识和基本理论，熟悉创业的基本流程和基本方法，了解创业的法律法规和相关政策，激发学生的创业意识，提高学生的社会责任感、创新精神和创业能力，促进学生创业就业和全面发展。

（2）教学原则：面向全体、注重引导、分类施教、结合专业、强化实践。

（3）教学内容：教授创业知识、锻炼创业能力、培养创业精神。

（4）给出了“创业基础”教学大纲。

标志文件三：

《教育部关于做好 2015 年全国普通高等学校毕业生就业创业工作的通知》（教办〔2014〕15 号）

（1）全面推进创新创业教育和自主创业工作。

（2）各地各高校要把创新创业教育作为推进高等教育综合改革的重要抓手，将创新创业教育贯穿人才培养全过程，面向全体大学生开发开设创新创业教育专门课程，纳入学分管理，改进教学方法，增强实际效果。坚持理论与实践相结合，组织学生参加各类创新创业竞赛、创业模拟等实践活动，着力培养学生创新精神、创业意识和创新创业能力。高校要建立弹性学制，允许在校学生休学创业。高校要聘请创业成功者、企业家、投资人、专家学者等担任兼职导师，对创新创业学生进行一对一指导。

标志文件四：

《国务院办公厅关于深化高等学校创新创业教育改革的实施意见》（国办〔2015〕36 号）

（1）存在一些不容忽视的突出问题，主要是一些地方和高校重视不够，创新创业教育理念滞后，与专业教育结合不紧，与实践脱节；教师开展创新创业教育的意识和能力欠缺，教学方式方法单一，针对性实效性不强；实践平台短缺，指导帮扶不到位，创新创业教育体系亟待健全。

（2）总体目标：2015 年起全面深化高校创新创业教育改革。2017 年取得重要进展，形成科学先进、广泛认同、具有中国特色的创新创业教育理念，形成一批可复制可推广的制度成果，普及创新创业教育，实现新一轮大学生创业引领计划预期目标。到 2020 年建立健全课堂教学、自主学习、结合实践、指导帮扶、文化引领融为一体的高校创新创业教育体系，人才培养质量显著提升，学生的创新精神、创业意识和创新创业能力明显增强，投身创业实践的学生显著增加。

标志文件五：

《中共教育部党组关于学习贯彻习近平总书记给第三届中国“互联网 +”大学生创新创业大赛“青年红色筑梦之旅”大学生重要回信精神的通知》（教办〔2017〕45 号）

希望大学生扎根中国大地了解国情民情，在创新创业中增长智慧才干，在艰苦奋斗中锤炼意志品质，在亿万人民为实现中国梦而进行的伟大奋斗中实现人生价值，用青春书写无愧于时代、无愧于历史的华彩篇章。

各地各高校要把创新创业教育改革作为高等教育综合改革的重要突破口，持续向纵深推进。要加快修订完善各专业人才培养方案，开发用好创新创业教育课程，着力深化教学方法和管理制度改革，切实加强教师创新创业教育教学能力建设，大力强化创新创业实践，促进专业教育与创新创业教育有机融合，把创新精神、创业意识和创新创业能力培养融入人才培养全过程，加快培养规模宏大、富有创新精神、勇于投身实践的创新创业人才队伍。

高校要把创新创业教育改革作为高等教育综合改革的重要突破口；明确提出了专创融合的思路和要求。

标志文件六：

《教育部办公厅关于做好 2018 年深化创新创业教育改革示范高校建设工作的通知》（教高厅〔2018〕20 号）

以深化课程、师资等重点领域改革为主线，深入推进创新创业教育与专业教育、思想政治教育、职业道德教育紧密结合，深层次融入人才培养全过程。

（1）着力建设创新创业教育优质课程。不少于 5 门创新创业教育线下精品课程和 2 门线上精品课程。

（2）着力提升教师创新创业教育能力。教师创新创业教育教学能力培训、专题培训。覆盖本校创新创业教育专兼职教师及相关专业导师，培训中还应包括一定数量的其他高校相关教师。

（3）着力开展“青年红色筑梦之旅”活动。不少于 2 支“青年红色筑梦之旅”团队。

（4）文件明确提出了专创融合、思创融合和职创融合。

有声小课堂 | 观看微课：创新创业教育之国家创新创业政策解读

专创融合

国家创新创业政策的解读总结：

（1）创业对社会经济发展非常重要——创业带动就业。

2019 年有 834 万大学毕业生，而 2020 年有 874 万大学毕业生，达到了历史的新高点。给社会造成了很大的就业压力，因此创业带动就业理念的实施，重要且必要。

（2）强化创新创业实践，专业教育与创新创业教育有机融合。

未来的大学生都应该具有三本“教育护照”：第一本是学术性的“教育护照”——反映其学术能力；第二本是职业性的“教育护照”——反映其职业能力；第三本是创业性的“教育护照”——证明其事业心和开拓技能、创业能力。高校综合改革的新方向：专创融合、思创融合、职创融合等。

（3）创业教育只是种下一颗“种子”，在合适的时机会生根发芽——培养创新精神、创业意识和创新创业能力培养。

总之，创新创业能力培养是目标，创业教育资源整合是基础，课程、教师和实践是重点，由单个点逐渐深入，再由点成面向高校创新创业教育生态系统发展。

【案例 2-1】

“时代楷模”——天津滨海新区抢修班长张黎明

拥有全国优秀共产党员、全国百名改革开放杰出贡献对象、改革先锋、全国道德模范、全国人民代表大会代表、点亮万家的蓝领工匠等荣誉的张黎明，给我们留下最深印象的还是这个称号：“时代楷模”张黎明。

张黎明是电力技校毕业的学生，从一名最普通的电力工人起步。但每个人都说他是一个不一样的工人。工作中就获得了“抢修活地图”“急先锋”“群众的连心桥”“活雷锋”等生动的称号。

启智润心

张黎明在工作中的岗位创新创业也十分突出，所在的团队成为著名的“黎明共产党员服务队”，拥有技术创新 400 多项、国家专利 100 多项、填补智能电网技术空白 20 多项，他和他的团队一起完成了很多出色的业绩，展现了优秀电力员工的情怀。

第二篇

迈上创新之路

创新，已经成为我们时代的主旋律，人类社会的发展归根到底其实就是人类创新创造能力不断发展的历史。人类从混沌懵懂的类人古猿走到如今拥有极大文明智慧的种族，就是因为人脑拥有巨大的创新潜能，它让人类拥有了无数的发明创造，让人类拥有了如今灿烂辉煌的精神文明！就是现在，国际之间、地区之间、企业之间以及人与人之间的竞争，都是创新能力的竞争。因此，创新才是一个民族进步的灵魂，是一个国家兴旺发达的不竭动力！

创新能力从哪里来呢？怎样才能拥有创新能力呢？其实创新能力是我们每一个人都能够具备的能力之一，是我们人脑与生俱来的潜能，只是需要后天去激化与发展，这就需要不断地去学习、去积累、去思考、去实践，让知识化为创新动力，去实现我们个人的突破，更能够为建设创新型国家贡献力量！

第三章　创新认知

导师寄语

启智润心

2014年9月夏季达沃斯论坛，李克强总理提出："要在960万平方公里土地上掀起'大众创业''草根创业'的新浪潮，形成'万众创新''人人创新'的新势态。"他希望激发我们中华民族的创业精神和创新基因，能够早日实现我国建成创新型国家的宏伟目标！

有声小课堂 | 观看微课：创新创业教育之为何创新

为普及创新知识，提高创新能力，完成本章节的学习后，我们能够掌握创新的基本概念，能够认识到人的创新潜能以及影响创新能力的主要思维障碍，能充分了解自身创新能力不足的潜在内因，最终能够帮助我们树立成为创新型人才的自信，初步感知创新的巨大活力。

聚焦一：打开创新世界的大门——何为创新？

创新是一个非常古老的词语，最早见于《魏书》："革弊创新者，先皇之志也"（《魏书》卷六十二）。中国古籍中的"创新"一词多与制度改革相关，与"革新""革命"等字眼的意思相近，主要指国家制度方面的改革创新，还不包括科学技术方面的创新，其引申的领域也不包含经济发展领域，范围较狭窄。而在英语中，英文的创新（Innovation），起源于拉丁语，其原意有三层含义，即更新、制造新的东西和改变。这里的"创新"含义多应用在人们的生活领域了。

到了20世纪初，美籍奥地利经济学家、哈佛大学教授约瑟夫·熊彼特最早提出了"创新"的概念，在其1912年德文版的《经济发展理论》一书中，运用创新的理论解释了发展的概念，将"创新"引入了经济学的范畴。书中解释道：创新是一个从新思想的产生，到产品设计、试制、生产、营销和市场化的一系列的活动，也是知识的创造、转换和应用的过程，其实质是新技术的产生和商业应用。

熊彼特在 1939 年出版的《商业周期》（*BUSINESS CYCLES*）一书中指出："创新是新技术、新发明在生产中的首次应用，是建立一种新的生产要素或供应函数，是在生产体系中引进一种生产要素和生产条件的新组合。"这已经是创新在经济领域非常成熟的解释了。

在经济发展领域，经济学家一般认为，只要善于观察和实践，创新可以由以下五种途径实现：

第一种途径：产品创新。即开发一种新产品或提高原产品的各项性能。开发一种新产品比较困难，它等于是"无中生有"，将并不存在事物创造出来并引入生产领域，这需要先进的科技技术，需要投入更大的精力。比方说瓦特发明蒸汽机、莱特兄弟发明飞机、卡尔·本茨发明了汽车。相比较而言，提高产品的各项性能就较容易一些，它只需要提高原有产品的属性即可，可以是增加功能，也可以是减少缺陷。比如，手机的发展历程就是产品属性不断被增强的过程。从 1985 年，第一台移动电话产生，直到发展到现在，手机由"肩背电话"发展到我们普遍使用的智能手机，其产品的属性已经得到了最大程度的开发，给人们更好的使用体验。再比如：王老吉凉茶。王老吉凉茶的品牌，创立于清道光年间（1828 年），最开始是采用本草植物材料配制而成，有"凉茶王"之称，后来产品形式经历了水碗凉茶——凉茶包——凉茶粉——凉茶饮料等载体变化，不断开创凉茶产品新形态以满足市场的新需求。

第二种途径：工艺创新。即采用一种新的生产方法。这种方法可以提高效率，降低成本，可以是一种新技术的引入，也可以是一种新的营销模式。比如传统工业的生产方式引入为流水线作业方式，每一个生产单位只专注处理某一个片段的工作，极大提高工作效率及产量；农业传统的人工收割引入机器收割等。

第三种途径：市场创新。即开辟一个新的市场。以火腿肠为例进行说明，火腿肠产生于 20 世纪 80 年代中期，由于当时人们解决了基本温饱问题之后，大量的肉卖不出去了。这时候，洛阳肉联厂的负责人到日本考察，引进了中国第一条火腿肠生产线，过剩的肉都有了去处，于是"春都"牌火腿肠一炮打响，基本上占领了当时中国的 100% 的市场份额。

在这里，有一个很有意思的思考题跟大家分享：如何将梳子卖给寺里的和尚？众所周知，和尚是不会使用梳子的，这一块的市场应该是缺失的，是不是就没有办法开辟这里的市场了吗？方法是有的。最靠谱的办法便是让得道高僧将梳子全部开光之后销售给善男信女。你是不是也能从中得到一些启发呢？市场创新，可以是新开辟一个市场，就像上述的梳子卖给和尚一样，这不就是开辟了一个以前没有的市场吗？还可以是已经存在的市场有待进入。无论是哪一种，发现新的商机、找到准确的时机，你同样可以进行创新。

第四种途径：资源配置创新。即采用一种新原料或者是控制一种原料、半成品的新来源。2019 年 2 月，特斯拉（TESLA）以 2.18 亿美元的价格收购了电池技术公司 Maxwell，用以增强其在能源储备和电力输送方面的专业技术。10 月，又准备收购加拿大电池制造设备和工程技术公司 Hibar，试图开始自主生产电池。特斯拉作为电动汽车制造商，一直致力于提高电池制造能力。收购这些电池技术公司会帮助其提供比现在更便宜、更高性能的电动汽车电池，同时也不必与外部供应商或合作伙伴共享数据和资源。此项举措通过拥有电池制造技术，减少电池原料依赖，无疑会大大降低其汽车制造成本。

第五种途径：企业组织创新。即体制或者管理方面的创新。例如：股份制、连锁经营这种资产组织形式都属于组织形式的创新。

熊彼特的创新概念过分强调了经济学上的意义，主要的关注点，是要把创新行为运用到实际，从而形成一种新的生产能力。其实创新的含义应该是更广泛、更全面，改善了我们的生活品质、提高了我们的工作效率、解决了我们面临的难题等，也应该将其称之为创新才对。只不过创新的意义不同，产生的效果有大有小，这就涉及我们接下来要说明的创新的两种不同的含义。

第一种含义：狭义的创新。即相对于全人类来说，个体行为为“首创”。比如爱迪生发明了电灯泡、爱因斯坦发现了相对论等。

第二种含义：广义的创新。相对于全人类来说，不是首创，但是对于个体来说，你的行为突破了自己，是个体自己的“首创”。比如对自己的工作进行了改进等。

通过上述比较，可以看出，狭义创新才是真正推动人类进步的力量，但是却很难做到；广义创新虽然没有狭义创新能够产生惊人的力量，但是却胜在对于大部分人而言比较容易实现。我们完全可以从广义创新出发去进行创新能力的训练与积累。

聚焦二：词语对对碰——与创新相关的几个概念

在创新活动中，我们经常会听到以下几个词语：发现与发明、创新与创造。它们之间的关系是怎样的呢？有没有很明显的区别？应该怎么去区分它们呢？接下来我们来进行一番探讨。

发现：指人类经过研究、探索等，看到或找到前人没有看到的事物或规律，需要强调的是这里的事物或规律已经存在，只是不为人知而已。发现的方向主要有两种：一种是面向自然界，对自然界里的各种事物、原理、规律进行认知；另一种是面向人类社会，对人类社会发展的规律进行探索。对人类科技社会发展起到重要作用的发现有很多。比方说1492年，哥伦布发现了新大陆，后人将此定位为“世界的开端”和“全球化进程的开始”；哥白尼提出的“日心说”，有力地打破了长期以来居于宗教统治地位的“地心说”，实现了天文学的根本变革；再比如2015年的10月5日，屠呦呦由于发现青蒿素而获得诺贝尔生理学或医学奖，使她成为首获科学类诺贝尔奖的中国人。青蒿素有效地降低疟疾患者的死亡率，挽救了全球范围特别是广大发展中国家数以百万计疟疾患者的生命，为人类治疗和控制这一重大寄生虫类传染病做出了革命性的贡献！

发现性成果是创新成果的重要组成部分，虽然我们没有制造出全新的东西，只是将已经存在的事物挖掘了出来，但是由于其重要突出的作用与贡献，促进了人类社会的不断发展，仍然是人类实践活动中的主要创新方向。

发明：发明是根据发现的原理，应用这些原理而进行制作或者运用，从而产生出一种新的成果。发明不同于发现，发明主要是创造出过去没有的事物，或者制造出前所未有的东西，或者研究出比以往技术更为先进的技术。发明总是在继承的基础之上做到再创造，在一般情况下都必须做到先进性才可以称之为发明。

我国古代的“四大发明”——造纸术、印刷术、火药、指南针，成为我们中华民族智慧的象征；而蒸汽机、电灯、电话、火车、汽车、计算机等发明的诞生，成为人类社会发展的巨大推动力；生活中各种各样的小发明使我们的生活变得更加方便，也更加的多姿多彩。

【案例3-1】

双头牙膏

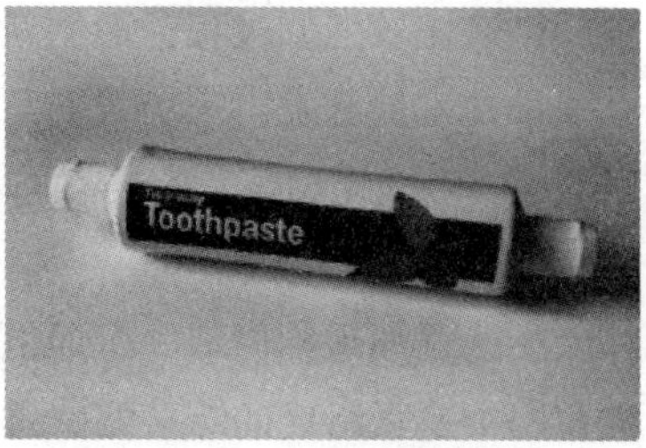

图3-1 双头牙膏

刷牙已经成为我们日常生活中太普遍也太重要的组成部分，它会保护你的牙齿，维持你的口腔健康。如今，市场上出现了一种有趣的“双头牙膏”(见图3-1)!

“双头牙膏”的牙膏袋两头各有一个牙膏口，一头直径大，另一头直径小，牙膏可以做出不同颜色的外包装，也可以进行不同口味的任意组合，不仅便于区分，而且满足了不同人群的口味需求。

这款牙膏的诞生，非常适合家庭使用，能够促进夫妻之间、亲子之间的感情，让生活变得更有乐趣；同时一支牙膏可以实现至少两种口味的组合，大大减少了由于口味选择多样而牙膏囤积产生浪费的情况。

创造：我国创造学研究者李嘉增从创造者在创造活动中起到的重要作用的角度出发，将创造定义为“人在第一次产生崭新的精神成果或物质成果的思维与行为”。这里面有三个要素需要引起我们的注意，第一个要素是人的思维与行为的参与。创造一定要以人为主体；第二个要素是创造一定要产生成果，成果一定要具有价值；第三个要素是创造成果必须是新成果，一定是前所未有的，或者超越前者的。

从定义要素上看，创造与发明具有很大的相似性，那与发现有必然的联系吗?如果分析三者的联系，可以从创造的成果类型中找到答案。

由人类活动创造出来的成果是丰富多彩、多种多样的，主要的有以下两种：

第一种类型：科学发现。由于科学发现是看到或找到前人没有看到或找到的事物规律，它所获得的成果具有新颖性，因此，发现应当是一种创造。

第二种类型：发明。发明的成果不是天然存在的，而是人类经过实践活动制造出来的，具有首创性。从这个角度出发，发明也是一种创造。

由上可以看出，创造与发现、发明没有实际意义上的区分，发现和发明都可以称之为一种创造，我们可以将其称为“发现式创造”与“发明式创造”。

创新：创新也泛指创造新的东西，这与创造没有本质的区别。都必须具有人类的积极参与，都是过程与结果相结合的产物，成果具有新颖性，对人类文明发展、科技进步所起到的积极作用也是相同的。从这个角度来说，创新与创造可以是通用的概念。

如果从创新的经济学内涵出发去理解，创新与创造是有一些区别的。从这个角度出发，创造比较强调过程，而创新则强调结果，创新关注经济价值的体现。举个例子：一种技术被开发出来，我们只可以将其称之为创造，还不能称之为创新。只有这种技术形成了产品，在包装成商品经过交换获得了经济利润，我们才称之为创新。

综上所述，如果给创新一个通俗的定义，那就是：由人、新成果、实施过程、更高效益四个要素组成的综合实践过程。

不管是发现、发明还是创造、创新，这些影响人类文明进程的重要探索都已经被刻进了历史的长卷，它们无不凝结着我们人类的聪明才智，展现了人类勇于实践、勇于攀登的创新精神，推动着整个人类文明不断向前发展！

有声小课堂 | 观看微课：创新创业教育之认识和感受创新

聚焦三：冲破创新思维的桎梏——创新思维障碍

在本篇开篇之初已经提到，创新能力是我们每一个人都能够具备的能力之一，它是我们人脑与生俱来的潜能！我们人脑蕴含着无穷的能量，创新潜力就在我们无限的脑资源中蓄势待发。但为什么天才只有少数人才能做到呢？有的人一旦展露了一定的创新才能，创新能力便会一发不可收拾，持续性增强呢？比方说我们熟悉的爱迪生，他虽然只念了 3 个月的小学，但一生却拥有两千多项发明，一千多项专利，平均 15 天就有一项发明诞生！

科学家们曾经做过的一项调查会给我们一些启示：心理学家曾对 20–45 岁的成年人群进行过一次创新能力测试，只有 5% 的人合格。而对只有 5 岁左右的儿童进行测试，发现他们的创造能力竟然高达 90%！一般情况下，我们会认为成年人的创造性会更高一些，因为他们的知识水平、生活经验都要比儿童丰富很多，但是为什么会出现这样一种测试结果呢？

这充分证明了人的创新潜能是与生俱来的，但是随着年龄的增长、经验的积累，本来应该是作为优势的知识经验反而束缚了成年人的创造性！其实创新并不难，只要我们积极地去激发我们每个人都具备的创新潜能，同时避开一些束缚我们创新思维潜力的思维障碍，我们每个人都可能成为创新人才！

有哪些思维障碍是需要我们注意并努力去克服的呢？思维障碍有很多，而且每个人所存在的问题也是不尽相同，比如说害怕失败、缺乏自信、思维定势、盲目从众、迷信权威、各种偏见、惰性思维、功能固着、固执己见等，在本章中只深入了解几种比较常见的思维障碍类型，我们需要具体问题具体分析，结合自己的情况进行相应的调整与改变。

思维障碍之一：盲目从众。

【案例 3–2】

邯郸学步

原文：且子独不闻夫寿陵馀子之学行于邯郸？未得国能，又失其故行矣，直匍匐而归耳。——出自《庄子·秋水》

故事：相传在两千年前，燕国寿陵地方有一位少年，这位寿陵少年不愁吃穿，可就是缺乏自信，经常感到事事不如人。他见什么学什么，学一样丢一样，虽然花样翻新，却始终不能做好一件事，不知道自己该是什么模样。

有一天，他在路上碰到几个人说说笑笑，听见有人说邯郸人走路姿势很好看。邯郸人走路的姿势究竟怎样美呢？他怎么也想象不出来。这成了他的心病。终于有一天，他瞒着家人，跑到遥远的邯郸学走路去了。

一到邯郸，他感到处处新鲜，简直令人眼花缭乱。看到小孩走路，他觉得活泼、美，学；看见老人走路，他觉得稳重，学；看到妇女走路，摇摆多姿，学。就这样，不过半月光景，他连走路也不会了，路费也花光了，只好爬着回去了。

思维启发

《邯郸学步》是《庄子》寓言里的一个故事，讲述了一位少年不辞辛苦来到赵国首都邯郸学走路的故事，其寓意不言而喻——比喻人们做事如果生搬硬套，机械地去模仿别人，不但学不到别人的长处，有时候反而会把自己原有的本领也丢掉了。这个寓言故事蕴含的道理我们并不陌生，觉得我们自己绝对不会做出故事里那个少年一般的幼稚行为。其实不然，我们多多少少都存在这种思维障碍，那就是从众心理。

从众心理是指个人受到外界人群行为的影响，在自己的知觉、判断、认识行为上表现出符合于公众舆论或多数人的行为方式。我们有没有过以下这种经历？

初到一个地方，人生地不熟，对于当地的美食没有做过研究，那我们怎么去挑选自己想要享用的美食呢？一般情况下，我们会选择顾客多的店铺，排的队伍越长的店铺我们就会默认其“味美价廉”，哪怕时间再久也要品尝一下。这就是典型的从众心理，所以很多店家会利用人们的这种心理，而做出人群排队的假象，等我们终于尝到自己心心念念的美食时，往往跟我们想象的味道不太一致。

我们人类具有群体性属性，群体的行为对个人产生影响是一种普遍现象，个人行为总会趋向于群体行为，和群体保持一致。一旦产生分歧，尤其是分歧过大时，个人会感受到强烈的压力，这种压力会促使个体与群体保持一致。从众心理大多数情况下会使我们顺利找到问题的解决方法，并不是所有的情况下，从众心理都会引导我们走向错误的选择。但是，如果我们缺乏独立思考的习惯，盲目从众，失去了判断能力，总是一味地模仿他人，我们会很难做到创新，获得成功！

盲目从众会使人思想僵化，拒绝独立思考，习惯性地随波逐流，试想一个人永远跟在他人身后做事，怎么能做到创新呢？所罗门希尔指出："人类有 33% 的错误来源于跟着别人走""真理掌握在少数人手中"这句话也是有其存在的道理。

从众并不全是错误的，关键是不要盲目，怎样才能克服盲目从众呢？首先要勤于学习，克服懒散，增加经验，增强自信，为将来能够独立思考，打好基础；其次，多问"为什么"，不要人云亦云，多做研究与实践，成为一个有主见的人，做自己情绪的主人。

思维障碍之二：思维定势。

【案例 3–3】

鸟笼效应

一位心理学家和他的朋友打赌，对他说："如果我送你一只鸟笼，并且挂在你家中最显眼的地方，我保证你过不了多久就会去买一只鸟回来。"朋友不以为然，同意和心理学家打一个赌，他觉得自己一定不会去买一只鸟回来！

接下来，只要有客人看见了那只鸟笼，就会问道："你的鸟什么时候死的，为什么死了啊？"或者问道："你为什么挂着一只空鸟笼啊？"不管朋友怎么解释，客人们还是很奇怪，建议他扔掉鸟笼或者买一只鸟回来。天长日久，朋友不厌其烦，甚至最后很多人都开始怀疑朋友的精神是不是出了问题，心理学家的朋友只好去买了一只鸟放进鸟笼里，这样总比无休止地向大家解释要简单得多，因为人们总是认为鸟笼里面有一只鸟才对（见图 3–2）！

图 3–2　鸟笼效应

思维启发

鸟笼效应被誉为人类无法抗拒的 10 种心理之一，这种心理就是定势思维在起作用。定势思维，也被称为“惯性思维”，就是被以往积累的经验教训和已有的思维规律主导，在反复使用过程中形成的比较稳定的思维模式、方式方法等。人们先前形成的知识、经验、习惯，都会造成我们形成认知的固定倾向，从而影响后来的分析、判断，形成“思维定势”。

我们先来做一个训练，体验一下思维定势。

训练要求（见图 3–3）：

◆ 最好用四条直线将九点连接起来；

◆ 九点要全部贯穿于直线上；

◆ 折笔即为一条直线；

◆ 九点连成之前线与线之间不得断开。

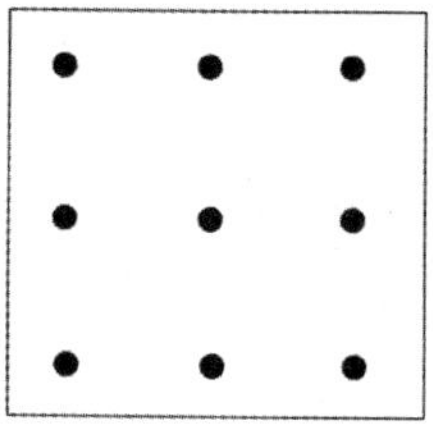

图 3–3　九点连线

此训练是著名的“九点连线”游戏，能够顺利完成连线的人需要突破传统的思维看问题，走出思维定势的桎梏，你做出来了吗？

迎刃而解 | 观看微课：创新创业教育之创新障碍

观看了微课，现在我们来分析一下解决方法。

看到答案，没能顺利完成连线的你是不是恍然大悟呢？这个游戏充分说明：当我们冲破定势思维的束缚，打开思路，跳出这九个点的边框界限，借助于延长线的力量，将这九点连成的时候，我们会发现一切都是如此的简单！

思维定势存在两面性，优点是思维定势使人能够应用已掌握的方法迅速解决问题。在日常生活中，它可以帮助我们解决每天碰到的 90% 的问题；缺点是当周围的情境发生变化时，它阻碍人们顺利适应新情境，人们仍旧按照经验办事，妨碍人们采用新方法解决问题，消极的思维定势是束缚创造性思维的枷锁，人们屈服于强大的惯性思维去解决问题，生活中这样的例子并不少见。

【案例 3-4】

拒绝变化

狗鱼极富攻击性，喜欢攻击弱小鱼类。把它和小鱼放在同一个鱼缸里，它就会无情的攻击小鱼。有人做了一个实验，他在鱼缸中间设置了一层透明玻璃，将狗鱼与小鱼分隔开来，这样狗鱼一旦攻击小鱼，便会被这层玻璃阻碍，重重地撞在玻璃上。三番五次之后，狗鱼不想再承受撞击的痛苦，便放弃了攻击小鱼的行为。让人没有想到的是，玻璃即使被取走了，狗鱼也没有出现过攻击小鱼的行为，人们便将这种现象称为狗鱼综合征。

总之，忽视情境的变化，差别的存在，就会拒绝创新，完全凭经验习惯做事。一成不变的思维模式必然会带来毫无生机的局面，所以我们一定要不断学习新知识、总结新经验，突破传统、大胆质疑！

思维障碍之三：迷信权威。

【案例 3-5】

不迷信权威的袁隆平

袁隆平，1930 年 9 月出生于北京，汉族，祖籍江西德安。1949—1953 年就读于重庆相辉学院（今西南农学院）农学系，毕业后分配到湖南安江农校任教。1971 年调入湖南省农业科学院，专门从事杂交水稻研究。1980 年以后，多次赴美国、印度、越南、缅甸等国作技术指导，被评为中国工程院院士，任国家杂交水稻工程技术研究中心暨湖南杂交水稻研究中心主任、国家“863”计划“863-101-01”专题责任专家。

他拥有勇于追求真理、不迷信权威、不因循守旧、不断探索的创新精神！“水稻是自花授粉作物，没有杂种优势”——这曾经是世界经典著作中论述的结论。但在 20 世纪 60 年代初，袁隆平不迷信权威和书本，从“鹤立鸡群”稻株的观察中悟出天然杂交水稻的道理，从而勇敢承担起杂交水稻研究课题，不畏艰难，反复试验，终于研究成功三系杂交水稻。这一重大突破，打破了传统经典理论的束缚，他当之无愧成为世界上成功利用水稻杂种优势第一人。但他不满足已取得的成就，继续带领我国杂交水稻科技工作者，又研究成功两系法杂交水稻，使我国的杂交水稻研究保持了世界领先水平。他始终没有停止探索的步伐，在67岁的时候又产生一个惊人的想法——挑战超级杂交稻，这是他在杂交水稻上的又一创新之举！

袁隆平院士说："我的个性就是总觉得不满足。"他的"不满足"激发了他的勇气和智慧。他还说过："作为一个科学家，不能迷信权威、迷信书本，也不能因为取得一丁点的成绩就沾沾自喜，居功自傲。科学是没有止境的。只有敢于探索敢于创新，才能成果迭出，常创常新！"

思维启发

我们把在某些专业领域有所建树的专家、学者等称为这些方面的权威。由于权威人士已经在某一领域做出了成果建树，因此他们对其专业领域的知识会比其他人深入，所以人们几乎对他们在本领域提出来的见解都采取深信不疑的态度。尤其当我们进入一个比较陌生的领域时，最先想到的便是去参考这些权威人士的观点与意见。但是，"人非圣贤，孰能无过"？即便是权威人士的观点也不见得是完全正确的，也会存在错误的可能。

2002年"非典"疫情在中国大地爆发，当疫情四处肆虐的时候，有权威机构传来消息：由于在病例中发现了典型衣原体，所以建议对同类病例使用抗生素进行治疗。但是一向实事求是、不迷信权威的钟南山大胆提出质疑："到目前为止，我们所有临床的时间都不支持衣原体是非典致病病原体这一结论。"他认为，到底是什么病毒，需要不断脚踏实地地摸索。在他的努力下，2003年4月12日，由钟南山倡议启动的非典联合攻关项目取得重大突破！从典型病人的气管分泌物里分离出来的两株新型冠状病毒显示，冠状病毒的变种极有可能是非典的主要病因！4月16日，这个结果得到世界卫生组织的正式确认。所以，面对权威人士的观点需要公平公正的去对待，不能不经过分析研究就认定其一定是正确的，不能盲目崇拜权威，相信实践才是检验真理的唯一标准，敢于质疑，这样才能勇敢的迈开创新的步伐！

另外，迷信权威的另一种行为便是迷信书本。书被认为是人类文明的载体，对于知识的传播、文化的传承具有重要的作用。大部分时候，书本里面记载的知识都被认为是正确的，学习新知识我们也是先从书本里汲取营养，遇到困难我们也会先去翻阅前辈的书籍寻找解决方法。

但是"尽信书不如无书"！书本知识固然重要，但是时代在发展，科技也在进步，书本里的知识毕竟是前人知识与经验的总结，不一定适合现在的时代要求。所以，我们对待书本知识一定要客观，可以借鉴，可以受其启发，但是也要看到书本知识所存在的局限性，要具体事件具体分析，这个“具体”就是指我们所处的环境、所具备的资源、所借助的力量等。

综上所述，培养创新能力，做出创新成就，就一定需要具备一定批判精神，不迷信权威，不迷信书本，敢于质疑也善于质疑。只是不断地重复已有的经验与智慧，无疑只会是原地踏步而已。

思维障碍之四：缺乏自信。

【案例 3–6】

高龄“青年”——王德顺

王德顺，他称自己为王德顺老头，有着“最炫的东北人”“最酷老大爷”“健身达人”“时尚老人”等很多称号。24 岁做话剧演员，将中国的哑剧第一次带上世界哑剧舞台。44 岁开始学英语，49 岁开创造型哑剧，57 岁创造全新的艺术形式“活雕塑”，在北京的首演引起轰动。70 岁开始有意识地练腹肌，79 岁走上 T 台，1936 年出生的他已经 84 岁了，但他仍有追求，不断挑战自己！

王德顺虽然 84 岁高龄，但他高大、健硕、挺拔，丝毫没有古稀之人的老态龙钟。一头灰白的长发随意扎起，轻轻散落在脑后，潇洒、惬意。其一生演艺生涯相当传奇，可谓生命不息，“折腾”不止！

王德顺接受凤凰卫视《与梦想同行》节目采访时曾经说过：“自己十几岁的时候想造飞机，20 出头的时候想做医生，24 岁当上话剧演员，50 岁开始演哑剧，57 岁又创造了活雕塑，晚年又进军了影视圈，之所以尝试了这么多，就是不想浪费生命，他愿意尝试新事物，无论是演戏还是运动，他都图玩个高兴。”

思维启发

王德顺老人，虽已是 84 岁高龄，但他永不停歇，追逐梦想的精神状态却要比有些正值青春的青年有过之而无不及！这位“高龄青年”热爱运动、钟情于舞台。他参加 2017 年秋冬米兰时装秀，与青年模特同台而毫不逊色；拿下 Reebok 大中华区品牌代言，海报上的他与身边光鲜亮丽的明星相比，另有一番别样风采！这位老人霸气十足，走到哪里都是人们关注的焦点，他说他的霸气来源于自信，而自信来源于一次次成功的积累！

启智润心

自信的人总是能随时保持良好的精神状态迎接各种挑战，也敢于应对各种挑战，但是这种自信却不是人人都具备的。古人云："知人易，知己难"。中国传统教育总会告诉我们要自谦，不要骄傲，如果我们对于自我认知与自我评价过于谦虚或者片面，就会产生自卑的情绪，开始怀疑自己、否定自己，觉得自己处处不如人，给自己定义上"我不行"的标签，以至于自己的才能得不到最大的开发，阻碍进步！

只有树立自信，相信自己才能让自己的潜能得到最大的发挥！我们或多或少都有不自信、胆怯退却的时候，那怎样增强我们的自信呢？

黑格尔曾经说过："自卑往往伴随着懒惰。"懒惰是我们克服自卑的最大障碍，一个没有任何知识经验积累的人是不可能拥有自信的，如果有那也是无根之木、无源之水，不能得到持久的发展动力，所以我们想要找到自信，就需要用知识、用经验包裹自己，扩大自己的知识面，做好积累准备，做到这些懒惰是行不通的。

寻找自己的才能盲点吧！虽然人无完人，但是一个人总会有自己擅长的一面。美国的摩西老母是一位著名的艺术家，她的青年、中年时期过的虽然顺利但是却很平凡。但是她退休之后痴迷于下棋，在下棋的过程中她竟然发现了自己杰出的绘画才能——再等待棋友的时间里，随后用画笔画画，竟然画出一幅美妙图画来！由此看来，我们可能都存在着"才能盲点"，当你发现它之后，你的潜能便会激发出来。所以我们要尝试着多做一些没有做过的事情，寻找自己的才能盲点，尽早挖掘出你的潜能。

相信自己能行，不妨面前放一张白纸，将你所拥有的一切美好写下来，比方说我很漂亮、我很会画画、我的爸爸妈妈很爱我、我的字写得很好……总结你的优势与特长，帮助你找到自信！

专创融合

【案例 3–7】

电能表的发展历史

我们生活中离不开电能，用来度量电能的电能表与我们的生活息息相关。随着社会的发展和科技的进步，电能表的性能也在不断提升。

1880 年（或 1881 年）爱迪生利用电解原理发明了第一台电能表，也叫作安时计。由于电能在最早开始投入生产的时候使用的是直流电，因此这块电能表是直流电能表。

随着工业进程不断加快，受技术的限制，直流电已经无法满足市场的要求，交流电登上了历史的舞台。交流电的发现和应用，又向电能表的发展提出了新的要求。1889 年，匈牙利岗兹公司一位德国人布勒泰制作成总重量达 36.5kg 的世界上第一块感应式电能表。感应式电表是利用交变磁场的金属圆盘的感应电流与有关磁场形成力的原理制成的。最初的感应式电能表分量重、体积大、误差大。随后性能较好的高导磁材料的出现，大大地减轻了电能表的重量并缩小了其体积，每只表的质量降到了 1.5~2 千克，而且降低了其功率消耗。经过近一百年的不断改进与完善，感应式电能表缩小了体积，改善了工作性能，制作技术已经成熟，在电能计量中得到了广泛应用。

电力系统的不断扩大以及对电能合理利用的探索，使感应式电能表暴露出准确度低、使用频率范围窄、功能单一等缺点。为使电能计量仪器仪表适应工业现代化和电能管理现代化飞速发展的需求，电子式电能表应运而生（见图 3-4）。

但是，电能表的性能仍需进一步完善。因这些传统的电能表功能有限，人们用电收费管理长期以来使用的是先用电后抄表，最后付费的作业模式，电力部门需要通过庞大的人工抄读电表方式开展抄表作业，如此一来不仅增加了劳动强度，且效率也不高，与此同时还会出现抄表错误、估抄、计算错误等问题，更加不能防止窃电行为。在社会逐步走向信息化与智能化的如今，人工抄表演变成了影响供电系统优化管理的一大阻碍。因此，只有对以往的电能表进行改善，实现智能计量全覆盖，才可以充分满足时代发展的各方面需求。

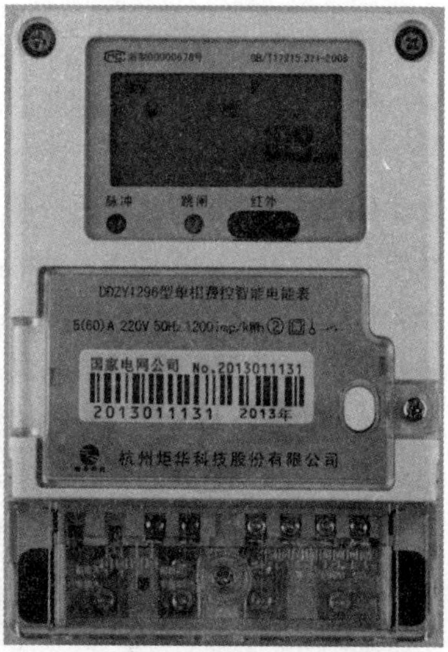

图 3-4 智能电能表

微电子技术和计算机技术的高速发展，使电子式电能表的使用寿命、准确度稳定度等技术指标均显著改善，微机化令电子式电能表功能的增添变得容易，并逐步使电能管理的自动化与智能化成为现实，这就是我们今天普遍使用的智能电能表。

智能电表使我们告别了手抄电表缴费旧模式，并且一块电表也将不再用来向人们简简单单提供一组数字，而是汇集了居民姓名、家庭住址和费用缴纳等信息的智能终端。智能电表的广泛运用不仅解决了电力公司收费难的问题，而且还帮助居民在用电方面实现了精打细算，缴电费也更加方便快捷，极大地方便了居民的生活。

思维启发

电能表的发展历史，从爱迪生发明的直流电能表到感应式电能表，到传统的电子式电能表，再到我们今天普遍使用的智能电能表，创新的脚步从未停歇，为我们创造了巨大的价值，对生产力产生推动和变革。科技创新推动社会的进步与发展，谁能够抓住科技革命的机遇，谁就能在激烈的竞争中把握先机，实现经济的飞跃发展。

有声小课堂｜观看微课：案例分析之创新的重要作用

【案例 3–8】

从接地钎看创新思维障碍

我们先来认识一下接地线和接地钎。

为了防止电工在切断电源的线路上施工作业时，线路因误合电闸、漏电、静电感应或其他原因意外带电而发生触电事故，按作业规定，在确认线路电源切断后，要把线路接地，把线路因上述意外带电的电流导出。线路接地时，要在施工现场的地面上钉入接地钎，在接地钎上连接接地线，把接地线的地线夹连接到线路上，施工作业结束后，拆除接地线，再把接地钎从地下拔出（见图 3–5）。

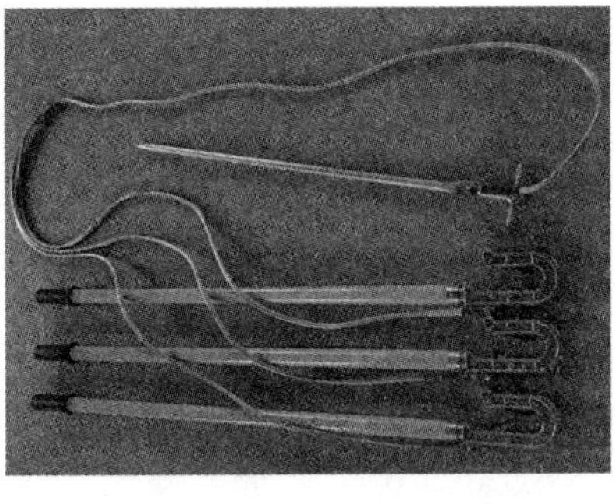

图 3–5　接地线和接地钎

国网冀北张家口供电公司狼山乡供电所的魏爱民，有一次检修作业完成后，接地钎却怎么也拔不出来，最后只能出动挖掘机将接地钎拔出。原来钉接地钎时，不小心把接地钎钉在了一个地里埋藏着的老树根里。这次经历引发了魏爱民对接地钎的思考。传统接地钎一直存在一些问题：

（1）高、低压接地线接地钎在使用过程中受地质条件影响，要把接地钎砸入地下60厘米，操作困难。

（2）接地钎直径较小，在钉接地钎时会造成飞锤，对操作人员膝盖、小腿、胳膊等部位造成伤害。

（3）接地线接地钎在长期使用过程中会造成连接端子损坏、接地线破损。

（4）接地线接地钎在拆除时拔出过程十分困难。这些都会导致安全工器具损坏、拖延检修和恢复送电时间。

这些问题应该怎样解决呢？魏爱民和他的团队积极探索，研制出新型的自攻式接地钎。比老式接地钎钉入和拔出时快捷省力。

自攻式接地钎抗弯曲、可以有效保护接地铜线，无须使用手锤下砸，保证了操作人员不受意外伤害。在拆除接地线时，可以反方向转出接地钎，缩短了工作时间和恢复送电时间。因效果良好，新型接地钎迅速推广到张家口供电公司其他供电所。

遗憾的是，大家已经习惯了传统接地钎，不愿意改变，还是继续使用传统接地钎，因此没有得到更大范围的推广。

思维启发

本案例中，虽然魏爱民团队研制出的自攻式接地钎使用更加方便、安全，但却不能顺利推广，是因为人们普遍存在的一种心理障碍——思维定势。同时，它也是比较常见的一种创新障碍，它是我们长期生活在某个环境中反复思考同类问题所形成的思维习惯，在环境不变的条件下，思维定势使人能够应用已掌握的方法迅速解决问题，可以帮助我们解决每天碰到的90%以上的问题；而在情境发生变化时，它则会妨碍人们采用新的方法，不利于创新思考，不利于创造。如果是消极的思维定势更是成为束缚创造性思维的枷锁。

电力员工因为遵循以往的工作经验，不愿意接受性能更加优越的新型接地钎，体现了思维定势对创新的阻碍。

有声小课堂｜观看微课：案例分析之创新思维障碍——思维定势

【案例 3-9】

电力之战

发生在19世纪八九十年代的“电力之战”，其实就是直流电与交流电之争。这场“战争”涉及的双方主要是直流电的发现者爱迪生与交流电的拥趸尼古拉·特斯拉、乔治·威斯汀豪斯。

在教科书中，我们熟悉的爱迪生是一位拥有两千多项发明的大发明家。然而，关于直流电与交流电的竞争中，历史中的爱迪生却呈现出了他的另一面，为了维护其直流电的权威地位，他不惜用各种手段打压竞争对手。那么这场“电力之战”的背后故事究竟是怎样的？

最初，特斯拉在爱迪生机械公司工作，为爱迪生进行简单的电器设计。从简单的电器设计开始，到解决棘手的难题，特斯拉的天赋，爱迪生都感到惊讶。直到特斯拉重新设计直流电机，问爱迪生索取相应的报酬，爱迪生没有同意。最重要的是，特斯拉所推崇的交流电，爱迪生根本不屑，因为爱迪生电力公司是当时全美最大的直流电支持者。随着矛盾的不断积累，两人关系决裂。1888年，特斯拉跳槽到当时少数能够与爱迪生电力公司叫板的西屋电气，站在爱迪生的对立阵营。而西屋电气的创始人正是乔治·威斯汀豪斯。

威斯汀豪斯在创办西屋电气一年后，就已经在全美筹建了68座交流电中心电站，并且他还买下特斯拉的交流电动机专利，在美国推广交流电机发电与交流输电，成为爱迪生最强劲的对手。随着竞争的加剧，爱迪生的直流电发电局限性渐显——直流电电站系统只能覆盖方圆1英里范围，无法满足更大范围的用电需求。而交流电的优势更明显——可以长距离运输，损耗小且成本低。唯一的缺点就是存在高压安全隐患。

爱迪生紧紧抓住交流电的安全问题大做文章。1988年，纽约一个小孩因触高压电线死亡，一位叫布朗的电力工程师发公开信指责交流电的危害，认为其具有“致命性”。爱迪生抓住机会赞助布朗，让他通过实验来证明交流电的危险性。两人合伙做了不少“非人道”的实验，甚至用交流电电死了一头叫托普西的大象。在爱迪生的暗中支持下，报章开始针对性地报道由交流电供电系统引发的触电事故，以此诋毁威斯汀豪斯和特斯拉。

1889年，爱迪生和布朗发明了电椅，在立法委员会面前证明电刑迅速而无痛，当然前提是使用威斯汀豪斯的交流电。这样做的目的当然是在人们的大脑中注入交流电是“死亡电流”的观念，永久地将交流电与犯罪、死亡画上等号。1890年，一位叫弗朗西斯·凯姆勒的杀人犯成为历史上第一个被以电椅进行死刑处决的人。

这场电椅行刑成为“电流之战”中最为黑暗的一幕，但这可怕的一幕却不是这场战争的终结。为了反击爱迪生等人对交流电的诋毁，特斯拉决定公开展示由他发明的“特斯拉线圈”。这种线圈使用高频、高压、低电流的交流电，能够在短距离上实现无线输电，并且不会让触碰它的人触电身亡。在1890年到1892年的多场公开讲座上，特斯拉在众人面前亲自展示了这套神奇的设备。通过这些公开展示，特斯拉成功地说服了美国大众——只要运用得当，即便是交流电也可以是非常安全的。

1893年，芝加哥主办世界博览会，政府决定把照明系统外包给电力公司，需要近十万只灯泡，这可是一笔大买卖。当时政府只收到两份标书：通用电气给出每盏灯18.5美元，172万美元的报价；而另一家不知名的小公司给出了每盏灯6.8美元，62万美元的报价。自然，政府选择了更优惠的那家小公司。而为这家小公司提供技术支持的，正是威斯汀豪斯的西屋电气。西屋电气最终造出了12台75吨重的塔形发电机。博览会开幕，当时的美国总统亲自按下了世界上第一台具有2000马力的交流发电机开关，一瞬间，整个会场灯火通明。西屋电气能以低价完成任务，主要得益于交流电技术。最终，特斯拉与威斯汀豪斯赢得了这场“电流大战”的胜利，由他们发明并且推广的交流电输电系统成为现代文明的基石。

而固守己见的爱迪生，则因为自己的固执而逐渐丧失对公司的控制权。结果，被公司董事会架空的爱迪生只能眼睁睁地看着自己辛苦打拼起来的“爱迪生通用电气公司”与另外一家公司合并。经过重组后，新公司抛弃了“爱迪生”的头衔，改名为“通用电气公司”，并且沿用至今。

思维启发

尽管遭遇“发明大王”爱迪生的重重阻挠，特斯拉依然能够坚持自己的观点，不迷信权威，坚定地推广交流电输电系统，为我们现代便利的生活打下了坚实的基础。因此，培养创新能力，做出创新成就，就一定需要具备一定批判精神，不迷信权威，不迷信书本，善于质疑也敢于质疑。

有声小课堂｜观看微课：案例分析之创新思维障碍：迷信权威

增知提素

李克强在2014夏季达沃斯论坛开幕式发表致辞（节选）

尊敬的施瓦布先生，尊敬的各国元首和政府首脑，尊敬的各位嘉宾，女士们、先生们，朋友们：

很高兴和大家相聚在中国天津，共同出席第八届夏季达沃斯论坛。在此，我谨代表中国政府对论坛召开表示热烈祝贺！对远道而来的贵宾表示热烈欢迎！

本届论坛以“推动创新，创造价值”为主题，具有很强的现实意义。创新是人类社会的永恒话题，也是经济社会发展的不熄引擎。世界经济稳定复苏要靠创新，中国经济提质增效升级也要靠创新。近几年，中国经济之所以能够保持持续发展，向健康方向前进，主要动力还是来自改革创新。

当前，世界经济不稳定不确定因素依然较多，中国经济正处于深层次矛盾凸显和“三期叠加”的阶段，到了爬坡过坎的关键时期。下半年和今后一段时间，我们要加快转变经济发展方式，以结构性改革促进结构性调整，用好创新这把“金钥匙”，着力推进体制创新和科技创新，使中国经济保持中高速增长、迈向中高端水平，打造中国经济升级版。

加快体制机制创新步伐，是创新的其中应有之意。中国经济每一回破茧成蝶，靠的都是创新。创新不单是技术创新，更包括体制机制创新、管理创新、模式创新，中国30多年来改革开放本身就是规模宏大的创新行动，今后创新发展的巨大潜能仍然蕴藏在制度变革之中。试想，13亿人口中多达8、9亿的劳动者都动起来，投入创业创新和创造，这是多么大的力量啊！

加大科技创新力度。中国经济总量虽然已居世界前列，但许多产业仍处在世界的中低端，传统的粗放式增长路径已经行不通了，必须更多地依靠科技进步调整结构。这是一种战略性、结构性、创新性调整。我们将坚持有扶有控、有保有压，培育壮大新产品、新业态，促进服务业、高技术产业、新兴产业加快发展；积极化解产能过剩矛盾，加快传统产业改造步伐，淘汰落后产能，提升中国产品和服务在全球价值链中的位置，使创新真正能够创造更高价值；加强人力资本投入，提高劳动者素质，提升产业技术、质量和品牌水平。特别是要通过加快改革，破除对企业，包括个体创新者的种种束缚，并且给他们以必要的扶持、职业的培训，推动教育的发展。

“大智兴邦，不过集众思”。也就是说，智慧来自大众。我刚才强调的大众创业、万众创新将会迸发出灿烂的火花。我们比任何时候都需要改革创新，更需要分享改革创新成果。这用中国的成语说，所谓众人拾柴火焰高。希望与会各位畅所欲言，共同探索改革创新和开放发展之路，共同谋划创造价值与互利共赢之策，为中国经济社会发展、为世界繁荣进步作出我们应有的努力与贡献。

预祝本届夏季达沃斯论坛圆满成功！祝各位嘉宾在华期间工作愉快、身体健康！谢谢大家！

第四章　创新思维

第一章节我们已经认识到了，创新潜能是我们人脑天然具备的潜能之一，我们每个人都能够具备创新能力，但是我们同时会发现：创新能力表现在每个人身上的作用却各有不同！不是每个人都能成为发明家，如詹姆斯·瓦特、艾萨克·牛顿等，也不是每个人都能成为艺术家，如莱昂纳多·达·芬奇、沃尔夫冈·阿玛多伊斯·莫扎特……

既然创新能力人人都能具备，那为什么会有如此差异呢？我国学者庄寿强认为：创新能力主要由有关领域的专业知识技能、相应的创新思维和创造人格等三方面要素组成的。他将创新能力的构成用以下公式进行表达：

创新能力 = 创新潜能 × 创造性 × 专业知识技能

创造性 = 创造人格 + 创新思维 + 创造技法

由此我们可以看出，创新能力是需要激发与培养才能更好地发挥其作用，其激发与提高与创新思维、创造技法的掌握程度息息相关，所以创新能力需要进行不断培养与训练才能得到不断地提升，才能在个人的学习、成才之路上发挥更巨大的作用！

聚焦一：学会创新思维的收与放——发散思维与收敛思维

故事引导

东汉末年，荆州牧刘表病死，刘表的儿子投降曹操。刘备被迫南撤，孙权派鲁肃去联络刘备，诸葛亮认为可以联吴抗曹。孙权多谋善断，分析曹操犯了用兵之忌，于是与蜀军在赤壁大破曹操号称 80 万的大军，从而形成三足鼎立的局面。

思维启发

故事中的孙权“多谋善断”，准确分析战场形势，最后做出了有利于整个战局的决策，连蜀抗曹，赤壁之战扭转了当时权力布局，最终三足鼎立之局形成！“多谋善断”这个成语大家都耳熟能详，意思为一个人很有智谋，又善于判断。其出处为西晋·陆机《辨亡论》。

那么请大家思考“多谋善断”这个词语，如果从创新的相关角度出发，它其实是非常重要的创新思维——发散思维与收敛思维的综合运用地体现，为什么这么说呢？请在接下来的学习中找到答案。

导师寄语

大多心理学家认为，发散思维与收敛思维是创造性思维的最主要特点，是测定创造力的主要标志之一，掌握这两种思维方法对提高自身的创新能力具有重要的作用。在本章的学习中，我们能够通过了解发散思维与收敛思维的基本知识，从而能够准确地分析发散思维与收敛思维的区别与联系；掌握发散思维与收敛思维的运用方法，能够熟练运用两种创新思维来解决我们遇到的实际问题。

理论启发

知识一：何为发散思维？

发散思维，也称辐射思维、扩散思维、放射思维或者求异思维，是指大脑在思考时呈现的一种扩散状态的思维模式。要求围绕一个中心问题，尽可能多地提供解决方案，最好能突破现有的条件，从不同的方向、途径与视角出发，充分发挥聪明才智，求多、求新、求独创、求前所未有，甚至允许“异想天开”和标新立异。

发散思维具有三个主要的衡量要素，它们决定了发散思维质量的高低，也影响着发散思维运用结果的好坏。

第一个要素：流畅性——发散思维的速度与数量。一个人在条件相当的情况下，在较短的时间内得到的想法越多就标志着这个人发散思维的流畅性越高。用通俗的语言来解释，流畅性就代表着你针对某一个问题想到了多少个主意，给出了多少个解决方案。这就要求我们在尽可能短的时间内快速地适应当前的境况，并分析和给出自己尽可能多的方案。

我们可以先进行一下流畅性方面的训练，测试一下你的发散思维的流畅性如何？一分钟内你能想到多少种雨伞的用途？遮雨，防晒，可以用来美化形象，可以当作摄影工具，伞把可以帮助拎物，人隐藏在伞下可以保护个人隐私，可以作为自卫工具……每个人在一分钟内迸发出来的灵感不尽相同，有的可能是二十几个，有的可能是几个，这就体现了个体在发散思维流畅性方面的差异。如果你的想法过少，就需要去进行相关的思维训练，开拓思维，弥补不足。

第二个要素：变通性——发散思维的方向性指引。变通性能够体现发散思维的灵活性，它是指人在进行思维活动时能够打破思维定势，冲出当前的条件限制，能产生超常的构思，在思维遇到困难时能及时调整思考方式，能提供方式多样、类别较多的答案。用通俗的语言解释，变通性就是你针对某一个问题，思维延伸到了多少不同的途径，想到了多少种不同类型的方法。

以上述的训练为例，了解了变通性之后，我们在思考雨伞的用途的时候就要学会打开思路，从不同的角度寻找更多不同的答案。我们在运用发散思维思考雨伞的功用的时候，如果没有进行方向性的综合考量，我们的想法天马行空却未免太过于散乱，效率不高且不易出新，如果先进行思路的选择，效果会好许多。比如：我们可以先确定以下几条思路。第一条思路是雨伞的实用性用途；第二条思路是雨伞的非实用性用途；第三条思路是雨伞的各个部位分解开之后的各个用途等。总之，学会变通会节省我们思考问题的时间，提高效率，能够有效保证流畅性的实现。

第三个要素：独创性——发散思维的创新性体现。这最能够体现一个人创新能力的高低，因为这个要素需要人们在进行发散思维时寻求目前没有的、属于与众不同的“奇思妙想”。独创性含有新奇、奇异、独特的要求，普遍存在的或使用的，一般人群都能够想到的主意都不能满足独创性的这个要求，而它却更趋向于发散思维创新性的本质。如果以上述的雨伞功用这个问题为例，很多人都会认为：想到雨伞作为自卫工具这个功能远远比遮雨、防晒这种普遍性的功用要新奇的多。

综上，真正的发散思维是流畅、变通、独特三者兼备的，不能将这三个要素完全的割裂开来，突出的发散思维需要不断变换着思维方向，从不同的角度、不同的领域寻求大量思想的前提下，之后再去寻求独创性的结果。回到我们本章内容的引导故事当中，孙权“多谋善断”中的“多谋”就是发散思维运用的具体体现。

知识二：何为收敛思维?

收敛思维，也被称为聚合思维、集中思维或者求同思维，是指大脑在思维时呈现的一种聚合状态的思维模式。要求以某个问题为中心，运用多种方法、知识或手段，从不同方向或不同角度，将思维指向中心点，经过比较、分析后，找到一个最合理地解决问题的方案。收敛思维可以建立在发散思维的基础上，对发散思维提出的种种设想进行梳理、分类、分析与选择，从中选出最有价值、最合理的设想，再进行不断完善与补充，最终使问题得以解决。

为了更好地了解收敛思维，我们来共同学习一下收敛思维的四个显著特征。

第一个特征：概括性。收敛思维与发散思维不同，发散思维要求我们尽可能的将思维辐射出去，没有特别明确的方向与目的，而收敛思维需要我们头脑清晰、目标明确，通过分析与选择，能够从大量的信息中找到自己所需要的答案，所以收敛思维具有明显的概括性的特点。

第二个特征：求实性。学习收敛思维概念的时候我们了解到，收敛思维是建立在发散思维众多设想的基础上进行的思维方式，发散思维是允许“异想天开”和标新立异的，所以发散思维所产生的众多设想或方案，大部分都是不成熟的，很多也存在与现实脱节的情况，所以对发散思维的结果，就必须进行分析与筛选。收敛思维就可以起到这样的作用，它确保我们选择出来的设想或方案是切实可行的，是符合实际需求的，这样，收敛思维就表现了很强的求实性。

第三个特征：连续性。发散思维可以是一种跳跃式的思维方式，不要求每个设想都存在某种固有的逻辑关系与联系，可以天马行空地自由发散，可是收敛思维的进行方式则相反，具有较强的连续性，设想与方案的每一个环节都需要经得起推敲，要符合逻辑关系与实践法则，所以运用收敛思维的时候，我们要按照事物发展的规律分析问题，思维不能太过于自由了。

第四个特征：聚焦性。收敛思维可以帮助我们找到最终解决问题的方案，但是任何问题的解决都不可能是一蹴而就的，都需要经过反复的思考、演练与试验才能达到最终的目的。收敛思维的聚焦性就是这一过程的概括。它需要我们围绕中心问题进行反复思考，甚至有时需要停顿下来进行思维的积累，不能急于求成，经过一定量的积累，最终达到质的飞跃，顺利解决问题。

知识三：两种思维的异同

找不同——

第一，两种思维指向不同。发散思维是由中心问题为出发点，思维呈发散状对外部放射；而收敛思维则相反，它是以众多思维为出发点，目标指向我们需要解决的中心问题。发散思维是从一到多，收敛思维是从多到一，见图 4–1 和图 4–2。

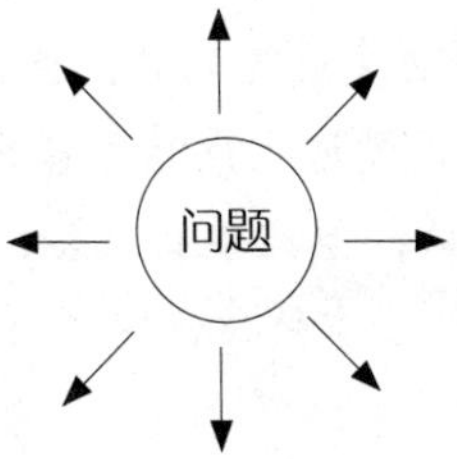

图 4-1　发散思维示意图

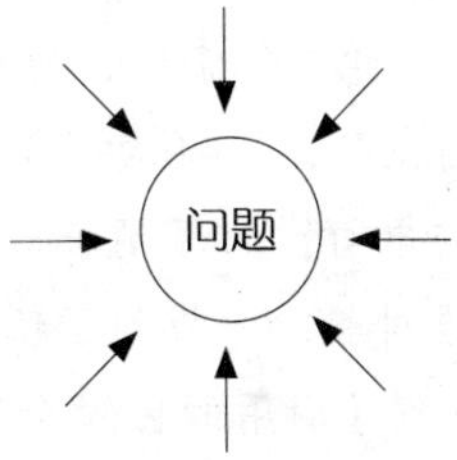

图 4-2　收敛思维示意图

第二，发散思维是一种求异思维，为寻求解决方案，我们要在广泛的范围内进行思考，思路越多越好，尽可能地把各种可能性都顾及；收敛思维则是一种求同思维，要集中各种想法，达到对问题的系统全面的考察，为寻找最佳解决方案需要把众多想法进行筛选与统一。

第三，两种思维在解决问题过程中的运用阶段不同。发散思维经常会被运用在解决问题的初期，为寻求更好的解决方案，前提必须储存大量的备选方案，以备我们从中进行选择；收敛思维则经常被运用在解决问题后期，通常我们会使用收敛思维。对前期已经储备的备选方案进行筛选、合并、归纳、总结，最终确定最佳解决方案破解难题。

综合以上的学习，再回到我们本章内容的引导故事当中，孙权“多谋善断”中的“善断”则就是收敛思维运用的具体体现了。

从上述第三点可以看出：一个创新过程的完成，都是一个需要经过由发散到收敛，再由收敛到发散，多次循环直到问题解决的过程。通常我们需要通过发散思维，提出种种设想，再通过收敛思维从中挑选最合适的设想。两种思维协同动作，交替运用，一个创新过程才能圆满完成，这也正是这两种思维的密切联系所在！所以在运用两种思维的过程中，二者是一种辩证关系，既有区别，又有联系，既对立又统一。

【案例 4–1】

爱迪生（1847—1931 年），美国著名的电学家和发明家。他从小就有强烈的求知欲，无论对什么事情，总爱打破砂锅问到底。

19 世纪初，英国一位化学家用 2000 节电池和两根炭棒，制成世界上第一盏弧光灯。但这种灯光线太强，只能安装在街道或广场上，普通家庭无法使用。无数科学家为此绞尽脑汁，想要制造一种价廉物美、经久耐用的家用电灯。

1878 年 9 月，爱迪生决定研究白炽灯。他认真仔细地查阅了关于瓦斯照明的杂志、论文等资料，而且做了二百多册的笔记。经过一年多的努力和无数次的试验，1879 年 10 月 21 日，爱迪生点燃了第一盏真正有广泛实用价值的电灯。为了延长灯丝的寿命，他又重新试验，大约试用了 6000 多种纤维材料，才找到了新的发光体日本竹丝，它可持续试用 1000 多个小时，达到了耐用的目的。

此后，竹丝灯泡用了好多年。直到 1906 年，爱迪生又改用钨丝来做灯丝，使灯泡的质量又得到提高，一直沿用到今天。

思维启发

爱迪生在发明灯泡的过程中，为了能够提高灯丝的使用寿命，曾经先后思考了 1600 多种解决方案，大约试用了 6000 多种纤维材料，就是在这么多的待选方案中，才发现了新的发光体日本竹丝，它可持续试用 1000 多个小时，达到了耐用的目的。不得不说爱迪生在发明电灯与延长灯丝寿命的科学实践中正是发散思维与收敛思维综合运用的体现。

【案例 4–2】

在澳大利亚，有人发现一片甘蔗长的特别茂盛，收获的甘蔗产量比往年提高了 50%，这引起了农业科研人员的关注。是什么原因使这种情况产生呢？是种子的原因？是土壤的缘故？是灌溉的水质有利于甘蔗生长？还是管理人员的种植知识造成的？……当时的科研人员经过广泛的采证考察、实践调研，产生了大量的可能相关的调查方案。后来经过当地农民反映，在甘蔗栽种前一个月，有一辆装水泥的汽车停靠在附近，在卸水泥时，一些水泥袋破损，漏出不少水泥。经过对此原因的分析，发现正是水泥中的硅酸钙使那片酸性土壤得到了改良，从而提高了甘蔗产量。从此，可用来改良酸性土壤的“水泥化肥”就诞生了！

在研究甘蔗产量提高这一问题的过程中，也是发散思维与收敛思维相互补充、共同作用的结果，也是一个“多谋善断”的创造思维过程。

综上，在学习理论知识的过程中，可以将发散思维与收敛思维进行对比学习，而在实践运用过程中，我们绝对不能将二者完全割裂使用，要综合运用才能达到最佳效果。

有声小课堂｜观看微课：创新创业教育之感知发散思维与收敛思维

奇思妙想

前文已经了解到，在创造发明过程中，合理运用发散思维与收敛思维，能够找出多种可能的设想方案，可以帮助发明者从多角度、多层次、多领域地去思考，打破常态化传统方法的束缚，提炼出别出心裁的创造性方法。可以说，这两种创新思维适用于各种创造活动，在生产实践中产生了巨大的作用。

我们可以通过一些思维训练来帮助我们更好地掌握这两种创新思维方式。请试着完成表 4–1。

表 4–1　　发散思维训练表格

训练方向	概念解析	训练主题	设想示例	创新性设想
功能发散	以某种事物的某种功能为发散点，定义设想获取该功能的各种可能性。	以胶囊这一事物为发散点，尽可能提供“胶囊”用途。	微型医用机器人胶囊、胶囊宾馆屋、时间胶囊等。	
材料发散	以某种材料为发散点，设想它们多种可能的用途。	设想一下，我们可以利用鼓声做什么？	可以做音乐、可以做闹钟，可以吓走野兽、可以计时等。	
组合发散	思考某一特定事物与其他事物组合在一起作为发散点，进而找到思路。	如何把鸡蛋树立在平滑桌面上呢？	可以用个三脚架固定住，可以用橡皮泥固定，可以用强力胶水粘住，可以用胶带粘住等。	
方法发散	以人们目前使用过的解决某种问题的方法为发散点，设想出各种可能性。	如何做到人走灯灭？	声控灯、红外线感应灯、热能感应装置、智能摄像头、专人管理等。	
因果发散	以事物发展的因或果为发散点，设想出由因及果或由果及因的可能性。	如果玻璃杯碎了，会是什么原因呢？	猫咪把玻璃杯碰碎，热水把玻璃杯烫碎，生气时摔碎玻璃杯，运输途中碰碎玻璃杯，踢足球踢碎玻璃杯，大气压压碎等。	
结构发散	以某种结构为发散点，设想具有该结构的各种可能性。	什么物体包含“○”“—”这两个图形要素？	棒棒糖、鼓槌、跷跷板的一部分等。	

请观察图 4–3 所示四种物品，首先从中找出一种“与众不同”的物品；再找出物品之间存在哪些相同之处，找到至少两种物品的相同之处即可，填写表 4–2。

纸质书本　　百事可乐　　纯金项链　　液晶电视

图 4–3　四种物品

表 4-2　　收敛思维训练表格

训练方向	设想示例	创新性设想
与众不同	只有百事可乐是液体； 只有平装书是纸质材料； 只有液晶电视需要电源才能使用等。	
相同之处	平装书和液晶电视都可以起到休闲作用，也可以从中学习知识；纯金项链和彩色电视机在四种物品中价格较贵等。	

有声小课堂｜观看微课：创新创业教育之发散思维与收敛思维训练

增知提素

成功的跨界营销——豪杰·娃哈哈　同唱一首歌

2002 年 8 月 5 日，看似毫无关联的两家企业——豪杰公司与娃哈哈集团将让其卖座产品超级解霸与娃哈哈冰红茶在不同市场共同点燃同一个主题："超级解霸·冰红茶/超级享受·清心一夏！"这标志着《豪杰超级解霸 3000》新品全线上市，除却本身强大的使用功能和极具市场竞争力的价位之外，它还将与素有"天堂水、龙井茶"之称的娃哈哈"冰红茶"进行捆绑销售；同样，《豪杰超级解霸 3000》也将作为娃哈哈饮料暑期有奖销售的重要成员。由此，中国软件行业的先锋与中国饮料行业的龙头开创了一个跨行业整合营销的先河。合作期间，双方会把多年积累的优势资源进行叠加，这不但会给两家企业带来惊喜的合作成果，而且还会为目前较为低迷的中国软件市场与饮料市场注入一支兴奋剂，从而带动行业伙伴共同发展。

思维启发

从传统意义上来说，软件的促销多以捆绑 PC 硬、软件为主，很少跳出 IT 行业的圈子，消费群体大多已经对这种营销模式产生了审美疲劳，除了固定的消费群体，很难吸引其他群体的关注。此次豪杰公司主动牵手娃哈哈冰红茶，将有效借助娃哈哈在广大消费者与大众媒体上的优势资源，扩大《豪杰超级解霸 3000》的影响力！这正是此次策划的成功之处，策划者没有将思维局限在本行业领域，而是将思维扩散出去，将目光投放到了整个中国市场——将IT用户与饮品消费用户连接起来，凭借可靠的产品质量以及互补的市场资源，进一步强化了两家企业的品牌知名度。此次营销合作战略，是发散思维运用在商场运营中的成功案例，充分验证了创新思维在创造发明活动中所发挥的重要作用。

聚焦二：插上创新思维的翅膀——想象思维与联想思维

故事引导

1943年11月的一天，英国某军用机场，科学家詹姆斯站在雾中，愁眉不展，为了解决英国皇家空军飞机在能见度极差的天气中能够正常起飞与降落的问题，詹姆斯已经试验了一次又一次，但是均已失败告终。突然，詹姆斯突发奇想：能不能用火把雾烧掉呢？他的这个想法得到了同事们的嘲笑，认为他太过于天真，是不是压力太大导致了精神紊乱？雾的空间这么大，如何用火将其烧掉？

詹姆斯却已经顾不得这么多了，时间紧迫，一时他也想不到更好的办法了。于是，他让人在机场跑道上全部装上了管道，又在管道上每隔一定距离便凿出一个小孔，最后，他让人拖来一桶桶汽油，灌入了管道中。随着詹姆斯的一声令下，大家手持点火装置将汽油点燃。刹那间，空气受到大火炙烤，雾气竟然渐渐消散而去，人们惊呆之后都不禁高声欢呼起来，困扰人们许久的难题竟然用这种简单的方法解决了！之后，英国在整个二战中，一直采用这种方法来驱散大雾。

启智润心

詹姆斯情急之中，突发奇想的想用大火驱散雾气，这种想法起初你是否也和他的同事一样，觉得他在“胡思乱想”？可是就是这个“荒诞”的想法竟解决了大问题。那“胡思乱想”到底好不好呢？在我们接受的传统教育过程中，老师总是告诉我们：做好你当下的事情，不要总是胡思乱想，想些没有用的！传统教育告诉我们：胡思乱想是不好的，容易让我们受到不相干思绪的困扰，打乱正常的学习与生活。其实“胡思乱想”并不能一概否定，在创新实践活动中，我们一定要拥有“胡思乱想”的意识，这是拥有联想与想象能力的标志，可以帮助我们插上创新思维的翅膀，飞得更高更远！

当然，在创新实践活动中的“胡思乱想”不是没有目标的思考，不是天马行空的胡编乱造，不是庸人自扰的空想，而是能够让困难得以解决，让自身得以进步的有意义的创新创造活动，这是需要我们严格进行区别对待的。

导师寄语

在科学技术飞速发展的今天，人们在进行创造发明活动中，缺乏的往往不是科学理论与技术手段，而是缺乏优质联想与想象。世界上每一项优秀的发明，大多需要一个良好的想象作为先导，再发挥充分的联想进行创造，进而实现创造的过程，所以，想象思维与联想思维也是衡量一个人创新能力的标志之一。

在本章的学习中，我们需要掌握想象思维与联想思维的基本类型与方法，能够准确地分析想象思维与联想思维的区别与联系；掌握想象思维与联想思维的运用方法，能够熟练运用两种创新思维来解决我们遇到的实际问题。

理论启发

知识一：何为想象思维？

作为现代物理学的开创者与奠基人，阿尔伯特・爱因斯坦曾经说过：“想象力比知识更重要，因为知识是有限的，而想象力概括着世界上的一切……”很多发明家都非常看重想象思维在创造活动中的重要作用，那想象思维究竟要怎么理解呢？

想象思维是人体对脑内已有的记忆表象进行加工、改造或重组的思维活动，常常伴随着生动的图像，甚至是艺术夸张，是人类进行创新活动的重要思维形式。人脑在反映客观世界时，不仅能对客观事物产生表象感觉，而且还能够在原有表象的基础上在脑中形成全新的、现实生活中并未存在过的新形象，这些新形象就可以成为待发现、待创造的事物。

【案例 4-3】

17 世纪，物理学家艾萨克・牛顿提出了力学体系，解释了物体下落与行星运转的原因——他假设万物之中存在着一种相互吸引的力量，这种力量被他称之为“引力”。牛顿想象物体是在空间中运动的，所有的物体都在其中做着平直运动。到了 19 世纪，英国的两位物理学家，法拉第和麦克斯韦，发现了“电磁场”，为牛顿的空间力学体系增添了重要的一笔。“电磁场”虽然看不见摸不着，却可以传递无线电波，可以将电力四处传播。电磁学是对牛顿力学的一个非常有利的补充，解释了物体相互吸引的原因。

爱因斯坦从小对于电磁场便十分着迷，他一直在想：电力是由电磁场传播的，如果引力也像电力一样，也一定存在着一个类似于电磁场的“引力场”，于是，他提出一个大胆的想法：如果有引力场，那么引力场并不弥漫整个空间，而是它本身就是一个空间，也就成为广义相对论的思想基础，自此，相对论理论体系便脱颖而出。

思维启发

可见，在无数的发明创造中，我们都可以感受到想象思维的重要作用，一件新产品、新发明一般都要在头脑中想象出新的功能与外形，而这些都是人脑调动已有的记忆表象加以扩展或改造而来的。当然无论想象如何新颖，如何的“超现实”，也是需要建立在客观世界之上的，它不能凭空产生，一定是在客观世界中原有事物的基础之上进行再加工与再构造的。

想象不仅在科学创造与技术创新中有着重要的作用，在艺术创作领域更是非常宝贵的能力之一。

【案例 4–4】

百骏图

古时候，有一位皇帝一时兴起，让宫廷画师们在一尺见方的宣纸上画出一百匹骏马来。这看起来根本就是一件无论如何也完不成的任务，许多画家都连连摇头，表示无法完成。

这时，一位画家却提笔画起来，只见他在宣纸中央画了一匹完整的马，而在宣纸左边画了一个马头，宣纸右边画了一个马尾，其他地方皆画上了骏马奔驰时留下的浓浓尘雾。

皇帝看后，龙颜大悦，重重犒赏了这位聪明的画家。

故事中的这位画家充分利用了人类的想象能力无穷无尽、驰骋无限的特点，不仅巧妙地解决了难题，还为画作带来了意犹未尽的美感，真是一举两得！

现如今，想象在当今社会的广告创意、艺术创造方面发挥作用的案例更是数不胜数！

【案例 4–5】

大象广告

美国某建筑公司推出“预铸房屋”，但是投放市场之后，苦于无人问津。公司派人四处调查，发现是人们对“预铸房屋”的安全性能普遍持怀疑态度。怎样增强用户对新产品质量的信任度呢？这是公司面临的巨大难题。有人建议向公众公布房屋抗压试验数据，结果产品还是遭到了冷遇。

就在这时，美国“NOWSON”广告公司了解到这一困境后，主动表示能够通过巧妙的广告打开产品销路。总经理虽然表示有些不相信，但是苦于没有其他方法，只好让广告公司试一试。

广告公司请最权威的广告专家来设计广告创意。当报刊上登出这幅广告创意时，市场情势竟慢慢好转起来。那是怎样的一幅广告创意呢？其实它一点也不复杂，就是一头大象安然地站在预铸屋顶上。

上述案例说明：直观形象的表述往往比严肃刻板的数据更能打动人心！因为前者更容易让人们走进想象的美好空间，带来愉悦自由的感受。

知识二：想象思维的类型

根据想象思维有无明确目的这一角度出发，可以把想象分为无意想象和有意想象两种类型。顾名思义，无意想象是在没有预定目的的情况下、不自觉产生的，比方说我们看到蓝天上的白云，总会不经意的将其想象成某种动物、植物或者各种奇怪的事物；有意想象则是带有目的性的、自觉性的想象。比方说我们上文提到的故事《百骏图》，由于要呈现出一幅百骏奔腾的画面，所以在创作的过程中必然是带着鲜明目的性的自觉地想象了。

如果将有意想象再进行细分，根据想象内容的新颖程度和形成的方式不同，又可分为再造想象和创造想象两种类型。再造想象指主体在经验记忆基础上，根据语言文字的描述或图样的示意，再现客观事物的表象或者形成新形象的过程。再造想象的概念需要着重理解这两个方面：

第一，人脑中形成的这个形象是已经客观存在的事物了，已经存在于相关的语言文字描述与图形、图解的示意中了，想象者不过是将其重新形成了而已，或者更加具化，或者更加丰富。比方说我们可以根据服装设计师画出的图纸想象出这件衣服是如何华丽与耀眼，可以根据建筑图纸想象出这座建筑物的高大与雄伟。

第二，人脑中形成的这个形象是想象者头脑中原先没有存在过的，是想象者重新构建出来的。比方说，我们根据一部机器的部件生产加工图纸，在头脑中进行想象并加以组合，就形成了对这部机器的完整的形象。

创造想象是在再造想象的基础上，在头脑中对现有事物进行加工改造，创造出全新形象的过程，其具有首创性、新颖性和独立性的特点（见图 4–4）。上文中爱因斯坦相对论的提出、大象广告的产生都是创造想象的典型案例。

- 想象类型
  - 无意想象
  - 有意想象
    - 再造想象
    - 创造想象

图 4–4 想象类型

可以用小学生语文学习的例子来进一步说明再造想象和创造想象的区别！老师在课堂上讲了《白雪公主》这个童话故事，讲完之后让学生用自己的语言复述出来，学生讲出来的故事便是再造想象思维运用的结果；如果老师给出几个关键词，比方说公主、王子、王后、小矮人等，让学生充分发挥想象力，描绘出一个全新的童话故事来，这就是创造想象思维的具体运用了。

创造想象与再造想象虽然都需要在头脑中进行分析与加工，但是创造想象比再造想象加工出来的形象要更具创造性，更突出其新颖首创的特点，对人类具有更加突出的积极作用与意义。

有声小课堂 | 观看微课：创新创业教育之感知想象思维

知识三：何为联想思维？

故事引导

一百多年前，一位叫贾德森的美国人外出旅行，下火车时，由于人多拥挤，他看见一位老太太携带的袋子袋口被挤坏了，东西也撒了一地。贾德森乐于助人，帮她把东西捡了起来。但是袋子却没有办法修补了，老太太拿着十分不便。

有一次，贾德森去买勺子。他看见勺子排列的都十分整齐：上边一排勺子被一根钢筋穿过勺眼挂着，下面一排则是勺柄朝下，通过勺部和上一排“咬”在一起。贾德森看中了下排勺子中的一把，想拿下来却拿不动。这时，老板让他把周围的勺子向两边移动，贾德森就很轻松取下了勺子。

回到家中，贾德森忽然联想起火车站老太太的遭遇。他想：为什么不能利用刚才勺子的那种组合关系，发明一种能够方便分开又结合在一起的东西呢？经过反复实验，贾德森终于发明了人类历史上第一根拉链。发展到现在，拉链这个发明已经普遍应用于社会生产生活的各个领域。

思维启发

贾德森通过勺子的排列组合想到将其利用到其他领域的思维过程，便属于联想思维。联想思维就是由一种事物而想到另一种事物的心理活动，通过探索它们之间存在的类似的或相同的变化规律，从而解决问题的思维方法，可以是概念之间、方法之间、形象之间的联想，在人们的创造活动中具有重要作用。由此及彼、举一反三、由表及里等词汇中都蕴含了丰富的联想思维的内涵。

大发明家爱迪生曾经说过：在发明道路上如果想有所成就，就要看我们是否有对各种思路进行联想和组合的能力。联想在发明创造中起到了催化剂的作用，许多科学发现与技术发明都来源于人们的联想。我们运用联想思维最重要的是要发现原来认为没有联系的两个事物（或现象）之间的联系，这样才能更好地创新。

知识四：联想思维的类型

一是接近联想。接近联想也可以称作相关联想，世界上的事物总是在属性上、时间上和空间上蕴含着联系，发现这些联系，巧妙的联系在一起，就能产生新的创意。如相同的处境、相似的社会现象、相近的时代背景等。

如大陆漂移说，阿尔弗雷德 · 魏格纳是大陆漂移说的创始人，他是在一幅世界地图上得到的启发，这种启发便是接近联想在发生作用。1910 年的一天，魏格纳在一幅世界地图上偶然发现大西洋两岸的轮廓非常相像，特别是南美洲巴西东部的突出部分，与非洲西海岸的几内亚湾非常吻合。于是他萌生了这样一个想法：非洲大陆和南美洲大陆曾经连在一起，后来才分开。从此，他注意观察和研究，终于在 1912 年在一篇重要的学术论文中提出大陆漂移假说。

二是相似联想。它是指一个事物或现象的刺激想到与他相似的事物或现象，进而产生某种新设想。如相似的外部形态、相似的结构等。我们在文学创作的时候，比喻这种修辞手法就是相似联想的直接运用。

图 4–5　蜂蜜罐子

图 4–5 为一款盛装蜂蜜的罐子。观察它的

外部形态：其使用了黄黑相间花纹作为罐体图案。看到这个图案，几乎没有人不会联想到蜜蜂这种小生物，进而又联想到这个罐子一定与蜂蜜具有一定的联系。这就是外部形态而引起的相似联想。

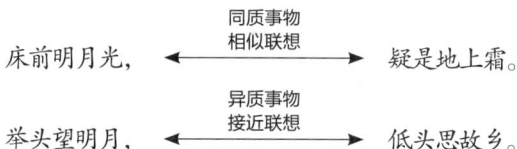

图 4–6　鲸鱼摆件

图 4–6 为一款适合家居摆放的摆件。观察它的结构特征：与鲸鱼身体结构相似的结构体态，尤其是鲸鱼身体的喷水孔处巧妙的放置了鲜花，这个设计即完善了鲸鱼的整个结构形态，同时表明了此设计应用范围，较适合进行家居装饰。这就是相似的结构形态引起的相似联想。

接近联想与相似联想在具体的运用过程中容易混淆，我们通过一首耳熟能详的诗歌进行对比。

静夜思

【唐】李白

床前明月光，←同质事物 相似联想→ 疑是地上霜。

举头望明月，←异质事物 接近联想→ 低头思故乡。

李白的《静夜思》第一句“床前明月光，疑是地上霜”，由于月光与白霜二者具有明显的外部形态相似的部分——其颜色非常相似。由明月想到了白霜，由此物想到彼物，是典型的相似联想；再看第二句，“举头望明月，低头思故乡”，由明月想到了故乡，这是时空之间产生了联想，同时情感也产生了的共鸣，把它归类于接近联想便比较准确了。

三是对比联想。联想物和触发物之间具有相反性质的联想，也就是把性质完全不同的事物进行对比，进行联想的思维过程。

图 4–7　一次性筷子

图 4–7 为我们外出就餐时经常使用的一次性筷子。按照正常逻辑，人们都会希望筷子的使用时间可以更持久一点，但是从相反的角度出发，如果筷子使用时间不持久会怎样呢？它可以更方便更快捷，所以一次性筷子也不失为外出就餐不便时的选择。

【案例 4–6】

丑陋玩具

美国艾士隆公司的董事长布希耐，因为公司陷入困境而十分苦恼。心烦意乱的他有一天到郊外散心，看到几个小孩子兴致勃勃地聚在路边玩耍，他好奇地上前一瞧，原来孩子们围着一只丑陋的昆虫玩得开心不已。

见到这个场景，布希耐忽然想到：在一些孩子心中，丑陋的玩具会更可爱！于是，他便让员工着手研制出一套“丑陋玩具”，并迅速推向市场。结果“丑陋玩具”一炮打响，给艾士隆公司带来了巨大收益。尽管这些“丑陋玩具”比正常的玩具售价较高，但一直畅销不衰，甚至在美国掀起了一场行销“丑陋玩具”的热潮！

右图为玩具市场上比较流行的丑陋玩具（见图 4–8）。按照正常逻辑，人们对美丽的事物有着迷之向往，会选择美丽可爱的玩具形象，但是为什么不能反其道而行之，创造出丑陋的玩具呢？事实证明，这些丑陋玩具得到了很多人的喜欢。

图 4–8　丑陋玩具

联想能产生很多的智慧火花，能给予人们更多的灵感，但也是建立在个体知识经验的基础之上。可以说，知识面越丰富、见识越广阔，产生出来的联想越有利于创新！就如泰勒所说：“具有丰富知识和经验的人比只有一种知识和经验的人更容易尝试新的联想和独创的见解。”

知识五：联想思维的方法

主要的联想思维方法有两种。

一是自由联想法。自由联想是一种没有固定思维方向可以遵循的，可以随意展开联想的思维形式。这种方法由于没有具体的限制，比较容易产生数量可观的联想。

二是强制联想法。强制联想是一种让思想按照一定的方法或方向展开的联想思维方式。如果将两个貌似没有联系的事物强制在一起进行联想，容易使思维产生跳跃性，容易产生新创意。本书中后期提到的列举法、奥斯本检核表法都是强制联想思维的运用。

【案例 4–7】

纽约有一家经营保险柜的商店，尽管保险柜的质量很好，但商品一直以来少人问津。年轻的经营者摩斯百思不得其解，后来他了解到，原来是人们缺少一种购买保险柜的紧迫感。于是他想到利用目前社会上发生的盗窃案件来激起人们的购买欲望。

摩斯便来到了警察局，说愿意帮助警察破获本市的盗窃案件。他将他的想法告诉了警察局长：他会将那些未曾捕获的盗窃犯的照片张贴在他的商店的橱窗里，这样便可以让更多人了解案情，帮助警局破案。警察局长同意了。摩斯回到商店后便将盗窃犯的照片和资料张贴在了橱窗里，同时橱窗里还陈列着他出售的各种保险柜。

这一办法果然奏效，每天都有人会在橱窗处驻足观看，当人们了解了这些案件后，为了避免自己的财物被盗，就顺便在店里买一个保险柜给自己。

思维启发

摩斯就充分利用了人们善于联想的思维特点，他使用的是强制联想的方法，将盗窃犯与保险柜强制联系了起来，看到了盗窃犯便会联想到失窃，所以自然会买一个保险箱保护自己的财物安全。

知识六：两种思维的对比

找不同——

第一，联想思维是要有一定参照物才能够进行，而想象思维则不一定需要参照物，也就是说联想只能在已存入人的记忆系统的表象之间进行；而想象则可以超出已有的记忆表象范围。比如说，当我们想象未来美好生活的时候，可能只需要一间安静的小屋、一首优美的音乐就可以了，你脑海里的一切并不一定就在你的身边找到具体的原型。

第二，联想思维的发生过程是一维的、线性的、单向的，想象思维则可以是多维的、立体的、全方位的，所以联想思维较单薄，可以不完整，想象思维则较丰富立体完整。

第三，联想思维的活动空间是封闭的、有限的，因为它是一个由此及彼的思维过程，是研究探讨原事物与联想物之间变化与规律的心理活动，所以它无法脱离现实世界的制约；而想象思维的活动空间则是开放的、无限的，所以想象思维的结果可以超越现实，联想思维的结果则不能。

以郭沫若《天上的街市》这首现代诗为例进一步理解联想思维与想象思维的区别。请先思考：这首诗哪一部分运用了联想思维，哪一部分运用了想象思维呢？

天上的街市

郭沫若

远远的街灯明了，
好像闪着无数的明星。
天上的明星现了，
好像点着无数的街灯。

联想思维

我想那缥缈的空中，
定然有美丽的街市。
街市上陈列的一些物品，
定然是世上没有的珍奇。
你看，那浅浅的天河，定然是不甚宽广。
那隔河的牛郎织女，定能够骑着牛儿来往。
我想他们此刻，定然在天街闲游。
不信，请看那朵流星，是他们提着灯笼在走。

想象思维

这首现代诗歌的前四句是明显的联想思维，因为它符合联想思维的各项特征。街灯和明星互为参照物，进而产生联想，呈现出来的空间画面较为单薄；而诗歌剩下的部分则是运用了想象思维，通过想象，对天上街市进行了具体描绘，珍奇的物品、不甚宽广的银河、相爱的牛郎织女等，为我们呈现出了一幅丰富、喧闹、美好的繁荣景象！这样的画面立体完整，我们可以在这个空间中自由的畅想，存在艺术夸张的不真实性。

同时我们也要认识到，在创新实践活动中，联想思维与想象思维是不能严格割裂开来的，二者都是人脑里对已储存的表象进行加工改造形成新形象的一个过程，可互为起点，经常处于“伴生”状态，联想可以是想象的基础，是想象的开端；想象是在联想基础上的再创造，是联想的拓展与升华。

有声小课堂 | 观看微课：创新创业教育之感知联想思维

专创融合

【案例 4-8】

智能表箱功能拓展

目前国家电网使用的 DDZY52-Z 单相费控智能电能表需要复电时，需要打开表箱门或表箱窗口镜片来操作电能表的复位键，在此过程中存在以下三种问题：

（1）频繁打开表箱窗口镜片易使其脱落，表箱封扣、表箱锁更换频率升高，造成鸟害在表箱内筑巢以及用户窃电等隐患后果。

（2）当用户无法自行复电时，需工作人员前往现场进行复电，增加了现场工作人员的工时。

（3）当需要为多位客户复电时，因客户停电不规律，地域不一样，客户长时间的等待可能会引起客户的投诉。

因此，狼山乡供电所 QC 小组决定对智能表箱进行功能拓展，重点需要在表箱窗口镜片上下功夫。图 4-9 为未进行功能拓展的表箱窗口镜片。

图 4-9　未进行功能拓展的表箱窗口镜片

怎样才能省去打开表箱窗口镜片，用户就可以很简单地自行按动表箱内部的复位按钮呢？有一天小组成员使用按压式圆珠笔写字时，大受启发。可不可以将按压式圆珠笔上的按钮结构用到电能表上解决电能表复位问题呢？经过跟小组其他成员讨论，大家纷纷同意，并确定了最终方案：

从电表箱窗口镜片上按照电能表复位按钮位置和要安装的按钮尺寸钻一个孔，将这种结构的按钮穿过孔洞控制电表箱复位按钮，就可以在不开表箱窗口镜片的情况下操作电能表的复位键，实现复电（见图 4-10）。

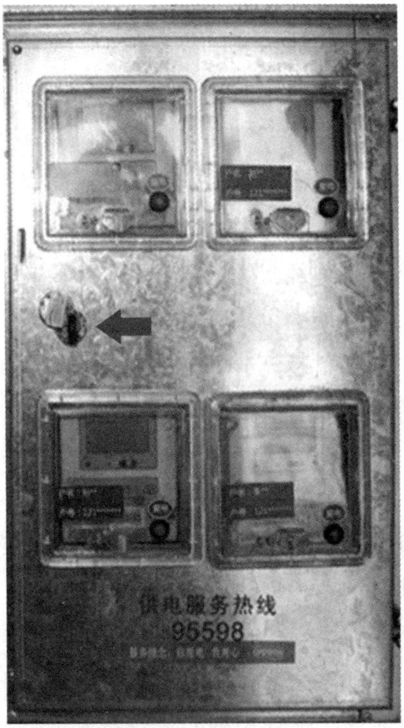

图 4-10　功能拓展后的表箱窗口镜片

安装复电按钮后，复电所需工时大为减少，复电便携程度大为提高，表箱使用寿命增长，优质服务水平提高。

思维启发

此案例体现了联想思维在创新工作中的应用。圆珠笔和电表箱本来是没有关系的两种事物，但是由于存在相似的结构，使 QC 小组成员在看到按压式圆珠笔之后，想到可以将这样的按钮用于电表箱，解决必须打开表箱窗口镜片才能将电表复电的问题，使复电变得简单便捷，大幅提高了工作效率。具体分析，运用了联想思维类型里的相似联想。

有声小课堂｜观看微课：案例分析之联想思维

奇思妙想

想象思维与联想思维是重要的创新思维方式之一，如果能够熟练的运用这两种思维方式，提高我们对这两种思维方式的捕捉能力，会诱发出很多创新型设想。

培养联想思维能力就要锻炼自己对周围事物的敏感度，注重任何事物的细节，习惯把不相干的事物联系起来思考；需要多角度的认识事物，积累知识与经验，拓宽视野，储备信息，这样才能提高联想思维发生的可能性，使你的联想增加深度、广度与精度。

培养想象思维能力则需要你经常为自己开辟一个轻松、安静的想象环境，让自己完全的放松，充分沉浸在想象的世界之中，当然也离不开你对整个世界的认知程度与经验积累的宽度，你的准备越充分，你的想象便会越细腻、越丰富、越生动！

请试着完成下面的练习。

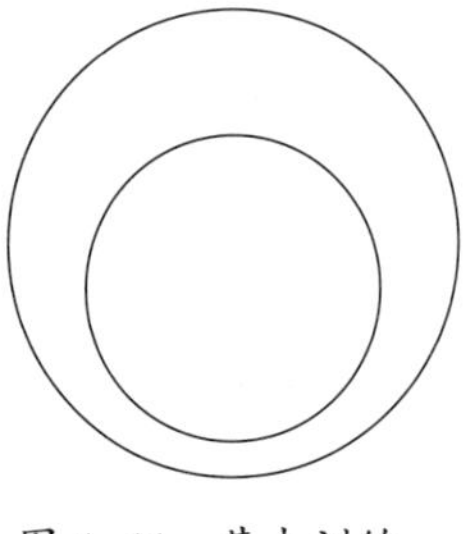

图 4-11　基本训练一

训练一： 由图 4-11 你想到什么？主要锻炼速度与数量。限定两分钟，请尽可能多的将你想到的事物写下来，有独特创意为最佳！

训练二： 由“7-1=0”你想到什么？限定三分钟，请尽可能多的将你想到的事物写下来，有独特创意为最佳！

训练三： 看到图 4-12，你想到什么？给它加上一个特殊的标题吧！限定三分钟，请尽可能多的将你想到的事物写下来，有独特创意为最佳！

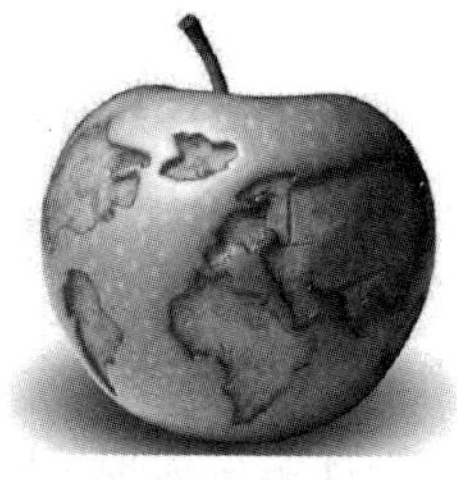

图 4-12　基本训练三

训练四： 在一个比较安静的环境里，闭上眼睛，在不受到任何刺激的情况下，静静伴随着海子《面朝大海、春暖花开》唯美的诗歌，想象你的未来……

面朝大海，春暖花开

海子

从明天起，做一个幸福的人
喂马、劈柴，周游世界

从明天起，关心粮食和蔬菜
我有一所房子，面朝大海，春暖花开

从明天起，和每一个亲人通信
告诉他们我的幸福
那幸福的闪电告诉我的
我将告诉每一个人

给每一条河每一座山取一个温暖的名字
陌生人，我也为你祝福
愿你有一个灿烂的前程
愿你有情人终成眷属
愿你在尘世获得幸福
我只愿面朝大海，春暖花开……

有声小课堂 | 收听音频：《面朝大海，春暖花开》

提知增素

人类探索宇宙的脚步

康斯坦丁 · 爱德华多维奇 · 齐奥尔科夫斯基（1857—1935年），苏联科学家，现代航天学和火箭理论的奠基人。他曾预言："地球是人类的摇篮。人类绝不会永远躺在这个摇篮里，而会不断探索新的天体和空间。人类首先将小心翼翼地穿过大气层，然后再去征服太阳空间。"

图 4-13　人类探索宇宙

齐奥尔科夫斯基在预言中把人类探索宇宙（见图 4-13）的过程分为了 15 步：

（1）制造带翅膀和一艘操纵机构的火箭式飞机。

（2）以后飞机的翅膀略有缩小，牵引

力和速度增加。

（3）穿过稀薄大气层。

（4）飞至大气层外及滑翔降落。

（5）建立大气层外的活动站（人造地球卫星）。

（6）宇宙飞行员用太阳能来解决呼吸、饮食及其他日常生活问题。

（7）登月。

（8）制造太空衣，以便安全地从火箭进入太空。

（9）在地球周围建立宽广的居民点。

（10）太阳能不仅用于饮食和生活，而且用于跟随整个太阳系移动。

（11）在小行星带上和太阳系里其他不大的天体上建立移民区。

（12）在宇宙中发展工业，宇宙站的数目增加。

（13）达到个人和社会的理想。

（14）太阳系居民比目前地球上的居民多一千万倍，达到饱和，之后移到银河系。

（15）太阳开始熄灭，太阳系的残存居民转移到别的“太阳”。

启智润心

经过100多年航空航天技术的发展，齐奥尔科夫斯基的十五个设想都在被人类慢慢地实现。现在人类已经让前八个设想都变成了现实，正在积极地向第九个设想，即实现太空移民而进军！谁也不能否定，未来的某一天，人类能够飞出地球，在太阳系的某一个星球上建立我们的另一个美好家园！

聚焦三：接受创新思维的恍然大悟——直觉思维与灵感思维

导师寄语

我们在进行各种实践活动时，脑海中有没有突然“灵机一动”的时刻？有没有突然感觉有重要的事件发生，自己仿佛变成了“预言家”的时候？当你出现这种感觉的时候，那就是直觉思维与灵感思维在支配你的行为，它们是我们人类思维中的一种客观存在的现象，是人人都具备的一种思维品质。它们帮助我们对事件做出预判，可以让我们从混沌中突然醒悟，在创新实践活动中，它们起到了非常重要的作用。

在本章的学习中，我们需要掌握直觉思维与灵感思维的概念与特征；能够准确分析直觉思维与灵感思维的区别与联系；通过练习能够提高直觉思维的正确率，能够提高诱发和捕捉灵感的能力，最后能够熟练运用两种创新思维来解决我们遇到的实际问题。

理论启发

知识一：何为直觉思维？

故事引导

著名瑞士心理学家荣格在他的自传中曾经提出：“在我的生活过程中，往往会发生这样的事：我突然知道了一件我确实毫无所知的事情。这种知识仿佛像我自己的观念那样来到我的脑海里。我母亲也有这种情形。”这源于他自己的一次人生经历。

荣格第二次世界大战期间从波林根回家，在火车上时，他便一直魂不守舍，他总被火车出发时看到的某人落水溺死的影像所控制。整个旅途，荣格都没有摆脱这种感觉。他总是在心里想道：“出了什么事呢？真的可能出了事吗？”

等荣格到站后步行回家，这个感觉依然困扰着他。回家后他看到他女儿的孩子们都在花园里，而且显得闷闷不乐。于是荣格问道：“出了什么事呀？”孩子们便告诉荣格，他们当中最小的男孩掉进游艇码头的水里了，那儿水很深，孩子又不怎么会游泳，所以几乎淹死，是他哥哥把他救了出来。

思维启发

荣格无法解释这种感觉的缘由，但是后来发生在孩子们身上的事情的确验证了这种感觉的合理性。你是否也存在过这种感觉呢？这种突然出现的，对未来事物的结果有着“预感”或“预言”的思维体验？这种体验我们将其称之为直觉思维，是创新思维的重要方式之一。

直觉思维是不需要经过大脑分析、推理等就能直接给出问题答案的思维过程。它是大脑受到外界刺激后立即产生的一种反应，这种反应形成的预感不经过任何思索推理便能够形成。不要小看直觉思维，在我们工作生活中，超过90%的选择，都是通过直觉思维而直接做出决定的；而剩下的10%中，也有一半是先通过直觉思维找到答案，再通过逻辑思维思考验证答案。比如日常生活中，我们看到天空乌云密布，直觉会下雨，所以出门时会带上一把伞；看到前方道路拥堵，我们直觉出现了交通事故，就会提前绕行等。

直觉思维在创新活动中起着非常重要的动力与加速的作用，在科学技术领域，直觉思维更是帮助不少科学家加速了创新的进程。直觉思维能够帮助创新者在纷繁杂乱的材料中做出最佳的选择，预见到哪一方面会出现重大的发明创造。

【案例4–9】

伦琴和X射线

世界上第一个诺贝尔物理学奖的获得者——德国科学家威廉·伦琴（1845—1923），有一次在做实验时，发现无意中放在实验室的照相底片感光，一种直觉告诉他，一定是有一种射线存在于底片上！由于对这种射线没有足够的了解，所以伦琴就将其命名为X射线。正是这一直觉促使他继续研究，终于让其发现了这种神秘射线的性质，从而使X射线应用在了医疗等很多领域，为人类发展做出了巨大贡献，伦琴也因此获得了诺贝尔物理学奖。

直觉思维既然是不需要经过大脑分析、推理等就能直接给出问题答案的思维过程，为什么会常常证明是正确的，甚至可以具有创造性呢？这是由直觉思维的几个特征所造成的。

知识二：直觉思维的特征

第一，突发性。直觉会突然出现到你面前，没有任何征兆，作为意识主体的你几乎感受不到它是如何进行的思维过程。这是由于直觉思维是一瞬间对问题产生的理解与领悟，是基于意识主体对以往的知识积累与生活经验而做出的无意识判断，具有明显的非逻辑性特点。

第二，跳跃性。由于直觉思维具有明显的非逻辑性特点，所以它没有逻辑思维的缜密推理过程，不具备常规逻辑思维所需要经过的循序渐进的步骤才能做出最后的决定。它会忽然从起点跳跃到终点，摆脱了思维束缚，从而产生认知过程的跳跃或中断。

第三，模糊性。这也来源于直觉思维的非逻辑性特点。正是因为直觉思维没有经过缜密的推理与验证，所以通过它做出的判断就存在错误的可能性。这也是直觉思维的弱点，如果我们通过直觉思维对某一现象做出了论断，还要对它进行必要的科学论证与检验，才能够得以确认。

第四，坚信性。只要产生了直觉，意识主体就会对这种直觉有种本能的执念，即便对这种感觉出现的原因往往不能言表，对结果也不能做出有理有据的验证，也坚信自己的感觉是正确的。

第五，独创性。直觉思维虽然没有经过严格的逻辑思维的推敲而对事物整体做出了判断，但是正是由于这种无意识性与无逻辑性，才能使思维的想象内容更丰富的，思维方向更加发散，使人的认知结构向外无限扩展，因而才更有可能产生独特的、超乎常规的想法。

有声小课堂｜观看微课：创新创业教育之感知直觉思维

知识三：何为灵感思维？

故事引导

传说古希腊时，亥洛王要做一顶金王冠献给神灵，他将制作王冠的黄金交给了金匠，于是金匠做了一顶重量与黄金数量相等的王冠交给了国王。但是有人却怀疑金匠贪污了部分黄金，在王冠中做了假，但是人们却没有证据。国王便要求阿基米德想办法做出鉴定。这项任务愁坏了阿基米德，既不能破坏王冠，又要找出让人信服的理由。阿基米德为此冥思苦想，不得要领。

有一天，阿基米德入浴洗澡，当他坐到澡盆里时，溢出的水突然让他灵光一闪，他顾不上洗澡了，赶紧去做实验。他把各种物品放入盛满水的容器中，反复测量溢出的水的体积是否和放入水中的物品相一致，事实证明：溢出水的体积是和放入的物品的体积相同的。阿基米德就是运用了这种方法证明了王冠里掺入了比黄金轻的白银，工匠也不得不心服口服的认罪了。随着进一步研究，沿用至今的流体力学最重要基石——阿基米德定律便诞生了。

思维启发

阿基米德这种突然的“灵光一闪”，就是灵感！在生活中，我们常常有这种体验。当一个问题困扰我们许久，让人几乎绞尽脑汁，茶饭不思，却始终没有对策。

但是有一天，我们或者在散步，或者在吃饭，或者在休憩时朦朦胧胧之间，突然脑海中闪过一道闪电，你的思路突然畅通无阻，你于是茅塞顿开，一下子从混沌的状态中解脱出来，困扰多时的难题便迎刃而解了。这就是灵感思维在我们日常生活中的表现方式。

灵感也被称之为顿悟，是人们针对某一久思不得其解的问题，经过大量的、艰苦的思考之后，由于受到某种外来信息的刺激或诱导，突然涌现、得到某种特别的创新性设想，使问题得到解决的思维过程。

灵感一词来源于古希腊，在生产力低下，科技水平有限的人类社会，人们给灵感这种思维戴上了一层神秘的面纱，认为那是“神的气息”。随着科学的发展，人们对灵感思维的了解逐渐深入，证明了灵感思维其实就是人脑的一种潜在机能，是客观存在的，经过人们后天的学习实践经验的积累，是人人都能具备的一种思维品质。总之，灵感思维是人类思维发展到高级阶段的产物，是人们借助一定的启示所猝然迸发的一种思维形式，当人们在思维活动中，认识突然发生变化，产生敏锐的顿悟，就可以说获得了灵感。

知识四：灵感思维的特征

第一，随机性。灵感何时出现，是不可预期的，这取决于你对问题的理解程度，对外界环境的敏感度等因素，“有心栽花花不开，无心插柳柳成荫”。这就是灵感随机性的解释。

第二，瞬时性。即灵感产生于一瞬间，稍不留神便会消失。灵感持续的时间很短，转瞬即逝，必须要善于捕捉，最好形成随时记录的良好习惯，才能及时抓住这“可遇而不可求”的“灵光一现”。比方说圆舞曲之王小约翰·施特劳斯，为了抓住灵感，不惜脱下自己的衬衣当纸，就为了写下脑中突然出现的一段旋律，并成了不朽杰作的——《蓝色多瑙河》。

第三，专一性。灵感获得的实际经验告诉我们：要获得灵感，头脑中一定有一个待解决的问题，围绕着这个问题，我们要经过艰苦的、长时间的思考，没有经过深入的思考不可能有灵感的出现。

第四，创新性。灵感往往是人们脑海里从未出现过的念头，具有很大的新颖性，它能够突破常规的思维定式，超越我们原有的思维框架，能够解决我们久久不能解决的难题，带给我们强烈的顿悟感。

知识五：如何激发灵感思维

爱迪生说过：“天才是 1% 灵感加 99% 汗水”。大家都听说过这句话，它被用来激励人们要学会努力与奋斗，其实它还有后半句，那就是——“但那 1% 的灵感最重要，甚至比 99% 的汗水更重要。”这才是爱迪生这句名言完整的描述，爱迪生这句话肯定了灵感在人类学习、生活以及科学研究中的重要作用！灵感虽然是我们与生俱来的天赋，但是也需要具备一定的客观条件才能够更好地激发。

一是灵感的出现是在大量的预备性劳动之后，是人们对问题的各个方面进行了大量的、艰苦的探索之后出现的，绝对不是什么“神来之笔”，是建立在丰富细致的客观事实基础之上的。

二是灵感需要意识主体注意力的绝对集中，对问题要达到痴迷的程度。牛顿在实验室里做研究的时候由于沉迷于实验，而将自己的怀表当作助手拿来的鸡蛋放在锅里煮了好久。对问题的痴迷是灵感出现的必备条件之一，只有我们的大脑处于紧绷的状态，思维活动才会达到突破的边缘。

三是灵感的出现需要一定的诱因。诱因可以是某一件事物，也可以是某一种精神状态，只要能够刺激意识主体激发灵感的出现，都可以称作诱因。比方说一件日常用品、一种自然想象，甚至是一句话都有可能刺激灵感产生。灵感一般会产生在紧张思考之后暂时松弛的精神状态下，比方说饭后散步时、休憩听音乐时、与好友交谈时等。我国唐代伟大诗人李白“斗酒诗百篇”，在饮酒时他的创造力会更加旺盛，不得不说酒便是李白出现灵感的主要诱因了。

诱因之所以会刺激灵感产生，是因为意识主体由于诱因而联想到了与问题相关的信息，从这方面来说，灵感思维与联想思维是不可分割的，可以说灵感来源于联想。

综上，灵感的出现是主客观条件综合作用的结果，是可以激发和强化的，我们要学会激发灵感思维的方法，这样才能更好地利用灵感思维来提高我们解决问题的效率与能力！那怎样才能增加我们诱捕灵感的敏感度呢？

首先，要做生活学习中的有心人，注重知识与社会经验的积累。灵感的出现虽然是瞬间迸发，但其产生的背后是一个长期知识与能力积累的过程，你的知识结构越广阔深厚，灵感思维出现的频率才会越高！所以我们首先需要广泛地汲取知识，积极参与社会实践。柴可夫斯基曾经说过：“灵感，这是一个不喜欢拜访懒汉的客人。”

其次，学会调节心情，适时放松，养成一个自己喜欢的放松习惯。心理学研究表明，松弛有利于发挥大脑的潜意识作用。灵感的出现与潜意识相关，当人类大脑的意识已经放松的时候，潜意识就开始起作用，它更有利于突破常规思维的束缚，更容易产生新设想。当我们暂时放松的时候，潜意识仍在帮助我们消化、整理已经存放在我们大脑当中的资料，同时长期紧张思考之后的放松，有利于恢复大脑的疲劳。我们每个人的喜好各有不同，放松的习惯也各种各样，养成一个能够让自己松弛的习惯，更有利于灵感的出现。比方说听音乐、观看影片、和宠物玩耍等。

最后，养成随时记录的好习惯。这一点在上一个知识点灵感的特征时已经强调过，但是在这里仍然要再次提醒。灵感因为随时而来、转瞬即逝，为了不让自己留下遗憾与悔恨，就应当养成随时带着纸笔随时记录的准备。尤其当你正被某一个问题困扰的时候，更应该做好记录的准备。许多科学家、发明家和艺术家都有随身携带纸笔的习惯。

【案例 4–10】

诺贝尔经常喜欢把日常的发现记录下来。有一次，他又有一个新的发现，就将其记在了随身携带的日记本上。这个发现是：硝化甘油如果从容器里一滴一滴地掉在沙地上，便会立刻凝结起来。这个记录就这样保存了下来。

后来，有一次，诺贝尔在工作中遇到了一个难题——液体的硝化甘油在运输时经常发生爆炸。为了解决这个难题，诺贝尔苦恼不已，正当百思不解之时，他突然从他的日记本里看到了记录过的这句话，于是很快一个想法就产生了——如果将硝化甘油注入沙地里固化，就不会发生爆炸了。最后经过试验，这个想法果然解决了困扰诺贝尔许久的难题。

思维启发

诺贝尔就是靠这个随手记录的好习惯，成功解决了硝化甘油的安全运输问题。养成记录的好习惯，不仅可以记录下转瞬即逝的灵感，也可以成为我们学习知识、积累经验的好办法。

有声小课堂｜观看微课：创新创业教育之感知灵感思维

知识六：直觉思维与灵感思维的异同

直觉思维与灵感思维都属于非逻辑思维的范畴，通过对本章前五个知识点的学习，两种思维模式存在着许多相似的特征，主要有：

第一，两种思维何时出现是没有征兆的，具有不可预见性，具有突发性、随机性的显著特征。

第二，两种思维虽然都是我们人脑所具备的思维品质之一，但是都需要广博的知识与实践经验的积累作为基础才能够更好地发挥其重要作用。

第三，两种思维都没有明显的逻辑推理过程，思维的发生发展过程往往不能用语言准确地表述出来，具有模糊性、内隐性的特点。

第四，两种思维都存在不确定性的特点，当二者帮助人们产生新创意的时候，这个创意都具有不确定性，都需要人们对其进行反复地科学论证与实践，才能够验证其正确性与可靠性。

虽然两种思维具有以上的共同性，但毕竟二者是两种不同的创新思维模式，还是要区别对待的，二者的不同主要存在于发生的过程不同。直觉思维是人脑对外界事物的一种快速反应，是从整体上对事物做出的突兀性的判断；而灵感思维需要经过长久思维、艰苦劳作之后才能够出现，发生在久思不得其解之后，所以说虽然二者的出现都存在瞬时性的特点，但是瞬间产生之前的过程是存在差异的。

专创融合

【案例 4–11】

基于虚拟 DPU 的 DCS 教学系统

该案例选自一位名叫许红兵的老师在教授电厂热工自动化专业的一门专业核心课程——DCS 课程时发生的事情。首先，我们先来介绍一点专业知识。

什么是 DCS 呢？它是 Distributed Control System 的简称，也可直译为“分散控制系统”或“分布式计算机控制系统”。DCS 的作用是什么呢？我们以一个液位控制为例来说明，液位控制的目的是调节水箱的水位在一定值。如果采用人工调节的话，调节过程将是这样的：首先人眼先观察水箱水位，然后将观察到的水位信息传递到大脑，在大脑中与期望的水位值进行比较。如果水位比期望值高，大脑就指挥手去关小进水阀门，进去的水少了，而出去的水没有变，水箱的水位值就会下降，逐渐逼近大脑中的期望值；如果水位低了，大脑就指挥手去开大进水阀门，水箱的水位值就会上升，接近期望值。这个就是人工控制水箱水位的过程。

可是，在电厂中要控制的参数很多，据统计 300MW 机组模拟量测点数约 1500 个。面对如此众多的测点，如果全靠人来观察和控制不太现实。我们需要解放劳动力，而且也需要测量和控制得准确。这时候，自动控制系统的作用就凸显了，用液位传感器去检测液位，将这个信号送到控制器中，与期望的液位值进行比较。如果液位低了控制器将会发指令给执行器去开大阀门，增加水流量，将液位提高。如果液位高了控制器将会发指令给执行器去关小阀门，增加水流量，将液位降低。

随着科技的发展，时代的变迁，控制器经历了翻天覆地的变化。目前，电厂常采用的控制系统就是DCS控制系统。从之前的分析中我们可以看出这里的DCS就相当于人的大脑，把你需要的液位输入到DCS系统中，它就能将液位调到给定值附近，当然这只是DCS系统功能的一部分。DCS课程中要教会同学使用DCS去控制水箱水位。可是实际问题就是，实际水箱设备不仅昂贵而且占地较大，因此，实训室仅购置了一套实际水箱设备。面对一个班级几十位同学的容量，同学轮流搭建逻辑后再进行调试，效率实在是太低了。如何不受硬件的局限而利用课上有限的时间让同学们学到更多的东西呢？许老师在熟悉了DCS硬件和软件的基础上，直觉地认为水箱一定能利用现有的软件资源进行搭建，并且能达到相同的教学效果。图4-14为实训环境。

图4-14　实训环境

许老师开始各种的尝试，最终选定利用DCS自身的组态软件搭建水箱系统，并且通过多次试验，最终搭建出的模型特性与实际水箱高度相似，学生可在电脑上单独搭建并且调试完成了以后再在实际水箱中进行应用。这样，既保证了学习效果，也节约了教学成本，教学效果良好。

思维启发

在这个案例中，许老师用到了直觉思维。直觉思维的定义是不需要经过大脑分析、推理等就能直接给出问题答案的思维过程。它是大脑受到外界刺激后立即产生的一种反应，这种反应形成的预感不经过任何思索推理便能够形成。在教学中遇到了困难，许老师的直觉给出了解决困难的办法。

虽然许老师用到了直觉思维，但是这个直觉是建立在也是多年来的教学经验和对DCS软件硬件了解的基础上的。有经验和知识的积累，在遇到问题时，你才能有解决问题的直觉，并且为了这个直觉努力，这样，才有可能实现你的直觉。在你的工作学习和生活中，当要解决某些问题，实现某些功能时，你也会有产生一些直觉。我们要重视它的到来，通过努力，你的直觉也有实现的可能。

有声小课堂 | 观看微课：案例分析之直觉思维

【案例 4–12】

应力安全带

这次的案例是狼山供电所营业站 QC 小组设计的一种应力安全带。

目前的安全带由安全带和安全绳构成（见图 4–15）。

在登杆过程中只有安全带能够起到保护作用。但当杆体有霜或被雨水打湿的条件下，因安全带仅环绕杆体三分之一，一旦在登杆上升过程中出现脚扣摩擦力下降，开始下滑的现象，在仅有安全带无安全绳的情况下无法有效预防可能出现的人员下滑下坠的危险，不能保证作业人员的安全，增加了登杆作业的危险系数。但是如果不马上进行登杆作业对故障进行处理，又会给用户用电造成影响，也给企业造成损失。

怎样防止雨雪天气登杆作业时人员下滑下坠呢？QC 小组尝试了多种方法之后，结果都不是很理想，这成为一直困扰着他们的一道难题。

图 4–15 传统的安全带

有一天，一位小组成员无意识地玩着一根绳套在瓶子上，上下拽动的动作。当绳子被拽着往下走，和瓶子接触面比较大而且有一个角度的时候，绳子很难被拽动继续往下走。他对此大受启发，如果将瓶子看作电线杆，只需要加一根绳子，跟杆体接触面大一些，当人员突然下坠时，不就能阻止继续下滑吗？他赶紧将这个想法跟小组其他成员进行了沟通。按这个想法，小组最后完成了制作。

图 4–16 应力安全带

图 4–16 为应力安全带实物图：在正常上升时，应力安全带和杆体处于松的状态。当作业人员出现下坠时，由重力的冲击力，应力安全带在重力作用下就会抱死杆体。杆体

一般上细下粗，更能使安全带的保护作用充分发挥，起到保护作用。

安全带在登杆开始时，除以前的准备工作外还需再系上新加装的围杆带。下撤时，仍正常操作；落地后，解开安全绳即可。

应力安全带的出现让登杆作业变得更安全，并且使恶劣天气状况的登高作业安全系数大幅提升，同时也为企业减少了因天气等不安全因素致无法登高作业消除故障引发的电量损失。

思维启发

在本案例中，正是创新思维中的灵感思维起到了关键的作用。灵感也被称之为顿悟，是人们针对某一久思不得其解的问题，经过大量的、艰苦的思考之后，由于受到某种外来信息的刺激或诱导，突然涌现、得到某种特别的创新性设想，使问题得到解决的思维过程，对人们发明创新，提高创新思维能力有很大的帮助。小组成员在长期思考安全带雨雪天怎样解决安全问题，在深受其困扰的情况下，暂将课题搁置，转而在玩小游戏的时候，突然获得了灵感，最终解决了这个问题。

有声小课堂 | 观看微课：案例分析之灵感思维：应力安全带

【案例 4–13】

一支唇膏引发的创新

刘丽，现任中国石油大庆油田有限责任公司第二采油厂48队采油工，采油高级技师，先后荣获“全国五一巾帼标兵”“全国五一劳动奖章”等荣誉称号，享受国务院政府特殊津贴专家。

上下可调式盘根盒是刘丽在采油工岗位上的一个重要创新。2002年前后，在大庆油田大面积投产聚驱抽油机井期间，抽油机光杆腐蚀严重导致漏油现象出现。这需要频繁更换盘根，正常情况是安装5个，多的时候能够达到7个。加盘根是采油工最常干的也是最磨功夫的工作，不管是春夏秋冬，一干就要40多分钟。为了简化工作，刘丽开阔思路：要是盘根能自己出来就好了。突然有一天她在用唇膏时，就想到了是否能用唇膏的这种结构来进行密封圈的更换呢？通过旋转下部，让密封圈露出来更换，这样就能够解决这个问题了。刘丽的点子多，但机械改造需要技巧，她遂向丈夫杜守刚求助。杜守刚也是解决生产难题的一把好手，经过试验，夫妻俩改变盘根盒结构，通过旋转增加的付套，使盘根一个个自动旋转出来。

模型安装在非生产井，开始效果很好，但没过两天，又出现了漏油现象。问题排查出来了，是螺纹密封垫圈的密封性不好。那段日子里，石油伉俪一起查找资料、设计图纸，天天往返于现场和车间，最终发现尼龙填料圈材料，问题终于解决了！上下可调式盘根盒不仅将原先盘根的使用寿命由3~6个月延长到1年，而且更换操作的时间也由40分钟缩短到10分钟。

思维启发

刘丽说：工作中不顺手、不方便、效率不高的地方，都可以创新，这个就是创新精神！这个不仅适用于工作，也适用于学习、生活中，这种创新精神是我们很多人缺乏的，也是需要大家学习的。

有声小课堂｜观看微课：案例分析之灵感思维：一支唇膏引发的创新

【案例 4–14】

智能型安全遮拦

山东潍坊高密供电公司员工冯子刚研发的“智能型安全遮拦”，这项发明的背后有一个有趣的小故事。有一次，冯子刚因为考虑创新课题太投入了，以至于开车时不小心压到了双实线，被交警“请”下了车。看着罚单，他突然想：能不能研发一种感应监护装置，人一靠近就自动报警？这样就可以提醒人员不要进入危险区域。

想到这儿，冯子刚蹲在路边就用石子画起了原理图。交警一看，这人怎么回事？他画完后，用手机拍下来，回到单位马上和同事一起开动脑筋。经过反复研究，利用“开罚单”的原理研发的“智能型安全遮拦”诞生了（见图 4–17）。

遮拦在电力系统内使用较多，主要用于将某一区域围成相对封闭的空间，进行检修、维护和试验等工作，避免无关人员进入，造成危险。它

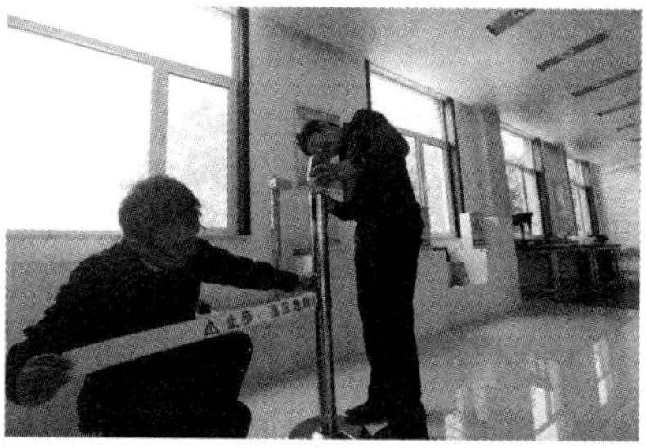

图 4-17　智能型安全遮拦

它由支架和缠绕在其上的可伸缩条带组成。由于传统的遮拦往往是通过遮拦带从视觉上起到一个警示的作用，在实际的应用中，不具威慑作用，经常有违章翻越遮拦的现象发生。在高危工作场所，为了确保人身和设备安全，需要多增设专责监护人。包括工作监护人和现场监护人，根据《国家电网公司电力安全工作规程》规定，专责监护人不允许直接从事工作，这样无形中增加了工作人员，降低了工作效率。

智能型安全遮拦能够解决这一问题，它具有检测单元、报警单元、录音单元、执行单元，因此能实现多种提示功能，能够保障人员不能随便翻越。智能型遮拦包含以下创新功能：

（1）自动检测功能，靠近试验区能发出声光报警信号；

（2）录音功能，能录制实时信息，并告诉接近人员；

（3）远距离遥控跳闸功能，在具有重大安全隐患时跳闸。

智能型遮拦在人员靠近时可以发出报警信号，并且在极限状态下可以直接控制断开试验电源，可以极大程度的保证人员人身安全，防止人员误入高压试验区发生危险。此外，智能型遮拦可以代替现场监护人的工作，这样在高压试验时可以减少监护人数量，从而安排更多的人从事其他工作任务，提高了工作效率。

这项成果转化应用后，有效防止了人员误入带电区域造成伤亡事故。2014 年 5 月 25 日，“智能型安全遮拦”获第九届全国 QC 成果发布赛一等奖。

思维启发

本案例中冯子刚苦苦考虑创新课题，却因开车时不小心压到了双实线而迸发出研发智能型安全遮拦的灵感，体现了创新思维中的灵感思维的重要作用。

灵感的出现是在大量的预备性劳动之后，是人们对问题的各个方面进行了大量的、艰苦的探索之后出现的，绝对不是什么“神来之笔”，需要我们注意力的绝对集中，因此要做生活学习中的有心人，注重知识与社会经验的积累。灵感的出现需要一定的诱因，要学会调节心情，适时放松，养成一个自己喜欢的放松习惯。此外还要注意，灵感转瞬即逝，所以要养成随时记录的好习惯。

有声小课堂｜观看微课：案例分析之灵感思维：智能型安全遮拦

奇思妙想

训练一：直觉思维结组训练。由一名组员对某一人物或某一事件的特点或细节进行描述，但不能说出具体的名称，另一名组员通过描述进行判断识别。

训练二：分析自己的实际情况，找出困扰你多时的难题，将它作为你近期待解决的任务，试着用激发灵感的方法找出解决问题的方案。如果觉得困难，也不要放弃，放松一下再继续努力……

增知提素

《蓝色多瑙河》，由奥地利著名作曲家、被誉为“圆舞曲之王”的小约翰·施特劳斯于1866年创作。作品被称为“奥地利第二国歌”，乐曲以典型的三拍子圆舞曲节奏贯穿，音乐优美动听，节奏明快而富于弹性，体现出华丽、高雅的格调。

关于《蓝色多瑙河》的创作还有一个有趣的小故事。一次，小约翰·施特劳斯回家时换下了一件脏衬衣。他的妻子发现这件衬衣的衣袖上画满了五线谱，妻子知道这肯定是丈夫灵感突现时记录在衬衣上的，于是便没有将衬衣放到脏衣篮里，而是放回了原位置。等妻子想起来将衬衣交给丈夫提醒他做好记录时，却发现衬衣不见了，原来是洗衣妇以为是需要清洗的脏衣服给拿走了，妻子赶紧跑到洗衣妇的小屋去寻找，刚好看到洗衣妇要将那件衬衣丢入盛满肥皂水的盆里。妻子急忙抢过了那件衬衣，挽救了衣袖上珍贵的乐谱，这正是不朽的名作——《蓝色多瑙河》!

思维启发

故事中也许存在着夸张的艺术处理，但是其中灵感思维对于艺术创作的影响是确实真实存在的，我们要坦然接受并积极对待创新思维带给我们的“礼物”，并且记住：行动永远比想法更重要!

聚焦四：学会做“叛逆者”——逆向思维

故事引导

19世纪60年代，肖尔斯公司生产的打字机，由于机械在击打后弹回速度较慢，一旦打字员速度过快，就容易产生绞键的现象。为了解决这个问题，一位工程师建议——既然我们一直没有办法能够很好提高字键的弹回速度，为什么不能从相反的角度出发，想办法降低打字员的打字速度呢？

这个办法令人们茅塞顿开，得到了大多数人的赞同。于是人们将解决问题的焦点集中到了如何降低打字速度上面。如何降低呢？公司便想到了一个办法，在键盘上把常用的字母设置在最笨拙的手指下面，把不常用的字母设置在最领灵敏的手指下面。这样，打字员在打字的时候会因为手指输入的不方便而延长了打字的时间，从而给打字机字键的弹回争取了时间。

于是，现代键盘就被设计出来了。

思维启发

案例中的“反其道而行之”的思维方式就是逆向思维的具体表现。这种与一般常规或者大多数人的思维取向截然相反的思维方式，表面上看似乎不合常理，甚至不可理喻，但最终却往往出乎人意料，能够突破思维瓶颈，走出困境。

导师寄语

唯物辩证法告诉我们——客观世界是对立统一的，事事有矛盾、时时有矛盾，矛盾无处不在。这就决定了逆向思维具有广泛的应用性。

在本章的学习中，我们需要掌握逆向思维的概念与特征；通过逆向思维训练，能够熟练运用逆向思维来解决我们遇到的实际问题。

理论启发

知识一：何为逆向思维？

逆向思维是一种求异思维，是人类重要的一种思维方式。它是对司空见惯的似乎已成定论的事物或观点反过来思考的一种思维方式。当大家都朝着一个固定的思维方向思考问题时，而你却独自朝相反的方向思索，这样的思维方式就叫逆向思维。

唯物辩证法告诉我们："任何事物都是作为矛盾统一体而存在的，矛盾是事物发展的动力与源泉"；我国古代著名的哲学家老子也曾经说过："祸兮福之所倚，福兮祸之所伏"。(出自《老子・五十八章》)。这里的矛盾即对立统一，世界上任何事物都具有矛盾性，它们相辅相成、相互依赖，成为一体。逆向思维的理论基础就是对立统一的哲学思想。由于客观世界普遍存在矛盾的对立统一，所以逆向思维有很广阔的应用空间。

【案例 4–15】

发电机的产生

1820 年，丹麦科学家奥斯特发现了电流的磁效应，即通电的金属丝接近磁铁时，磁铁能够转动。这一现象引起了迈克尔・法拉第的浓厚兴趣。他于是想到既然电流可以产生磁性，如果从相反的方向考虑，磁是不是可以产生电流呢?

法拉第经过了多次实验，证实了运动的磁可以产生电流。从而，法拉第实现了"从磁铁中取出电流"的理想，终于发明了发电机。此后，法拉第又思考，既然电流能使磁针偏转，那么反过来，用磁铁去靠近通电导体，导线会不会发生转动呢? 后来，这个也取得了成功，这个实验装置就是电动机的雏形。

思维启发

发电机和电动机的发明，就是运用逆向思维取得创新的实例。运用逆向思维，从相反的方向去寻找解决问题的办法，改变了人们习惯的思维模式，反而更容易引起新的思索，产生不同寻常的构思。

知识二：逆向思维的特征

第一，普遍性。由于世界上任何事物都具有矛盾性，对立统一规律是普遍存在的，所以逆向思维适用于各种领域，具有普遍适用的特点。

第二，反向性。逆向思维是敢于"反其道而行之"，从事物的反方向入手进行探索，让思维顺着反方向发展。

第三，批判性。逆向思维是对传统的、常规的习惯或者方法进行大胆的挑战，需要打破目前的思维定势，带着批判的眼光看待身边的事物。

第四，新颖性。合理运用逆向思维能够找到新的解决问题的思路与方法，能够打破传统的思维习惯，改革的幅度很大，所以出现的结果往往是出人意料的，具有明显的新颖性的特点。

知识三：逆向思维的基本形式

逆向思维的应用范围很广泛，几乎适用于任何领域，其主要体现形式有以下几个方面。

第一种形式，原理逆向。从事物原理、理论的相反方向启发思路。一般来说，原理与理论都是经过科学实践与验证的，但是通过逆向考虑，往往会发现新的视角，不仅解决了问题，还能够充实和发展原有的原理与理论。

比方说吸尘器的产生。吸尘器其实已经问世一百多年了，最开始的时候吸尘器其实是“吹”尘器。但是吹尘器的使用效果不佳，当使用它时，会让尘土到处飞扬，引起人体不适。后来，一个称为布斯的技师心想：吹尘效果不好，那反过来吸尘行不行？试验证明，吸尘的方法比吹尘的效果要好得多！于是利用真空负压原理制成的电动吸尘器就诞生了。

第二种形式，功能逆向。把某些事物的功能进行逆向使用，去寻找解决问题的新途径。

当发生火灾时，一般情况下，风是助燃的，但是消防队员为什么还要使用风力灭火器来灭火呢？是因为风力灭火器将大股的空气高速吹向火焰，使燃烧的物体表面温度迅速下降，当温度低于燃点时，燃烧也就停止了。风力灭火器就是将风的功能进行了逆向使用，产生了非常好的效果。

再比如我们使用的电风扇。电风扇一般都是适用于夏天，其功能是产生凉风，让人感到凉快。可有有的电风扇厂家却改变了传统的功能，让电风扇产生热风，可以在冬天使用，成为“取暖器”。

第三种形式，结构逆向。改变某些事物的结构组织，甚至与原结构逆向，反而能够优化原事物，甚至更新换代。

一般的轮胎都是空心充气的，但是德国的工程师研究出一种与传统轮胎完全不同的轮胎——实心轮胎。这种轮胎的橡胶间密布着极小的气泡，这样即使轮胎是实心的仍然能保持一定的弹性，但是它克服了传统轮胎需要充气，而且容易被扎破的缺点，所以拥有了一定的市场。

第四种形式，工艺逆向。把传统的、常规的事物的工艺制造流程进行相反的操作，有时会取得意想不到的成功。

造船的工艺向来都是“由下至上”。给船体装焊时，很多部位必须用仰焊，这给工人劳动增加了工作强度，而且工作质量也无法保证。后来，一家德国造船厂就采用了工艺逆向的方法，变仰焊为俯焊，整个工作流程改为“由上至下”，工人们由“抬头干活”变成了“低头干活”，结果大大减轻了劳动强度，装焊的质量和效率都得到了保障。

第五种形式，位置、方向、次序逆向。这里的逆向指将时空的上下、左右、前后、里外进行变换或者逆向设置，从而产生新创意。

最初的冰箱冷冻室其实是放置在冰箱的上层的，冷藏室在下面。在人们的使用过程中，冷藏室的使用频率是要高于冷冻室的，所以设计师便将二者的位置颠倒了一下，就这样一个小小的改变，人们使用冰箱的感受就更加方便了。

第六种形式，观念逆向。观念不同，会导致人的行为不同，从而直接影响事件的完成结果。如果遇到难题时，不妨改变甚至颠覆你之前的观念，或许就会找到新办法。

如今大学生毕业就业难成为一种社会现象，如果你面临就业难或者就业不理想的困境时，是怎么选择的呢？有的人选择继续深造，从而拥有更多的选择空间，有的人可能先接受现状，然后再寻找更多的机会。可是为什么不改变一下观念，变就业为创业呢？这样不仅解决了你的就业问题，还为很多人提供了就业的机会。

【案例 4–16】

双向输水

新加坡政府是一个非常“精明”的政府。新加坡独立后不久，由于本土缺乏大量的淡水资源，所以不得不向邻国马来西亚购买淡水资源。淡水资源价格昂贵，新加坡政府苦不堪言，却不得不这样做。

但是，他们在建设输水管道时，却动了“小心机”——他们修建了双向的输水管道。这是为什么呢？原来，新加坡向马来西亚买水的同时，还引进了当时世界上最先进的淡水净化处理技术，并建起一座规模很大的净水处理厂。这样，新加坡将从马来西亚流过来的水经过处理，处理完成之后，除了足够的自用之外，剩余的通过另一条输水管道又全部在售卖给马来西亚。这时候的水价格已经翻番了，新加坡从而成为受益方。

新加坡政府的“买入”与“卖出”，事件的方向逆向成功地让新加坡政府由被动转为了主动。

逆向思维虽然适用范围非常广泛，但是它只是一种思维方法与手段，具有相对性，而不是绝对的。我们要将它与追求刺激的逆反心理进行区分。在使用逆向思维时，我们要在客观现实的基础上，具体问题具体分析，绝不能刻意的运用，将科学的原理、方法等刻意的逆反过来进行实践，生搬硬套。逆向思维并不是绝对的否定一切，首先要建立科学的态度与严谨的作风才能真正完成创新。

有声小课堂｜观看微课：创新创业教育之感知逆向思维

专创融合

【案例 4–17】

锥形杆体鸟害屏蔽装置

该案例选自国家电网公司张家口供电公司怀来县供电所“探索”QC小组的2014年的获奖作品。国家电网公司张家口供电公司怀来县供电所的“探索”QC小组在工作中发现目前建设的低压电力线路大部分采用裸导线架设，在每年1~6月，鸟儿特别易在配电线路的终端杆、转角杆、耐张杆和梯接杆上搭建鸟窝。这些鸟窝一般是枯树枝搭建，遇到打雷下雨天气容易发生鸟窝着火，从而造成断线、接地、短路、跳闸等重大事故发生，影响用户正常用电。而现有风动型驱鸟器，在无风天气或者内部轴承锈蚀都会引起驱鸟器不转动。并且经过一段时间鸟类会适应驱鸟器，它们会以驱鸟器为依托，搭建巢穴，由于驱鸟器固定位置接近导线，所以这样的鸟窝危害性更大。

QC小组的成员从调查中发现目前杆体上的鸟巢主要以喜鹊巢穴为主，由于配电实施的建设扩展，森林树木的锐减，喜鹊给配电线路带来了空前的灾难也形成了“驱之乏计”的尴尬局面。10~0.4千伏电力线路电杆上的终端、耐张、转角等具有双横担的地方是喜鹊建巢的首选地点。地点一经喜鹊选定，其就会多年依赖，不离不弃，即使工作人员将其拆除干净，数日后新的鸟巢会在相同位置很快重新建成。

驱逐和拆除鸟窝都没有办法实现根除鸟窝，还有什么办法可以根除鸟窝呢？QC小组的成员想到了既然不能对搭建的鸟窝进行处理，那能不能反过来想想，我们就不让它们搭建鸟窝呢？于是，小组成员经过网络查找资料、设计、选材、制作、组装，设计出了锥形杆体鸟害屏蔽装置（见图 4-18）。他们选用日常使用硅胶板材作为尖钉制作板材，通过查找资料发现喜鹊的爪子展开尺寸为 3.5 厘米，于是按照 1 厘米间隙进行尖钉部排，确保其在横担上无法停留站立。这样能防止喜鹊第一根枯枝的固定，从而直接影响其后续的搭建过程，最终会让喜鹊前功尽弃放弃搭建巢穴。同时在硅胶尖钉板平铺在屏蔽罩底部横担上平面上，用铁皮带箍固定，能阻止喜鹊叼着枯枝寻找固定点的位置，使其无法下落站在横担上，规避其完成搭建鸟窝的目的。最后，鹰眼图案可以远距离对喜鹊起到恐吓作用，使其不敢靠近杆体。以上三位一体的屏蔽措施可以实现杜绝鸟害的形成，杜绝电力事故的发生。从经济上看该装置的总成本费用是 220 元，而加装了该装置后按照居民照明电价计算估计将挽回费用为两万余元，经济价值可观。

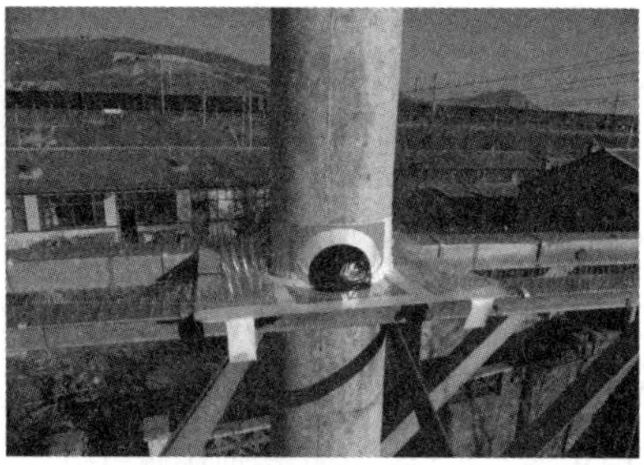

图 4-18　装置实际应用

思维启发

国家电网公司张家口供电公司怀来县供电所“探索”QC 小组有很多在工作中遇到问题，然后通过小组成员的创新解决问题的案例，这是我们在工作和生活中应该学习的。在这个案例中，他们正是恰当地将创新思维里的逆向思维运用了到了工作实际中，从而解决了工作中的难题。当人们都朝着一个固定的思维方向思考问题时，而你却独自朝相反的方向思索，这样的思维方式就称为逆向思维。当鸟窝的搭建给设备造成了隐患以后，大家更多的想到的是如何去掉鸟窝，而“探索”QC 小组想到的确是能不能从源头去阻断呢，他们想的不是去掉，而是如何不搭建！这种与一般常规或者大多数人的思维取向截然相反的思维方式，表明上看上去似乎不合常理，甚至不可理喻，但最终却往往出乎人意料，能够突破思维瓶颈，走出困境。

有声小课堂 | 观看微课：案例分析之逆向思维：锥形杆体鸟害屏蔽装置

奇思妙想

训练一： 孙女陪爷爷在公园散步，不远处一位英俊的小伙子正在做公益活动，姑娘对其好感顿生。姑娘的爷爷看出了孙女的心事，便问孙女想不想要到这个小伙子的电话，孙女微笑着点点头。不一会儿，爷孙两个就顺利的要到了小伙子的电话，请思考他们是如何要到小伙子的电话号码的呢？

训练二： 先把十个硬币摆成三角形，然后移动其中三个，令三角形改变方向，要如何操作呢？

有声小课堂｜观看视频：巧用逆向思维

训练三： 一位国王举行了一场赛马比赛，比赛规则比较奇怪，谁的马最后到达终点，谁才是最后的胜利者。就是因为这个奇怪的规则，选手们在起点谁都不向前挪动一步。为此，国王大伤脑筋，你能帮国王想到办法赶紧完成这场比赛吗？

训练四： 有一辆货车在通过一个天桥时，因为司机没有看清高度标记，结果货车被卡在了天桥下面。为了弄出货车，司机和当地的交管部门想尽了各种方法也无济于事，你有什么好的办法吗？

增知提素

黏度一般的胶水

3M 公司的一位员工发明了一种胶，这种胶外部形态与液体胶水相比有了很大的改变，但是黏度却不够，这对于胶水来说是一个致命的缺陷，所以人们都认为这个发明没有什么市场空间。

但是 3M 公司的领导却进行了深度思考——虽然这款胶的黏度不够，但是从市场应用空间的角度出发，却可以运用在留言条、标记纸等这些不需要胶水太大黏度的领域，因为黏度不够，反而可以随时取下来。

后来，3M 公司将其推进了市场，将其称为“不干胶”。

启智润心

有些事物虽然存在着缺陷，但是不要急着去否定，反过来思考一下可能就打开了进入另一个天地的大门。

推销安全便器

日本人矢田一郎发明了专供残疾人使用的安全便器，他带着样品到处去推销，但是无人问津。

矢田一郎陷入了危机，就当他走投无路时，他的一个朋友帮他出了一个主意："你不妨通过电话咨询各大商店有无适用于残疾人的便器，让他们感觉很多人对这种便器感兴趣。"几天之后，东京的好多百货商店都接到了这样的电话。

由于接到的咨询电话过多，引起了商家的重视，于是纷纷主动找到了矢田一郎，想要从他那里购买安全便器。这样，矢田一郎的产品终于有了销售的机会。

思维启发

逆向思维就是让我们学会反过来思考问题，当矢田一郎苦于将产品销售给商家时，不如反过来思考：让商家主动购买他的产品！生活中，通过逆向思维解决问题的案例数不胜数，运用逆向思维，总会让人快速地抓住问题的关键，所谓的普通人与天才的区别有时候也许就是思维模式存在的差异而已。

第五章　创新方法

笛卡尔曾经说过："最有价值的知识是关于方法的知识。"因为合理的方法可以提高人们的学习和工作效率，帮助人们找到解决问题的途径，掌握了某一领域的方法可以说抓住了这一领域的关键点，稍加利用便会起到事半功倍的效果。

自20世纪80年代创造学传入我国以来，我国便开始了关于创造学的研究与普及，一些学者结合了中国实际，创造出了许多具有中国特色的创新方法。创新方法就是指创新活动中带有普遍性、规律性的方法和技巧，创造学家通过研究大量的创新案例，将成功案例的过程与使用技巧经过分析、归纳、总结，产生了具有规律性、可以供人们在进行创新实践活动中学习、借鉴、复制的方法，创新方法使创新思维、创新能力开发具体化，可以直接指导人类的创新行为。目前，开发出来的创新方法就有100多种，本章只是将最具有代表性的创新方法进行了总结。

聚焦一：颠覆传统会议认知——头脑风暴法

故事引导

飞机扫雪？

美国北部冬季格外寒冷，时常下暴风雪，冰雪会积压在电线上，所以高压电线时常会被压断，严重影响了居民的正常通信。电讯公司很想解决这一问题，但是苦无对策。后来，电讯公司的经理决定应用奥斯本的头脑风暴法，尝试着来解决这一问题。他召开了一次座谈会，会议邀请了不同专业领域的技术人员。

在会上，大家热烈地讨论开来。有人提出需要设计一种专门的电线清扫机；有人提出用热水将雪化开；有人提出安装振荡器，将雪震下来；还有人提出坐飞机用大扫帚把雪扫下来……大家提出了各种各样的想法，有些想法与会人员其实觉得很是滑稽可笑、不切实际，但是大家都没有提出反对与评判的意见。

会议过程当中，一位工程师被“坐飞机将雪扫下来”的想法打动，大脑像是突然收到了冲击，灵机一动，认为可以一试！他觉得：如果让直升机沿着积雪严重的电线飞行，高速旋转的螺旋桨一定可以将积雪迅速扇落。于是，他将“直升机扇雪”的想法提了出来，马上引起了与会者的联想，有关飞机扫雪的意见一下子就讨论出了 90 多条。

经过公司组织专家进行分析论证，认为专门的清扫机、振荡器的效果可行，但是造价高、研发周期长，反而“坐飞机扫雪”的方法不失为一种新方案，值得一试！最后经过现场实践，发现利用直升机扫雪快速有效，于是一个悬而未决的难题，在一次头脑风暴会议中得到了解决。

思维启发

案例当中的“头脑风暴法”是世界上最早传播也是适应性最广泛的一种创新技法。它是“集思广益”的代名词，当我们遇到困难时，不妨借助集体的力量来攻克难题，“头脑风暴法”便是快速有效地发挥集体智慧与力量的参考方法之一。

导师寄语

头脑风暴法在我们的学习与工作中是经常出现的字眼儿，但是大家对它的具体内涵、应用规则是不是都熟知呢？

在本章的学习中，我们需要了解头脑风暴法的产生背景与应用原理；掌握头脑风暴法的基本原则；能够熟练应用头脑风暴法的实施步骤；通过训练，能够熟练运用头脑风暴法来解决我们遇到的实际问题。

理论启发

知识一：何为头脑风暴法？

头脑风暴法，又称为智力激励法、脑力激荡法、BS（Brain Storming）法，是由创造学之父美国的 A.F·奥斯本发明。

头脑风暴法最开始应用在医学领域，原指精神病患者头脑中短时间出现的思维紊乱现象，其实就是指患者会经常出现的胡思乱想、胡言乱语的现象。奥斯本将这个名词引入到创造学领域，其实是用它来象征人们在进行创新活动时，思维高度活跃，会出现突破传统、打破常规的创新性设想的行为。奥斯本于 1939 年首次提出头脑风暴法，1953年正式对外交流，于20世纪50年代在美国推广应用，20世纪80年代传入我国。经过各国创造学研究者的继续研究与发展，已经成为人们进行创造活动时的首选技法。

头脑风暴法的思维核心其实就是自由联想的充分发挥。它以会议的形式展开，与会者可以毫无顾忌地发表自己的想法与意见，彼此激励与启发，引发联想，从而产生众多的新创意。头脑风暴法之所以会有出奇制胜的效果，原因就在于它鼓励与会者打破传统思维的束缚、畅所欲言，由于打破了原先领域或者所属专业的框限，由不同的专业人员从其他角度、其他领域找寻解决问题的方法，为创新提供了新线索。该方法最初仅应用于广告设计中，由于它不同凡响的创新性，逐渐应用到了技术创新、企业管理等领域。

知识二：头脑风暴法的基本原则

第一，自由思考。这是头脑风暴法的基本原则。自由联想是头脑风暴法产生众多新创意的基础，要求与会者思维不要受到任何限制，自由发挥、大胆设想、畅所欲言，尽可能地打破思维桎梏、突破传统观念方法的制约，不要担心自己的想法是否“离经叛道”或者“荒唐可笑”，尽量多从不同角度、不同领域、不同境遇、不同时空出发思考问题。

要做到这一点需要每一个与会者抛开身份、地位、年龄、资历等因素的制约，每一个人都是会议的核心，大家不分主次，没有任何因素的权利施压，平等交流讨论，这样的会议氛围和谐轻松，与会者才会真正投入到头脑风暴中来，没有任何心理压力与负担，才更有可能碰撞出更多的思想火花！

第二，延迟评判。对各种意见、方案的评判必须放到最后阶段，此前不能对别人的意见提出批评和评价。认真对待任何一种设想，而不管其是否适当和可行，同时也不允许自我批判。比方说以下的语句：“这个想法有些地方说不通啊”“你的这个建议不可能实现”“我的这个意见可能存在很多问题，不太成熟”“你的这个想法太有创意了，我表示支持”等。

在头脑风暴的过程中，以上的这些行为会将很多有可能会出现的新想法扼杀掉，是极其有害的。这是因为创新性设想有一个诱发、思考、深化、再完善的阶段性过程，有些念头刚出现时会伴随着不合逻辑、毫无章法的缺点，但是它极有可能诱发很多其他的有价值的设想，经过思考完善之后这个起初有些幼稚的想法会变得成熟。比方说本章初始的“飞机扫雪”的案例，不就是看似很荒诞的“坐飞机去扫雪”的想法，经过后期的讨论实践验证，变成了“利用直升机螺旋桨的气流扫雪”，成功解决了困扰人们许久的难题。日本创造学家丰泽丰雄曾经说过：“过早的判断是创造力的克星”正是对这个原则的权威性解读。

第三，以量求质。奥斯本认为：在设想问题上，越是增加设想的数量，就越有可能获得有价值的创造！我们要相信，提出的设想越多，那么高质量的设想才会更多。这就要求与会者要想办法提高设想的数量，可以在会议过程中，在一定时间内规定最低的数量目标，比方说每个人必须说出不少于 5 个设想等做法。

第四，过程可视。头脑风暴法在整个实施过程中需要做到不间断、公开记录、人人参与。与会者大脑在进行高度思维运转时，要给予充分的时间保障，这就要求整个会议进程流畅进行，不被干扰或者中断。如果出现了上述现象，整个会议氛围会受到影响，与会者的思维会被打断，需要重新建立连接，由于灵感的瞬时性特点，许多灵感可能会"不翼而飞"，会议的效率与质量都会下降；头脑风暴法需要与会者的发言都被记录到，不允许有人私开小会或私下进行讨论，全体与会人员必须都参与进来，全程可视、人人参与，这样才能保证会议的高效性。

第五，综合改善。奥斯本指出：最有意思的组合可能是设想的组合。综合改善是鼓励与会者利用并改善他人的设想。一个人提出的设想可能不完善，但可以给他人提供一种解题的思路。每个人都可以在其他人想法的基础上，运用各种思维方法，大胆地将自己的想法与他人的想法进行综合发展完善，提出更可行更科学的合理方案。

在运用头脑风暴法时，需要我们自觉遵守以上这五大原则，这样才能使头脑风暴法发挥更大的优势，帮助我们进行创新实践。

有声小课堂 | 观看微课：创新创业教育之头脑风暴法

知识三：头脑风暴法的实施步骤

第一，准备阶段。

（1）确定主持人。也可以称之为会议负责人，兼顾负责人的职责，统筹整个会议进程。合格的主持人应具备以下基本条件：

1）具有一定组织管理能力，能够控制会议节奏与时长，使会议高效高质。

2）熟知头脑风暴法的基本原则与应用步骤，对会议过程中出现的违背原则的行为要进行规范和制止。

3）对会议议题具有明确的认知，能够准确把握议题主旨，能够清晰解读关于议题的各个细节，以便在会议中能够做到适时的启示和引导。

4）具有一定的主持技巧，能够调动和保持会议热烈气氛，灵活处理会议中可能出现的突发状况，保证全员都能够发表意见。

（2）明确会议主题。头脑风暴法要想做到高效高质，首先要做到有的放矢。关于对议题的选择与加工需要做到以下几点：

1）议题的选择要合乎与会者的知识水平与专业领域，不要出现大家都不了解、都不熟知的问题，这样与会者很难开展讨论。

2）最好事先公布议题，让与会者做好相关的讨论准备，提前进行问题思考，提高会议效率。

3）议题尽量明确、细化，不能含含糊糊、模棱两可。主持人可以在会议开始之前做好议题阐释的工作，以便让与会者更好地了解议题细节。

（3）确定记录员。记录员以 1~2 名为宜，主要的工作任务便是记录会议过程中与会人员产生的所有设想，提前进行记录准备，比如说记录方式（手写、机打等）、记录要求（设想是否分类、是否编号等）等。记录员记录的设想是与会人员后期进行意见综合和改善的基础，有时候灵感转瞬即逝，如果当下没有及时做好记录，许多好的想法便会消失，记录员一定要做好记录工作，防止遗漏和方便后期讨论评价。

（4）确定与会人员。

1）与会人员包括主持人与记录员在内，以 6–10 人为宜。人数过少会降低会议效果，人数过多会影响会议效率。

2）与会人员的专业构成要合理，与议题相关领域的专业人士可以多一些，但也需要其他领域的专业人士相配合，这样才能多角度地思考问题。

3）与会人员的知识水平、职务、资历最好相当，这样才能更好地降低与会者压力的制约，更好地进行自由思考与讨论。

第二，头脑风暴阶段

（1）主持人首先宣布头脑风暴过程中的注意事项与遵循原则，将会议主题阐述清晰，保证会议纪律与效率。

（2）把控会议时长，会议一般在 30 分钟至 1 个小时之间，会议过长，容易疲劳，会议过短，思维未能充分展开。

（3）与会者开始头脑风暴，在遵循会议原则的情况下畅所欲言，为了保证效率和创意数量，可以规定数量，比方说每个人必须发表 5 个创意为最低限等，可以根据实际情况进行数量限定。

第三，会议评价总结阶段

（1）记录员将会议记录整理分类之后展示给与会者。在这个阶段，记录员或主持人对于不理解的方案设想可以要求发言人进行相关解释，以便后期的综合讨论顺畅无沟通障碍。

（2）与会人员根据最后的设想数据，从可行性、创新性角度出发综合评价各种设想，对于不合理的无效方案进行剔除，选出最终的解决方案，如果可选择的可行性方案较多，可以采取投票等方式进行最终的抉择。

有声小课堂 | 观看微课：创新创业教育之头脑风暴法实施案例

【案例 5-1】

神奇的头盔枪

德国有家银行接到了一家工厂老板的电话，急需一笔现金。于是银行派出一位女职员，驾驶摩托车把这笔钱送过去。女职员戴着一只红色头盔，骑着摩托车就出发了。不想半路遇到了劫匪，用枪命令姑娘停车交钱。只见女职员不慌不忙，眼睛只是盯着歹徒，突然，“砰砰”两声枪响，女职员的头盔里突然射出两枚子弹，将前方的歹徒击倒，女职员抓住时机逃了出去。

头盔里面怎么会有子弹？原来这是一种特殊的头盔，它是德国发明的一种武器——头盔枪。其一经问世便引起了轰动，它的发明过程就是头脑风暴法的功劳。

在第二次世界大战以后，军事专家们为设计步兵武器大伤脑筋。因为士兵在阵上射击时，必须将上身露出地面才能瞄准射击，但是这样做自己也就势必成了敌人瞄准射击的靶子，因而造成步兵的大量伤亡。因此在第一线作战的士兵，如何在保护自己的前提下还能消灭敌人，成为武器设计专家们急需解决的问题。

可是德国的这些武器设计专家们，绞尽脑汁，也想不出好点子，苦恼万分。一次，他们专门组织了一个集体会议，专门研究讨论这个棘手的问题。大家各抒己见，相互启发。有人说，把枪装上潜望镜就好了，敌人就看不见隐藏在掩体里的射手了；有人说，把枪装在头盔上就好了，头盔能抵挡子弹……

突然，有一位专家想到：他在翻阅整理有关第二次世界大战的一些实践照片时，发现一名士兵将枪支在阵亡同伴的头盔堆起来的空隙中射击。结合刚才同伴说的把枪装在头盔上的想法，顿时让他灵感大开。于是大家经过反复论证，确定要制造一种最新式的头盔枪。专家们通过精心设计，将头盔枪的枪膛装在头盔的最上方，其前方是射击子弹的枪管，后方是排泄火药气体的喷口，无后坐力。这立即引起了军事领导部门的重视，头盔枪就这样问世了。

思维启发

随着时代的不断发展、科技的不断进步，现代的头盔枪功能越来越齐全。当敌人使用化学武器时，头盔枪立即可以当成防毒面具；头盔壳体中还装有一层特殊防护层，能保护士兵头部免受核辐射等伤害；头盔内还可以装食品和水，在外界供给不足时，士兵可以打开输送管，食物和水就会自动流进射手口中，可以保证士兵长时间作战的需要。总之，头盔枪可以说是当代兵器的杰作，是目前轻武器中最新奇的创造。它的出现是集体智慧的结晶，再一次验证了头脑风暴法在创新实践中的重要作用。

在创造发明活动中，头脑风暴法应用成功的案例屡见不鲜。实践证明，群体思考更能诱发思考、激发灵感，团队合作更多地提供了不同技术、不同专业之间组合或移植，比单独思考更加容易产生创新性设想。但是头脑风暴法不是万能的法则，这种方法在解决问题的研究阶段比较适用，也就是方案构建阶段，后期方案真正落地，还需要进行进一步的完善和改良。总之，实践才是检验真理的唯一标准！

专创融合

【案例 5-2】

变台引线卡具

我们来学习一下狼山乡供电所 QC 小组设计变台引线卡具的过程。

目前使用的电线杆长度较长，一般采用直引线在绝缘子上通过 180° 弯折的方式接入跌落保险。所使用引线分为绝缘线和裸导线，尤其是绝缘线，弯折困难并且容易损伤绝缘。冬季天气较冷，绝缘皮较硬，情况更加明显，给施工工作带来不必要的麻烦，影响施工进程和质量（见图 5-1）。

施工费时费力，弯折角度过大，捆扎不牢，易脱落造成短路，停电且需带大量工具施工。

图 5-1　传统接入方式

为解决这个问题，QC 小组组长魏爱民决定采用会议的方式，让每一位 QC 小组成员都积极发表自己意见和看法，展开头脑风暴，从而找到解决问题的方法。他提前将会议主题通报给小组成员王富、徐武、张柱、徐长海，让他们有一定的准备。会上，由魏爱民主持会议，鼓励参会人员突破惯性思维，大胆进行联想，畅所欲言，并且对所有的设想不做评论。徐长海做记录员，将参会者所有设想不论好坏都完整地记录下来（见图 5-2）。

图 5-2　小组成员讨论

最后，QC 小组对会议中提出的二十多条设想进行了讨论，并挑选出四种对策重点分析。经综合比较，第四种对策：研发变台引线卡具，将引线直接接入高压跌落式保险，实施性大、易操作、节约时间、整体美观，被最终采用。

变台引线卡具的出现，从根本上解决了引线需要弯折的问题，减少了施工中最困难的一步，消除了引线因弯折角度过大而绑扎不紧、脱落；减轻在施工中对引线的破坏，改善引线的运行环境，优化了引线的美观程度，减轻了施工压力和难度，使施工作业人员更好的投入到工作中去（见图 5-3）。

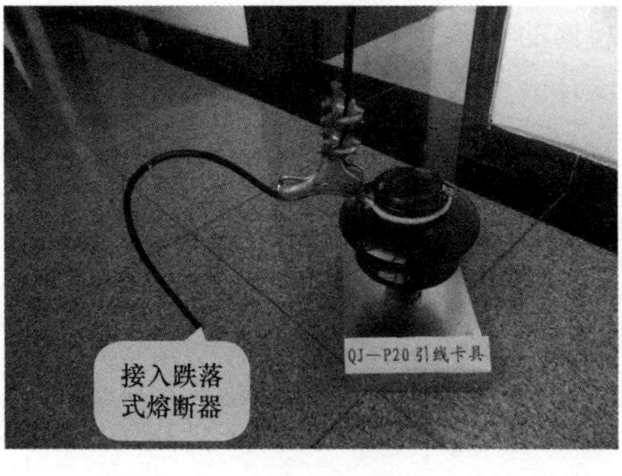

图 5-3　装引线卡具方式

思维启发

在这个案例中，QC 小组使用头脑风暴法解决了工作中的难题。

头脑风暴法，又称脑力激荡法，智力激励法，是由美国创造学家奥斯本首创，是一种通过快速大量寻求解决问题构思的集体思考方法；通过打破常规，积极思考，畅所欲言，找到最佳方案，目前已经成为无限制的自由联想和讨论的代名词。头脑风暴法一般分为三个阶段，准备阶段，首先需要准备场所、确定主题与参与人员；头脑风暴阶段，需要主持者以明确的方式向所有参与者阐明问题，说明会议的规则，尽力创造出轻松融洽的会议气氛；最后是评价选择阶段，与会人员进行群体决策，确定最终解决方案。

采用头脑风暴法，发言人发表意见时，要求与会人员不发表意见，只有评估阶段才能进行意见评价，哪怕你觉得意见不是很切实可行也要保持沉默，以免影响会议的自由气氛。由与会人员“自由”提出尽可能多的方案。当拥有的方案数量越多、种类越多，就越容易找到所需的答案。

有声小课堂｜观看微课：案例分析之头脑风暴法

奇思妙想

训练一：请思考：我们之前的传统会议是头脑风暴法的运用吗？如果不是，区别在哪里呢？

训练二：可以以组为单位，利用头脑风暴法，解决以下问题。

（1）在电力线路检修的实际工作中，带电作业是一项经常遇到的工作环境，请利用头脑风暴法设计一项电力线路巡检的安全工具。

（2）目前，数字化校园管理风靡，你是怎么理解“智慧校园”这个话题的呢？请对智慧校园的软硬件设施管理进行创新设想。

学习拓展

头脑风暴法在具体的实践过程中，也有其不适用的人群。有些人性格内敛，不善于表达，在会上不能够及时充分地表达自己的见解，可能完全被表现力强、表达能力突出的人压制。为了克服这些缺点，有些人对头脑风暴法进行了改进，原理不变，但基本原则与应用步骤有了相对改良，比如说下面要介绍的默写式智力激励法。

默写式智力激励法又称为“635 法”，是奥斯本的头脑风暴法传入西德之后，德国学者鲁尔巳赫创立的，他根据德意志民族习惯于沉思的性格，对于奥斯本的头脑风暴法进行了改革。635 法与头脑风暴法使用的原理相同，最大的不同点是与会者变口头阐述为默默记录在卡片上。

其实施要点如下：

第一，准备阶段。

确定一名熟知 635 法的基本原理和实施步骤的人员为主持人，明确主题，并需要邀请 6 名与会者参与。

第二，实施阶段。

（1）与会的 6 个人围绕环形会议桌坐好，每人面前放有一张画有 18 行 3 列表格的卡片。

（2）主持人公布会议主题后，要求与会者对主题进行重新表述。

（3）开始计时，要求在第一个 5 分钟内，每人在卡片上的第一行写出 3 个设想，表述简明清晰。

（4）第一个 5 分钟结束后，每人把自己面前的卡片按顺序（顺时针或逆时针）传递给身旁与会者。

（5）重复第 3 步，每人再在下一行内写出 3 个设想，这时你的设想最好是在卡片上已有的设想的引导下激发的，且又进行了改造，鼓励叠加想法。

（6）按上述方法共进行六个 5 分钟，共 30 分钟，每张卡片共 108 个设想。请参考表 5-1。

表 5-1　　635 法默写卡片示意表格

第一人第一个设想	第一人第二个设想	第一人第三个设想
第二人第一个设想	第二人第二个设想	第二人第三个设想
第三人第一个设想	第三人第二个设想	第三人第三个设想
第四人第一个设想	第四人第二个设想	第四人第三个设想
第五人第一个设想	第五人第二个设想	第五人第三个设想
第六人第一个设想	第六人第二个设想	第六人第三个设想

注　共 6 人，每人 18 个设想，共 108 个设想。

第三，综合整理阶段。

整理分类归纳这 108 个设想，尤其注意最后一行填写的设想，因为它是综合前五轮设想而得出的想法，从中找出可行的解题方案。

有声小课堂｜观看微课：创新创业教育之 635 法

聚焦二：做个有“问题”的孩子——设问法

导师寄语

设问法就是列出了一张提问的单子，通过各种假设提问寻找解决问题的途径。提问是创新活动的切入点，问题能促进人们进行思考。在创造活动中，人们如果能及时发现问题、提出问题就等于取得了成功的一半。好的设问可以启发思路、引导人们打开创新世界的大门。目前，创造学家们已经创造出多种不同类型各具特色的设问方法，在本章的学习中，我们主要来介绍奥斯本检核表法、和田十二法和 5W2H 法。

在本章的学习中，我们需要掌握奥斯本检核表法、和田十二法和 5W2H 法的具体设问内容；通过具体案例的学习，进一步掌握这三种设问方法的使用技巧，能够熟练运用这三种设问方法来解决我们遇到的实际问题。

理论启发

知识一：何为奥斯本检核表法？

奥斯本是美国创造基金会的创始人，既是世界上第一个创造发明技法“头脑风暴法”的发明者，同时也是奥斯本检核表法的创造者。奥斯本检核表法引导主体在创造过程中对照 9 个方面的问题进行思考，促进人们产生新设想、新方案。它几乎适用一切领域的创造活动，称为“创造技法之母”。人们可以根据检核项目，从不同的视角思考问题，是思维更具扩散性，也使我们的思维更缜密和深入，更有针对性地提出更多可能性的设想和方案。

第一问：能否他用。即现有的事物有无其他用途？事物保持不变能否运用于其他领域？稍加改变，有无其他用途？某样事物，试问它还能有哪些功能？还能放在什么其他地方发挥更好的作用？……这样的提问能够让我们的想象思维与联想思维活跃起来，并运用发散思维的方法，能够让更多新的创意涌现出来。

【案例 5-3】

拉链的设计，1893 年吉特逊发明了拉链，设计初衷是为了使用在鞋子上，当拉链可以大量生产的时候，便开始销路不畅。有位服装店老板觉得拉链物美价廉，为什么不用在其他方面呢？于是他将拉链用在了钱包上，之后又用在海军制服上。现在拉链这种发明已经在我们的社会生活中广泛应用，极大地发挥了它的功用。

【案例 5-4】

夜光粉是一种发光材料，过去大多用于钟表和仪表上。后来人们扩大了其用途，把它放到了各种不同的领域，设计出了夜光项链、夜光玩具、夜光棒等，各种各样。现在，估计每个家庭都会有能够在夜晚发出光亮的生活物品，比方说电灯的夜视开关、楼梯扶手的夜视指示标等。

第二问：能否借用。现有的事物能否借用别处的经验？过去有没有可以借鉴、学习的发明创造？现有的成果能否引用到其他领域中去？……

【案例 5-5】

听诊器的发明

听诊器是由法国名医，雷纳克（全名何内·希欧斐列·海辛特·雷奈克）于 19 世纪初发明的。

1816 年的一天，雷纳克给一位贵族小姐看病，他怀疑小姐心脏有问题，建议让他把耳朵靠在小姐的胸口听一听声音，小姐当时面红耳赤，拒绝了雷纳克，雷纳克当时也觉得很是尴尬。他想：如果能够发明一种器械，在不碰触病人的情况下就能将病人的心跳声听出来就好了。

有一次，他在巴黎的广场散步，看到几个孩子蹲在跷跷板的旁边玩耍。有一个孩子将耳朵贴在板面上，另外一个孩子在用手指敲击另一边的板面，边敲边问：“听到声音了吗？”前一个小孩子立马回答道：“听到啦！”雷纳克当时觉得大受启发，忽然明白：声音通过空气向四面八方传播，距离远了便听不到了，如果让声音沿着一个管道传播，即使距离远，管道的另一方也一定听得到。

于是雷纳克制作了一根空心木管，长 30cm，口径 0.5cm，为了便于携带，从中剖分为两段，有螺纹可以旋转连接，一端放在病人的胸口，另一端放在自己的耳朵旁边，这样就能清晰地听到心跳声了，这样人类历史上第一个听诊器就产生了。

思维启发

雷纳克将木头传声的这个生活常识成功借用到了医学领域里来，从而解决了困扰他很久的诊断难题，完成了医学史上的重大发明！在实际生活中，很多发明在使用初期功能可能很单一，是人们在不断的实践积累的基础上不断发现了其新的应用领域，发掘了其新功能。比如当伦琴发现“X 光”时，并没有想到它会具有这么广泛的用途，不仅可以治疗疾病，还可以用来观察人体内部的各种器官组织情况。思考一下，你身边的事物可不可以也实现功能的转移呢？

第三问：能否改变。现有的事物能否适当做一些改变呢？改变事物的颜色、气味、声音、形状、类型等等能否产生新创意？……自行车的轮子是圆形的，有人将其做出了椭圆形，这样骑起来就会一起一伏，犹如骑马一般的感受，从而成了一种新型的运动器械；还有人将自行车的链轮改成了非圆形的，发现这样可以提高机械的效率，让人骑起来轻快省力。

【案例 5–6】

希尔顿曾以 700 万美金价格买下了华尔道夫——阿斯托里亚大酒店。开业前，希尔顿来到酒店视察，发现酒店大堂中央的四个圆柱，这四个圆柱只是起到了装饰作用，没有必须存在的必要。

但是希尔顿没有立即命令将其铲掉，而是静静地思考了一下，最后他决定留下它们，但是却命令工作人员将四个圆柱换成四个透明的玻璃柱，并且在里面设计漂亮的玻璃箱，装扮上美丽的灯光。他还联系纽约各个著名的珠宝商和香水制造商来酒店做广告。

后来，四根玻璃柱做好了，精美绝伦，而且里面还摆放了各式各样的漂亮珠宝和名贵香水，不仅美化了酒店大厅，同时还给希尔顿带来了一笔不菲的广告收益！

第四问：能否扩大。现有的事物能否扩大使用范围？能否增加一些功能？能否延长使用寿命？能否增加材料？……

从摩托罗拉公司注册手机专利，一直到现在，手机的成长历程就是一个功能不断扩展、使用范围越来越广泛的进程。1985 年，第一台移动电话产生，但是它重达 3kg，所以也被称作“肩背电话”；1987 年，与现代形状及其近似的手机诞生，比“肩背电话”轻巧了许多，也方便了携带，重量大概有 750 克左右。从此以后，手机的发展越来越迅猛，进一步小型化、轻型化和智能化。现在，我们普遍使用的智能手机已经成为多功能一体的小型机器了，由于加入了 GPS、麦克风、照相机、录音机、蓝牙、指纹识别、人脸识别等等技术手段，手机通话已经是最不值得一提的使用功能了。相信随着科学技术的迅猛发展，智能手机还能够具备更多更先进的使用体验。

【案例 5–7】

日本电信电话公司（NTT）发明了电话卡之后，获取了大量的利润，电话卡的销量年年跃升，到 1988 年时已经达到了 5000 万张。

可是，NTT 公司的总裁纲谷先生并不满足，他想：现在电话卡的市场不断扩大，是否可以从中挖掘出新的商机呢？于是，他决定改变电话卡的单一功能，赋予电话卡以文化内涵。

他以邮票为蓝本，利用大阪市建市四百周年之际，发行了纪念电话卡，结果大受欢迎！之后，他更是再接再厉，分别以各地的名胜古迹、自然风景为题材推出了一系列电话卡。不仅如此，他还推出了“明星系列”“名画系列”“万国博览会系列”的电话卡，甚至还推出了一项新业务——私人订制，可以为客户定做电话卡。

就是这一举动，将不同类型的文化内涵赋予在小小的电话卡上，增添了电话卡的文化气息与历史厚重感，使电话卡不仅能够起到通话的基本作用，同时还兼具了文化收藏的价值，受到了消费者的青睐，吸引了人们购买！

第五问：能否缩小。能否减少些因素？能否更小，能否更低、能否更短、能否更轻？能否略去某些部分，能否进一步细分？……

傻瓜相机，由于操作非常简单，深受人们喜爱，它将多种功能浓缩为一键成像，除操作简单的特性外，还兼具有体积小、重量轻、价格低廉等特点，所以成为世界上最为普及的家用摄影工具。压缩饼干，因为质地紧密，使用膨化剂使其含水量降低，所以体积更小且不易吸水，但饼干中的有效成分却含量更多，真是既方便又实用。

【案例 5–8】

在 1984 年东京国际马拉松邀请赛中，名不见经传的日本选手山田本一获得了世界冠军，爆出了冷门。两年后，在意大利国际马拉松邀请赛中，他又再次夺得冠军。

山田本一是如何一举夺得两次冠军的呢？他在接受记者采访中说道："每次比赛前，我都要乘车将比赛路线仔细走一遍，把沿途比较醒目的标志记下来，比如第一个标志是一棵大树，第二个标志是一家银行，第三个标志是一座房子……比赛开始之后，我就会奋力冲向第一个目标；等到达第一个目标之后，我又以同样的速度向第二个目标冲去。以此类推，40 多公里的赛程，被我分解成很多个小目标，这样就轻松完成了。"

将目标细分，再逐个攻破小目标，艰难的过程反而变得轻松了。

第六问：能否代用？能否用其他材料、其他方法、其他动力或者其他各种因素来代替原事物？……电动汽车使用电能代替了传统的汽油燃料，使汽车出行变得更加环保；德国为了解决城市道路积水和内涝的难题，把全国城市 90% 的地面由全硬化地面改成透水地面等。通过取代、替换可以为人们提供广阔的探索空间，寻找解决问题的方法与途径。

【案例 5–9】

美国航天员在太空飞行时，因为在失重的状态下，笔芯里的液体流不出来，所以航天员在太空中是无法顺利写字的。于是，美国航天科学家们决定专门研究一种能够在失重状态下写出字的笔。

只是这样的笔还没有发明出来，一名俄罗斯专家通过另外一种方法将这一难题破解了，而且他的方法非常简单——将使用液体的笔换成铅笔不就可以了？

变繁为简，变难为易，只是以物易物，何乐而不为呢？

第七问：能否调整。能否调整已有布局？能否修改既定计划？能否调整规格？……小学生放学接送成为很多城市道路拥堵的重要原因，怎样解决这一难题呢？错峰放学便是有效方法之一。改变既定的统一放学时间，调整为不同时间段，缓解了城市交通压力。立交桥的设计调整了城市交通布局，同样极大地缓解了城市通行压力。飞机诞生初期，螺旋桨本来安排在头部，后来，人们将螺旋桨放在了顶部，直升机便出现了，喷气式飞机则是将螺旋桨安装在了尾部，这都说明重新安排可以产生大量的创新性设想。

【案例 5-10】

美国金门大桥建好后，发生了比较严重的堵车现象。为此，有关部门向政府建议，筹资建设第二座金门大桥，并向社会征集设计方案。

一位年轻人向政府提出建议：将现有的“4+4”车道模式，按不同时段的交通流量调整为“6+2”和“2+6”模式。因为“4+4”模式有其不合理性，上下班的车流在不同时段在相反的两个方向的分布并不均匀。

政府研究后，决定采纳他的建议。结果，大桥的堵车问题迎刃而解。因为这个建议，省去了再建金门二桥的上亿元费用。

第八问：能否颠倒。从相反的方向思考问题，这是逆向思维的具体运用。位置能否颠倒、作用能否颠倒、方向能否颠倒？……各种没有用途的废料如果加以设计利用就会成为全新的小创造。北京一名退休的技术人员就将塑料泡沫这些白色污染转化成为建筑装修用的耐水胶；野生动物本来应该生存在野外环境中，从反方向考虑，为什么不能将野生动物放在城市当中呢？于是人们就偏偏将它们安置在了城市中，野生动物园出现了，吸引了无数人去游览观赏。

第九问：能否组合？从组合思维角度出发，现有事物能否和其他事物进行组合？可以是功能组合、原理组合、形状组合、部件组合等……总之，充分发挥1+1>2 的巨大作用。这种方法的应用在我们的生活中比比皆是，洗衣机、烘干机、熨烫机组合在一起的可以实现洗烘熨的一体机；家庭生活中，将楼梯与抽屉结合，楼梯的台阶就可以是实现储物功能的抽屉等。

有声小课堂 | 观看微课：创新创业教育之奥斯本检核表法

奥斯本检核表法是引导人们考虑问题要从多种角度出发，不要受到固定角度与固定方向的禁锢。检核表法实际上是多种方法的综合：其中能否他用和能否借用是移植法的运用；能否组合是组合法的运用，其余六项则是列举法的运用。因此，我们要将所涉猎的各种方法进行深刻理解，才能较好的运用检核表法。

知识二：何为和田十二法？

和田十二法与奥斯本检核表法一样，都是设问法的常用方法之一。它是我国创造学者在奥斯本检核表法基础上，借用其基本原理加以创造而提出的一种思维技法，它既是对奥斯本检核表法的一种继承，又是一种大胆创新！比如，其中的“联一联”“定一定”等，就是一种创新发展。由于这种方法首先在上海市闸北区和田路小学开展的创造发明活动中进行了实践运用，又经过提炼总结而得出的，故称和田十二法。

顾名思义，和田十二法从十二个方面提供创新启示，一共由十二个“一”组成，相较而言，更通俗易懂，更便于推广。

第一个一：加一加。在一件事物上添加些什么或者把这件事物和其他事物组合在一起来解决问题，达到我们想达到的目的。这是组合思维在实践中的运用。思路可以是这样的：在这件事物上添加一些事物或者和其他事物组合在一起，行不行？能不能增高一些、加长一些、增厚一些？加一加后变成了什么新事物？这个新事物有什么新功能？

如图 5-4 所示，在铅笔上添加了橡皮，铅笔就变成了带橡皮的铅笔，于是铅笔就有了擦改的功能，一举两得。

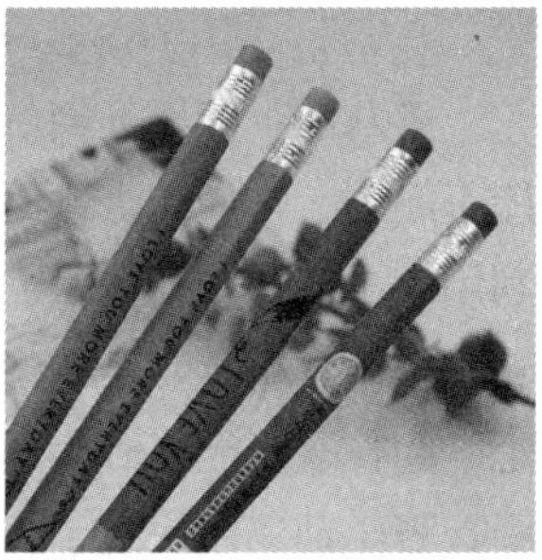

图 5-4　双用铅笔

生活中的实例——可以挂衣服的椅子，如图 5-5 所示。椅子上添加一个衣架，椅子便增加了可以挂衣服的功能，这样在我们工作或者聊天的时候，脱下外套时，便帮助我们解决了寻找衣架的困扰，图中的挂衣方式同时也会使我们的衣物保持美观与整洁。

图 5-5　多功能椅子

第二个一：减一减。在一件事物上减去某些因素或在操作过程中减少次数来解决问题，达到我们想达到的目的。思路是这样的：能在某件事物上减去什么部分吗？能把某件事物的重量减轻一点吗？在操作过程中能减轻次数吗？减一减之后能产生好的效果吗？

你见过没有叶片的风扇吗？

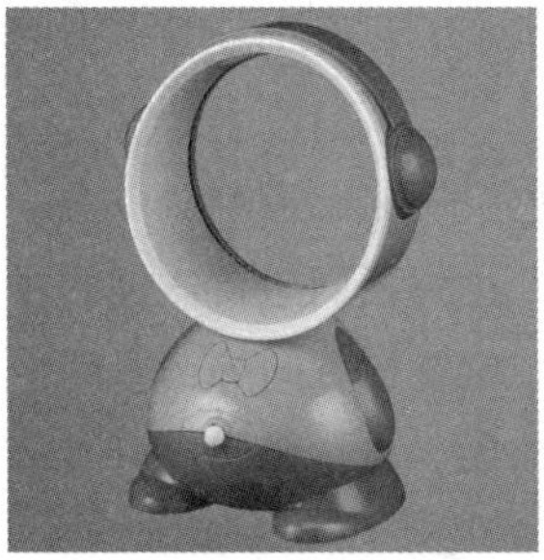

图 5-6　无叶风扇

风扇是夏日我们生活中必备的生活用品，但是风扇的叶片会覆盖尘土或者伤害到儿童的手指，那么有没有无叶片的风扇呢？创新无处不在，于是无叶风扇产生了！无叶风扇也叫空气增倍机（见图 5-6），因无叶片，就不会产生上述我们所担心的事件，同时它能产生自然持续的凉风，比普遍电风扇降低了三分之一的能耗。更因为它抛弃了传统电风扇的叶片部件，使风扇变得更安全、更节能、更环保！

一卡通是现在很多企业、工厂、校园都在使用的智能体系（见图 5-7）。它能够实现使用一张智能卡片便可以记录考勤、购物、出行、餐饮、洗浴等等多项服务功能，减少了人们换卡、购票等环节，大大地方便了人们的工作、学习和生活，变繁为简，这就是“减一减”能够达到的目的之一。

图 5-7　一卡通

第三个一：扩一扩。把一件物品放大或者扩展来解决问题，达到我们想要达到的目的。思路是这样的：一件物品如果放大或扩展，扩展可以是面积、体积、距离、声音等，会产生哪些新的功能和变化？一件物品除了大家熟知的用途之外，还可以扩展出哪些用途呢？

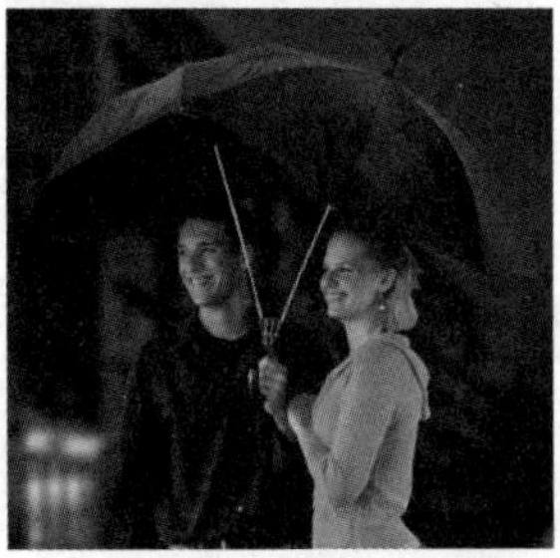

图 5-8　双人雨伞

只要将我们平时使用的雨伞的伞面扩大，便会产生不一样的功用，单人伞便成为双人伞，如果增加浪漫气息，便会变成了恋人伞（见图 5-8）。

再比如，使用越来越普遍的内存卡。内存卡越扩充容量越受人欢迎，体积小巧却容量惊人，方便人们携带与使用，真可谓“口小吃四方”。

第四个一：缩一缩。把一件物品经过压缩、折叠、缩小来解决问题，达到我们想要达到的目的。思路是这样的：把一件东西压缩、折叠、缩小，它的功能、用途会产生哪些变化呢？

压缩饼干与平常的饼干相比较，给人最直观的感受便是体积变小，但是它的作用却变大了。因为质地比较紧密，使用了膨化剂，所以不易吸水，体积缩小但有效成分含量更多，所以使其更加耐饿而且携带方便。

传统电池由于体积问题，不能适用于很多体型较小的物品中，比方说手表、汽车钥匙等，但是一旦将其体积缩小，变成了纽扣电池，这些问题也就迎刃而解了。现在，小巧玲珑的产品越来越受到消费者的青睐，比方说迷你版充电宝、掌中宝、折叠自行车、折叠电动车等，这些都是“缩一缩”这种创新方法在社会生活中的应用。

第五个一：变一变。改变一下事物的形状、尺寸、颜色、气味、声响、位置、方向等或者改变一下事情的次序、操作的顺序来解决问题，达到我们想要达到的目的。思路如下：改变一下事物的形状、颜色、气味、声响、位置、方向等，会产生什么变化？改变一下事情的次序、操作的顺序会产生什么结果？当然我们也可以从对待事物的思维方式、处理办法等方面进行变化。

图 5-9 六角形铅笔

如图 5-9 所示，这是六角形铅笔，学生党并不陌生。这几支小小的铅笔就是因为将外形由圆形变成了六角形，就解决了圆形铅笔容易滚落的问题。生活实际又一次告诉我们，巧妙地运用创新方法，会给我们的生活带来意想不到的收获！

第六个一：改一改。把某样物品的一部分或者缺点不足一一减去来解决问题，达到我们想达到的目的。思路是这样的：某件物品在使用过程中，存在哪些缺点或不足？分析这些缺点或不足，看看哪一项是主要的或者是必须要马上解决的，思考怎样改进才能克服或者尽量减少这些缺陷。

如图 5-10 所示，这是一款 33° 插座。家用的墙上插座，多与墙平行，其插孔离地大约 20~30 厘米的高度。插拔的时候，要么需要弯下腰去，要么蹲下，要么手腕要进行大角度的旋转。这款 33° 插座，只要将插座倾斜 33°，那么插孔的位置便会一目了然，使用者既可以方便看到插头，同时提高了插拔时候手腕的舒适性。

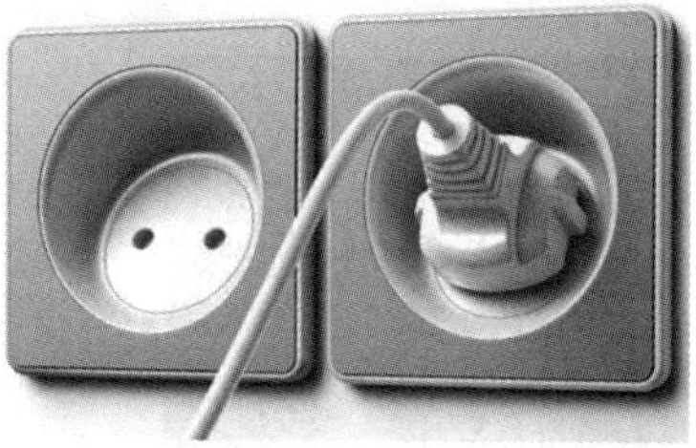

图 5-10 33° 插座

又提到我们生活中常用的雨伞。传统的雨伞由于伞柄太长不易携带，只要将伞柄变成可折叠的，雨伞便变得小巧精致，便于携带了。这样的例子在我们的生活中不胜枚举，比方说保温杯达到了冬天水保温的目的，装有荧光材料的公交车牌可以解决乘客晚上看不清楚字迹的问题等。

第七个一：联一联。把某件事情的起因与结果联合起来思考，或者思考事物与事物之间有什么联系来解决问题，达到我们想达到的目的。在这里正是创新思维里的联想思维在发挥作用。思路是：某件事情的结果与起因有什么联系？能从中找到解决问题的办法吗？把多样事物联系起来，能发现什么规律？能帮助我们解决什么问题？

你认识图 5-11 这个图标吗？这是著名的电梯媒体分众传媒的标志图片。如果你不认识这个标志，但总能够在等待电梯或乘坐电梯的电梯间里见到精美的广告宣传吧！分众传媒就是全球范围内首创的电梯媒体！它诞生于 2003 年，创始人江南春，他只是因为在电梯即将关闭时看到了舒淇的海报，便联想到了为什么不能在电梯门口安装电视媒体来进行广告宣传呢？于是一个覆盖超 1.5 亿社区人群，市场占有率超过 70% 的企业就这样诞生了！创新就是这样，就在不经意间隐藏着巨大的能量！

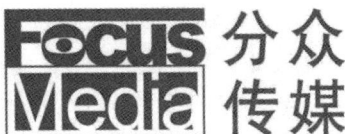

图 5-11　分众传媒 LOGO

在这里还要给大家讲一个郑成功收复台湾时发生的一个小故事：

【案例 5-11】

明末年间，中国台湾被荷兰殖民者入侵，郑成功一面收复台湾，又要准备抗清运动。士兵们每天要进行高强度的军事训练，对水的需求量非常大，所以郑成功想在士兵驻扎地打井，但是井打了很多口，但一滴水都没有，士兵们不得已要喝苦涩的海水。郑成功十分焦急，却没有对策。

一天早上，郑成功看到不远处积聚了一堆蚂蚁，这个现象引来了郑成功的猜疑，他想或许这个地方会有淡水资源呢？郑成功越想越兴奋，便命令士兵在蚂蚁聚集处打井。不久地下水便冒出来了，这下，便解决了士兵们饮水问题。

郑成功通过蚂蚁聚集这一结果，联想到了聚集的起因——因为蚂蚁的触角可以感觉到湿润，有水，蚂蚁才会来此积聚。这不正是联想思维在日常生活中的运用吗？

第八个一：学一学。根据某些事物的结构、形状或学习某些事物的原理方法来解决问题，达到我们想达到的目的。创新方法中的移植法也是同样的原理。思路是这样：有什么事物可以让我们模仿学习一下？模仿某些事物的结构、形状或学习某些事物的原理方法会创造出什么新事物？会产生什么良好的效果？

【案例 5-12】

19 世纪初，拿破仑在法国悬赏：谁能研究出一种可以久藏新鲜蔬菜和水果的办法，就可以得到 12000 法郎的奖金。这是拿破仑为了解决经常率军远征，新鲜食物不易保存的问题而做出的决定。

这时法国有一位叫阿披脱的年轻人，看到了公告之后便研究起来。一天晚上，他正在看书，妻子让他在睡觉之前把当天吃剩的菜再重新煮一次，防止第二天变馊。这时候，阿披脱心头一亮：如果我把食物煮沸后再封闭起来，保质时间会不会更长一些？

于是，他把食物装进玻璃瓶里，放到水中煮沸，再用涂了蜡的软木塞将瓶口堵住。又用粗麻布将瓶子裹了一层又一层。最后，他将这只玻璃瓶保持了起来。

两个月后，阿披脱打开玻璃瓶，惊喜地发现食物并没有变质！他将这种方法告诉了拿破仑，最终也如愿以偿地得到了那 12000 法郎的奖金——因为他发明了世界上第一个罐头！

将日常生活中使用的储藏食物的方法放到其他领域上来，不仅解决了困难，而且创造发明了新事物。

鲁班如何发明锯子的？正是借鉴锯齿小草的结构形状从而创造出新事物锯子的。锯子发明之后，改变了人们用斧子伐木的工作习惯，节省了人力，提高了效率，不正是学一学这种方法的应用吗？

第九个一：替一替。用其他的事物或方法来代替现有的事物，从而进行创新来解决问题，达到我们想要达到的目的。我们可以直接寻找其他事物试着全部替代，也可以从材料、部件、方法、声音等方面进行局部替代。思路如下：用什么事物可以代替现有的事物？如果使用别的材料、零件、方法等代替另外一种材料、零件、方法行不行？替代之后会产生哪些变化？会产生良好的效果吗？

图 5-12 显示的物品叫金属冷饮块。炎炎夏日，很多人喝酒水饮料时，都会放一点冰块进去。这款“冰镇神器”用金属冰块代替了传统的水制作的冰块，并且材质采用的是食品级 304 不锈钢制作而成，不仅制冷效果好，还能循环使用。同时还能够解决传统冰块融化后会影响饮品口感的问题，真正做到了一举三得！

图 5-12　金属冷饮块

手帕纸的发明是用纸这种材质代替了传统的布质手帕，布质手帕虽可以多次循环使用，但考虑到卫生问题，用过一次之后便不太适宜循环使用了，那么纸质手帕因为携带方便，一次性使用的特点更加卫生，所以受到了人们的青睐。

第十个一：搬一搬。把某件事物或者某一种想法、技术移至别处，使之产生新的事物、新的技术来解决问题，达到我们想要达到的目的。这其实就是创新方法移植法的应用。思路是这样：把某件事物搬到其他场合，能解决什么问题吗？将某一想法、技术应用于其他领域，能产生良好的效果吗？

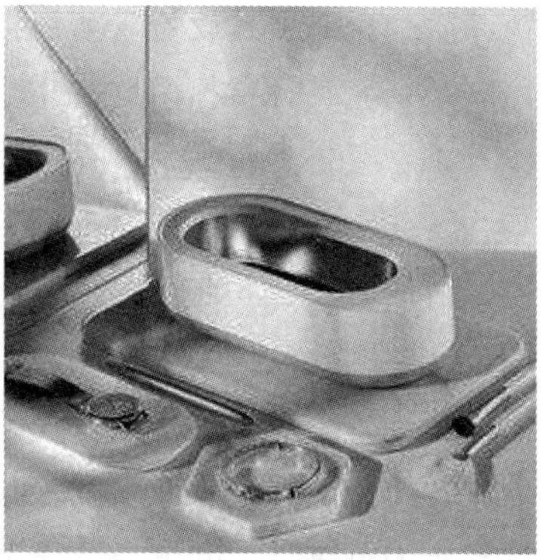

图 5-13　Era Clean 超声波清洗机

图 5-13 里的物品叫作 Era Clean 超声波清洗机，这款清洗机功能强大，应用非常广泛。其实超声波技术一般是在医学领域应用比较广泛，但是将超声波技术搬到日常生活领域里来，用于清洗眼镜、手表、饰品等，不仅能够清洁得更加干净，而且还能够节能节水。

有声小课堂｜观看视频：超声波清洗机

第十一个一：反一反。将某一事物的形态、性质、功能或者其内外、正反、横竖、上下、前后等加以颠倒，从而产生新的事物来解决问题，达到我们想达到的目的。反一反运用的创新思维就是逆向思维，从已有事物的相反方向进行思考。思路是：将某一事物的形态、性质、功能或者其内外、正反、横竖、上下、前后等加以颠倒，会产生良好的效果吗？如果把平时的思维方向逆反过来能解决什么问题？

传统的楼梯是人动，楼梯不动，如果反其道而行之，便是楼梯动，人不动，那自动扶梯便出现了，方便了人们出行，节省体力。

传统削皮方法是水果刀一直运动而水果不动，费事且不安全，可是反一反之后，我们发现，水果刀可以不动而让水果运动起来，这样省时省力，真是太方便了。

有声小课堂｜观看视频：自动削皮器

【案例 5-13】

如何让我们的科研经费能够发挥更大的作用？中央财经大学的徐焕东教授提出一个新办法：废除课题经费预拨制，建立创新成果政府采购制。

原先的课题经费预拨制，采用的是事前支付资金，投资的其实是一种创新的可能性，由于激励效果不明显，获得成功的可能性也会相对较低。如果采用相反的政策，即建立科研项目政府采购制，便会改变这一现状。

科研项目政府采购制，就是科研经费不再提前预拨，而是将项目公之于众，实行招标采购，呼吁人才良性竞争，有能力者、有突出成果者才有机会获得大额奖励，得到政府资金支持。

科研经费预拨制是将资金流向人才，反一反，便是将人才流向资金，方向不同，产生的效益也大大不同。

第十二个一：定一定。为解决某一问题、改进某一事物，或者为提高工作学习效率，防止出现事故或疏漏，我们做出某些规定来使我们的生活更加美满。思路是这样：为解决某一问题、改进某一事物，或者为提高工作学习效率，防止出现事故疏漏，我们需要做出的哪些规定？这些规定的作用究竟是什么？

红绿灯是国际统一的交通信号灯，在治理交通堵塞混乱方面起到了非常重要的作用，它是不出声的“交通警察”！红灯停止，绿灯通行，黄色警示等，正是这些规则的制定，才能使我们的交通出行变得规范而且安全。

【案例 5–14】

过去，韩国首都的公交管理较为混乱，为了解决这个难题，2004 年 7 月 1 日，首尔市交管部门在全市推出了“四色”交通系统。

“四色”，即红、黄、蓝、绿四色。“红色”公交车的目的地为首尔的郊区。如果人们想要到郊外旅游，就要注意红色公交车。“黄色”公交车通往市中心，所以黄色公交车是人气最旺的公交车了。它们的号码也很好记，只有两位。“蓝色”公交车是在城市主干道上行驶的公交车。“绿色”则主要在首尔的支线道路上运行，主要的作用是将乘客送往各个换乘点。

自从“四色”公交系统推出后，首尔市的交通秩序有了很大的改变。同时，由于愿意乘坐公交车的人变多了，减轻了自驾对城市交通造成的压力，从而进一步缓解了首尔的交通堵塞问题。

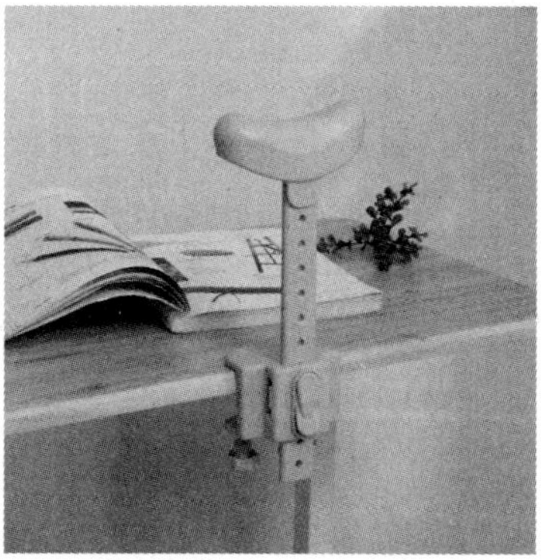
图 5–14　书写矫正器

小学生使用的书写矫正器（见图 5–14）也是一个典型的“定一定”案例。矫正器下端夹在课桌上，可以根据孩子的身高调节高度，上方是一个有弧度的设计，坐姿标准，后背挺直的情况下，使用者的下巴才不会碰到矫正器，这样矫正器就将正确书写规范的标准固定了下来，有利于学生形成良好书写习惯，减少孩子近视的可能性。

有声小课堂 | 观看微课：创新创业教育之和田十二法

知识三：何为 5W2H 分析法？

5W2H 分析法与奥斯本检核表法、和田十二法一样，都是创新方法中重要的组成部分——设问法的常用方法之一，其又被称为七问分析法、七何分析法。起源于第二次世界大战时期，由美国陆军兵器修理部首创，目前它广泛应用于企业管理和技术活动中。发明者用五个以 W 开头的英语单词和两个以 H 开头的英语单词进行设问，来寻找解决问题的线索。

首先我们了解一下这 5W2H 的具体内涵是什么？

第一个“W”——WHAT。WHAT 要怎么理解呢？WHAT 的中文含义是“什么”的意思，如果从设问法的角度去理解的话，我们应当发出以下的疑问。要做什么事情？要完成什么任务？目的是什么？条件有什么？……

在不同的领域，根据不同的主题，从不同的角度出发，我们发出的疑问肯定是不尽相同的。如果我们要制定一套销售方案的话，思考一下：这一环节我们问哪些相关的问题呢？应该包含以下问题：销售的物品是什么？要完成什么样的销售量？目前销售的市场如何？销售的渠道是什么？等等。

如果你要开发一款新产品的话，设问的问题就会有所不同：使用技术是什么？产品功能是什么？产品规范是什么？质量标准又是什么？所以要从实际出发，因地制宜。

第二个“W”——WHEN。中文含义是“什么时候”的意思。顾名思义，就是跟时间和时机相关的问题。什么时间开始？什么时间结束？什么时机最成熟？什么时候需要暂停？如果制定一套销售方案，我们就需要问的是：什么时候开始销售？销售的高峰期是什么时间？销售的瓶颈期是什么时间？什么时候可以结束？

如果是开发新产品，你要如何发问呢？产品的研发什么时候开始？产品的使用寿命是多久？产品的保质期是多久？产品的跟踪服务又是多久？

第三个“W”——WHY。中文解释是“为什么。”为什么的设问方向也很多：为什么做这件事情？为什么有人会成功？为什么有人会失败？还是从刚才那两个不同的领域出发思考。如果制定销售方案，你需要问哪些为什么呢？如果是开发新产品，你又要问哪些为什么呢？

第四个“W”——WHO。谁？跟人物相关！谁来主导整个事件的进程？谁是我们的合作伙伴？谁又是我们的竞争对手？谁是我们的使用人群？等等。

第五个英文单词是“W”——WHERE。这是与地点和环境相关的词语。在设问的时候，我们就要多与地点相联系。比方说什么地点做这件事情比较适宜？哪里的条件好能得到更好的发展？哪里才是最需要我们的地方？等等。

第一个“H”——HOW。即“怎么”的意思。这已经涉及真正的任务目标的实践环节了。我们这件事情需要怎么去做？怎么做才能提高效率？怎么样才能降低成本？怎么样才能做好宣传？

第二个“H”——HOW MUCH。“程度”的意思。这一环节问题可以具体延伸为：事情要做到何种程度为最佳？成本管控到何种程度？数量到何种程度为饱和等问题。

下面大家尝试着填写表 5-2。

表 5-2　　5W2H 分析法示例

检核项目	主题	
	制定一套销售方案	设计一种新产品
WHAT	销售的物品是什么？ 要完成什么样的销售量？ 目前销售的市场如何？ 销售的渠道是什么？	使用技术是什么？ 产品功能是什么？ 产品规范是什么？ 质量标准又是什么？
WHY	什么时候开始销售？ 销售的高峰期是什么时间？ 销售的瓶颈期是什么时间？ 什么时候可以结束？	产品研发什么时候开始？ 产品使用寿命是多久？ 产品保质期是多久？ 产品的跟踪服务是多久？
WHEN		
WHERE		
WHO		
HOW		
HOW MUCH		

5W2H 分析法有 4 个非常明显的优势，所以我们一定要学会这种创新方法。首先它易于理解，方便使用；第二有助于思路条理化，能够提高工作效率；第三帮助我们抓住事件本质，把握事件的主要矛盾；最后有助于全面思考问题，杜绝盲目性，避免遗漏主要问题。

5W2H 分析法讲解起来需要分步骤分环节，但是在运用的时候是一个综合的过程，七个环节互相补充，相互成就，是一个整体，需要综合思考、整体考量、互相迁就补充，形成默契，得出完整立体的综合方案。

有声小课堂｜观看微课：创新创业教育之 5W2H 分析法

专创融合

奥斯本检核表法的应用

【案例 5-15】

鸡粪变能源

养鸡是福建省光泽县的主导产业，光泽县是亚洲最大的养鸡基地，养殖大约 5 亿只鸡，伴随而来的就是鸡粪问题，对于任何一个养殖户来说，处理粪便是一件很难的事情。首先得及时的清理出去，要不然辛苦养的鸡或者猪很容易暴发传染病，给自己带来很大的损失。但是由于环保的要求，又不能随意地堆放在外面，不然就会影响到环境。同时堆积的鸡粪还可能对光泽县周围的水源造成不可减少的污染。面对这一问题，圣农集团注意到鸡场在饲养时都会提前洒满一层谷壳，由此想到混合着谷壳的粪便可以做到充分燃烧，这样就可以把有害的鸡粪有效地转化为电力资源。光泽圣农生物质发电厂利用圣农集团光泽基地饲养场的鸡粪与谷壳混合物、干化污泥、农林废弃物为燃料，预计年发电量 1.47 亿千瓦・时、供电量 1.28 亿千瓦・时、供热量 26 万吨。项目将于 2022 年年底全面建成投产，投产后预计实现产值 1.42 亿元，解决就业近 200 人，并为光泽县解决和顺工业园区内 11 家企业集中供热的难题。"该项目利用生物质发电技术，在解决圣农集团光泽基地鸡粪问题、保障光泽县肉鸡产业的可持续发展的同时，变废为宝，满足光泽县经济快速发展对用电、供热的需求。"圣农常务副总裁陈剑华说。

思维启发

鸡粪的原来作用就是作为肥料，而即使作为肥料也是消化不了的。那它还能不能有其他的用途呢？加了稻壳的鸡粪它可以燃烧，燃烧后还能产生电能，这就是创新！现在我们都提倡变废为宝，这就需要我们去多发现，多思考，这样才能做到创新！

启智润心

习主席说过：绿水青山就是金山银山。建设这个生态电厂，摆在首位的是生态，其次才是解决鸡粪问题，最后才是发电。可见，国家对生态文明的重视程度。咱们也应该从身边做起，从小事做起，为生态文明做出自己应有的一份贡献。

有声小课堂｜观看微课：案例分析之奥斯本检核表法：能否他用

【案例 5-16】

电力黑科技

湖北省大悟县山多林密，近年来，随着县域输配电网规模越来越大，线路检修难度越来越大。大新镇供电所副所长詹恒介绍，该所负责大新镇和东新乡两个乡镇的输电线路，总长度 179.5 千米，涉及用电户近 2 万户。“一是容易迷路、摔伤，二是经常碰到毒蛇。”54 岁的杨余光是大新镇供电所外勤班班长，28 年的巡线经历中，他迷过路、摔过跤，遇到过毒蛇、野猪。“最要命的是效率低，比如气温下降时，要检查基杆顶部是否覆冰，必须爬上去才能检查清楚，一天检查不了几根杆子。”“艰苦奋斗的精神值得传承，但也要注重运用现代科技工具。”国网大悟县供电公司党委书记冯俊波介绍：2019 年 11 月，大新镇供电所作为试点，率先启动无人机代替人工巡线工作，于 2020 年在全县 14 个供电所实现全覆盖。在山区，无人机飞行半径可达 4 千米，足以取代人工检查，效率更高、角度更全面、结果更精准。以 35 千伏彭新线为例，全线共有 63 根基杆，以往人工巡线至少需要一天，利用无人机后仅需 90 分钟。

这是无人机在电网巡线中的应用，还有大量的高科技应用于电网中。比如采用无人机、在线监测装置监视冰雪的覆盖程度，直流融冰方案融冰，因此即便是遇到这样的寒流也不会再造成大面积的停电；比如无人机、智能机器人在电网中的应用，能够高效率的完成电力抢修、检修和施工等任务。科技就是第一生产力，高科技的出现让我们的生活和工作更便捷。

思维启发

随着科技越来越发达，很多的新事物都出现了，哪些新事物可以借用到我们的工作和生活中？让我们的生活和工作更加便捷，你也可以多考虑下。

启智润心

科技是第一生产力，当今世界，信息化发展很快，不进则退，慢进亦退！党的十八大以来，以习近平同志为核心的党中央紧紧抓住信息化发展的历史机遇，做出一系列重大决策、提出一系列重大举措，信息领域核心技术创新取得积极进展，网络基础设施加快建设，信息化服务得到普及。同时也要清醒地看到，我们的核心技术尚未取得根本性突破，信息化发展受到制约。加快突破核心技术，着力建设数字中国，才能更好发挥信息化的驱动引领作用，构筑我国国际竞争新优势。

有声小课堂

观看微课：案例分析之奥斯本检核表法：能否借用（电力黑科技）

【案例 5–17】

VR 变电站监控系统

110kV 华科 VR 变电站监控系统是由国网武汉供电公司变电运维室几个青年员工自发研究的项目。借助 VR 摄像机，形成在电脑中栩栩如生的华科变电站 VR 模型，在做到资产管理电子化同时，减少人员巡视时间，有效地辅助运维人员开展变电站设备排查工作，提高电网整体运营的经济效益，是用科技手段减轻当前结构性缺员、承载不足的利器。

在过去，三十余人值守同一座变电站，员工就是设备最好的医生，任何细微变化都逃不过他们的火眼金睛。随着科技发展及人员新老交替，变电站逐渐改为无人值守模式，但变电站运维工作还是只能依靠员工开展例行巡查、设备专项排查，缺少科学系统的痕迹化管理，往往只能“头痛医头、脚痛医脚”。

怎样解决这个问题呢？“手机可以 VR 看房，我们为什么不能 VR 看变电站呢?”

带着这样的想法，关山运维班张轲、冯殷尧、周超三位青年员工利用业余时间啃起了专业书籍，解决“卡脖子”与“卡脑子”问题，全面收集分析不同制作方式的转换效率，历经四次产品升级，设备越做越小，但效率越提越高。

最终用时 2 个月时间，自主研发了变电站 VR 建模系统，通过现场实景拍摄、点位布置、软件部署，只需3小时便完成110千伏华科变电站45处VR相机，23处高清相机拍摄工作，借助专业软件做成VR变电站模型，基本实现站内场景全覆盖与超高清。

通过软件里视角的前后上下移动，实现了变电站平面结构、设备型号配置、表计示数、保护屏柜压板等关键信息的预览及存储，该项目覆盖开关、刀闸、主变、母线等一次设备，做到了设备目视化、信息电子化、管理痕迹化。局域网内所有授权用户均可调用VR变电站，不用出门即可完成各项排查工作，避免运维人员长期往返于变电站，极大节省了人工巡视成本。实现变电站主、辅设备全面监视，充分发挥新科技、新技术带来的便利，以期对结构性缺员、承载不足的问题进行改善。

思维启发

在本案例中，三个年轻人将VR技术应用到看变电站活动中，不仅节省了人工巡视成本，还能充分发挥新科技、新技术带来的便利，使用的创新技法是奥斯本检核表法。奥斯本检核表法引导主体在创造过程中对照9个方面的问题进行思考，促进人们产生新设想、新方案。人们可以根据检核项目，从不同的视角思考问题，使思维更具扩散性，也使我们的思维更缜密和深入，更有针对性地提出更多可能性的设想和方案。

进一步分析，本案例中检核的项目是“能否借用”，即思考以下问题：现有的事物能否借用别处的经验？过去有没有可以借鉴、学习的发明创造？现有的成果能否引用到其他领域中去？从而得出设想和方案。

有声小课堂 | 观看微课：案例分析之奥斯本检核表法：能否借用（VR变电站监控系统）

【案例5–18】

扩大的废油收集器

这个案例引自国华电力公司沧东电厂的一项实用新型专利。电厂中，在对工业含油废水中的废油进行收集时，一般采用刮油设备和容量为25kg的塑料桶进行收集。但是由于塑料桶的容量较小，在很短的时间内就容易收集满。因此，为防止塑料桶盛满后溢流造成环境污染，需要在进行含油废水池刮油时派人就地监视。这样，费时费力还有可能因为人员的疏忽造成环境污染。为了解决这个问题，现场人员就想：能不能把桶弄大点呢？桶收集满的时间加长了，等大桶满了再分散到小桶，这样可以节省人力；同时，安装一个液位传感器，待容器达到高液位后，送出一个液位高报警的信号给现场人员，告知他们现在可以打开阀门用小桶进行外运或接废油收集车。这样，不仅可以实现刮油机的自动运行，而且操作方便，减少了工作人员的传送次数，并避免了因人员监督不到位废油桶液位过高而污染环境的弊端。达到很好的效果，还有效地节约了人力。

思维启发

这个案例中用到的就是奥斯本检核表法中的第四问——能否扩大。能否扩大就是让我们提出以下的问题：现有的事物能否扩大使用范围？能否增加一些功能？能否延长使用寿命？能否增加材料……该案例中扩大的是收集的容器，扩大以后能有效地节约了人力成本。而在这个基础上为了达到更好的效果，还加装了液位开关，当达到高液位的时候，报警提醒工作人员收集，这样更加方便智能了。

当然，不是所有的事物都适合扩大，有的扩大了反而会带来一系列的问题。比如，自行车轮是不是越大骑得会越快？越省劲？可是大了以后会带来很多的限制，人们上下车不方便了？个子矮的甚至够不着了，而且会带来极度的不舒适感。因此，能不能扩大是需要对比扩大前是否更有效果，更能节省人力物力，盲目扩大是不可取的。

有声小课堂 | 观看微课：案例分析之奥斯本检核表法：能否扩大

【案例 5–19】

换个灯泡？

这个案例来自强晓峰发表在《上海电气技术》上的一篇论文《发光二极管灯在电厂环保改造中应用的经济性分析》。作者在电厂改造设计中发现：机组和控制室采用的大多是金属卤化物灯、荧光灯等传统的光源，在长时间运行过程中产生了过多的能耗。

随着发光二极管（LED）照明不断的兴起，LED 灯源有很多的技术优势——发光效率高、耗电量小、使用寿命长、可靠性高等。于是，作者考虑，能不能用LED灯源代替传统灯源用到电厂中呢？可是这种替换，不能随便替换。在工程实际应用中，应根据工程的具体性质、使用场所、人员视觉要求、照明数量和质量来确定是否具有替换的价值和必要。这样做对于电厂的安全经济性有没有影响呢？作者从灯具参数、光照强度等方面进行了对比研究，最终发现在相同大小和安装高度的情况下，在满足平均照明强度规范要求的前提下，原有三盏金属卤化物灯的照度值使用两盏LED灯就能满足。这样，对于一个1800平方米的户外平台，单套机组一年能节省438度电。由此可见，LED灯能用于电厂的照明设备中，替换传统的金属卤化物灯，达到了好的经济效果进而达到能源优化的目的。

思维启发

这个案例当中的创新点，可能大家都会觉得很简单，就是换了个灯泡呀！换个灯泡也是有创新方法存在的，这里用到的就是奥斯本检核表法中的第六问——能否代用。能否代用是指能否用其他材料、其他方法、其他动力或者其他各种因素来代替原事物？这个案例就是创新方法在实践中的具体运用。当然代用不是随便的代用。比如案例中，看似就换了个灯泡，可是作者经过了各种研究得到大量的数据，最终证明了这个代用是有代用价值的，能够带来实际的经济效益，这种代用才是有意义的。所以当你想到某种代用时，是需要你去证明它比原来的好，有存在的价值，才适用于代用。创新在我们生活无处不在，只要你去留意去发现，去思考，你也会有创新！

有声小课堂 | 观看微课：案例分析之奥斯本检核表法：能否代用

【案例 5-20】

定子测温元件的更换

万和电厂是嘉陵江梯级开发广元至重庆段的第七级电站，位于四川省蓬安县金溪镇境内，上游紧接新政电站，下游与马回电站相接。电厂装机4×37.5MW。万和电厂3号发电机组于2008年8月并网发电，距今已运行11年。

在万和电厂运行的 11 年里，其 3 号机组发电机定子有 10 个测温元件损坏，约占定子测温点总数的一半且有逐年增加趋势。这种情况大大影响了运行人员对发电机组工况的判断，也给发电机的安全稳定运行带来了较大的风险和隐患。为了保证机组的安全经济运行，该电厂想对定子的测温元件进行更换。

按理说，当定子线圈上的测温元件故障后，直接拆除故障元件然后在原位置安装新元件即可。可是，实际情况是：测量定子温度所用的是埋入式热电阻，安装在定值的上、下线圈之间。要进行拆除重新安装新的元件，不仅安装难度很大，工期长，而且极易损坏定子线圈，从而造成更大的经济损失。为了能尽快换好测温元件，降低风险，工作人员在对发电机定子结构进行分析后，决定在原损坏的测温元件附近安装新的测温元件。新元件和旧元件的位置和工况条件非常相似，所测的温度只有极小的偏差。这样，该电厂的改造人员在一个多星期的紧张施工，顺利完成了改造工作，各项指标均达到了预期。改造后的发电机组定子测温数据稳定可靠，精度高，为电厂的安全生产和经济运行提供了可靠的保障。

思维启发

这个案例中，奥斯本检核表法得到了较好的应用。本案例使用的是第七问——能否调整。能否调整已有布局？能否修改既定计划？能否调整规格？……这些都是能否调整的设问方向。在传统认知下，你的方案走不通的时候，我们就该考虑下，能不能进行调整呢？就像这个案例中的，将原来的拆除后重装是我们的既定思维，但是这种情况不仅费时而且会存在安全隐患。那我们就换个角度去思考，去调整，跳出既定思维。当然，进行调整后，可能会有一些问题出现，你需要随之解决。比如，这里这个调整有可能造成温度有微小的误差，应该及时进行补偿，调整之后过程和效果应该都是比之前好的。

很多时候大家往往比较喜欢借鉴经验和靠着之前自己的认知来做判断，做事情。经验和认知固然重要，但是大家不妨多做做调整，没准有新天地呢！

有声小课堂 | 观看微课：案例分析之奥斯本检核表法：能否调整

和田十二法的应用

【案例 5-21】

安全带防护套

本案例中的安全带防护套由狼山供电所营业站 QC 小组设计。

低压班组一般使用型号为 DW1Y 的安全带，冲击重量 100 千克，结构通常为：围杆部分和围腰以及安全绳等。材质为红色化纤多股绳线编制构成，整体结构合理。特别是安全绳和杆体可能接触部位加装了护套，增强了安全系数。但是最主要的结构围杆部位却直接裸露，在使用中始终与水泥杆体、金属构件直接摩擦、钩、刮，安全带系数将随着使用频次的增加而急剧下降，不安全因素与日俱增。

为了解决安全带围杆部位薄弱，与杆体摩擦很容易磨损的问题，QC 小组想到一个解决方案：那就是通过增加安全带保护套来加固安全带（见图 5-15）。经小组研究决定，护套长宽尺寸为 15 厘米 ×7.5 厘米，符合安全带尺寸；布料采用耐磨帆布材质，正面采用古铜色布面并绘制“认真检查，确保安全”提示警句，背面采用醒目深红颜色，起到一种感官上的触动作用，护套结合部用拉链，便于拆装、更换、检查。

图 5-15　安全带防护套

安全带保护套加工制作完成后，在春查预试中进行了加装护套和不加装护套两条新安全带的对比试验，分别编制为 1 号和 2 号。

1 号安全带在春查预试结束后经检查外观完好，没有明显的磨损现象，只是整体略显陈旧，失去了新安全带的光泽；2 号安全带围腰部分完好，围杆带已磨损严重，被安全工作人员检查后淘汰。可见，加装保护套的可以减少安全隐患，提高经济效益，效果明显。

思维启发

在本案例中，应用的是创新方法里和田十二法的第一个一“加一加”。加一加是指在一件事物上添加些什么或者把这件事物和其他事物组合在一起来解决问题，达到我们想达到的目的。我们的思考方向可以是这样的：在这件事物上添加一些事物或者和其他事物组合在一起，行不行？能不能增高一些、加长一些、增厚一些？在这个案例中，通过在安全带上添加保护套来解决问题，达到我们想达到的目的，既提高了安全带使用频次，提高了施工作业人员现场安全意识，又保证了施工现场的全面安全。

有声小课堂 | 观看微课：案例分析之和田十二法：加一加

【案例 5-22】

电加热器在生活垃圾焚烧发电厂的创新应用

该案例来自山东郓城圣元环保电力有限公司曾勇发表在《能源与环境》杂志中的一篇名为《电加热器在生活垃圾焚烧发电厂的创新应用》。随着现代社会的高速发展，城市生活垃圾量迅速增长，表现出来的环境问题也越来越突出。现代化的垃圾焚烧厂开始逐步使用专业的焚烧炉，产生的热量既可用来产生蒸汽发电，解决了垃圾围城的问题，实现了能源的回收利用。目前，我国生活垃圾发电项目遍地开花，技术成熟，发展势头良好，已经进入规范发展阶段。

垃圾发电的过程是垃圾在垃圾坑进行存放发酵脱去异性水位后，送至焚烧炉，经过干燥、燃烧、燃尽，产生的热量用于加热水推动汽轮发电机组做功发电。按照《生活垃圾焚烧污染控制标准》GB18485—2014 中规定：生活垃圾焚烧锅炉应保证燃烧室出口烟气温度高于 850 度且停留时间大于 2s 才能保证燃烧过程中产生的二噁英被充分分解。而生活垃圾含水量高，灰渣量高，特别是在北方的冬、春季节，垃圾的热值低，气温低，为了保证燃烧温度稳定和烟气的达标排放，需要投入大量的油或者天然气去助燃。即使这样，也难以保证垃圾的充分燃烧，而且还会导致资源的浪费，降低发电厂的经济效益。有没有什么办法，既能节约燃油，保证垃圾的充分燃烧，又能达到烟气的排放标准呢？投燃油的目的是稳定燃烧，那还有没有别的方法可以稳定燃烧呢？通过了长期的探索和研究，作者发现：提高一次风的温度，不仅能促进锅炉的稳定燃烧，还能确保烟气达标排放。一次风的作用是干燥垃圾，并且提供垃圾充分燃烧和燃尽的空气。将一次风温提高以后，可以在少投燃油的情况下稳定燃烧，并且保证烟气的达标排放。如何来提高一次风温呢？作者又想到了用电加热器提高风温的办法。于是，他设计了用可控硅控制电加热器提高一次风的改造方案。电加热器采用可控硅控制，通过 PLC 与集控室 DCS 通信根据炉温的变化实现自动快速地调节锅炉燃烧温度，防止锅炉低温和超温而影响烟气排放指标和锅炉运行周期。

实践证明，虽然电加热器耗电，但是每天的发电量上去了，并且燃油量减少了，取得了很好的经济效益。用电加热器加热一次风温对于稳定垃圾焚烧炉的运行和确保烟气达标排放，特别是二噁英的达标排放和锅炉长周期运行具有创新和革命性的意义。

思维启发

在垃圾发电中，我们发现为了达到助燃和烟气排放标准，我们需要燃烧很多的燃油，这样会造成一定的浪费，如何来避免浪费提高经济效益呢？这就是要考虑的问题，我们需要把这个方式改一改，来减少或者避免这个弊端。这个案例中，作者就想到了用电加热器来提高一次风温这样的措施来达到消耗燃油同样的目的。同时对比改过以后，的确比以前的方法更经济，更好，这就是一个典型的和田十二法中的第六个——改一改的运用。把某样物品的一部分或者缺点不足一一减去来解决问题，达到我们想达到的目的。

很多时候，我们在工作、生活、学习中都会遇到一些不便，大部分人就会放任不管，大家都这样，那就这样吧。但是，其实多发现、多思考、多对比，你会发现有更好、更便利的方式。

有声小课堂 | 观看微课：案例分析之改一改：电加热器在生活垃圾焚烧发电厂的创新应用

【案例 5–23】

不停电换电表

大家都有过换电表的经历，当我们换电表的时候，一般是要断电的。什么时候换电表物业公司都会先出通知提醒广大业主，做好停电的准备，这给正常的生活用电带来一些不便，而这一问题在扬州将会得到解决。

国网扬州供电公司在全省首创推广“不停电换电表”模式，保证市民用好电、少停电。相比传统操作，“不停电换电表”模式中，电工通过一件小小的“专用插件底板”，就实现了更换过程不停电、不断电，还大大缩短了更换电表的时间。“过去一幢楼 12 户如果全部轮换电表，往往要 40~50 分钟，并且操作时全部停电，给居民带去不小麻烦。现在通过技术升级，不停电情况下换表只要 15~20 分钟，时间压缩了一大半。”国网扬州供电公司计量室专职人员王壮介绍。

除了给用户带来方便，不停电换表还有啥好处？国网扬州供电公司相关人士介绍，传统的停电换表方式对那些不能随意停电的电器设备，会带来严重后果。同时，传统方式更换电表步骤繁多、效率低下，导致耗时较长。

据了解，国网扬州供电公司将宝带新村列为全省首家“不停电换电表试点台区”。已为 800 多户居民实施不停电换电表，由于换表时不需要重新拆线、接线，也能更好杜绝箱内接线杂乱或者错接线的问题。这一模式也将在全市更大范围推广。

思维启发

这是更换电表方法的一种改变，因为原来的方法存在需要断电的缺陷，所以需要一种创新方法来消除这个缺陷。电力工作人员正是利用了这种创新方法达到了提高用户满意度，提高工作效率的目的。我们的生活和工作中，肯定存在很多不便或者有缺陷的方式方法，大家可以多发现、多思考，改变这些方式方法，让我们的生活和工作更加便利。

有声小课堂 | 观看微课：案例分析之改一改：不停电换电表

【案例 5-24】

无人机巡线

随着南方电网和国家电网对于无人机巡线的大力推广，一个以“机巡为主，人巡为辅”的线路运维模式正在全面形成。节省人工成本、提供安全系数和效率，是无人机巡线将逐步代替人工的必然逻辑。

我国电力行业长期依赖人工进行线路巡检的作业模式，如今显然已越来越不适应电力行业发展的需要。

根据有关统计数据显示，在传统的人工巡检场景，每 100 千米的输电线路巡检大致需要 160 个工时。这个数据意味着，如果想在一个工作日内完成 100 千米的线路巡检，需要的线路巡检人员是至少 20 位，效率之低下显而易见。

并且，在巡检人员对电线杆、高压导线、刀闸、铁塔、绝缘子、变压器等进行巡检时，主要以纸质形式记录巡检结果，这同时意味着作业时需要携带大量的资料，既对巡线人员的工作强度构成影响，同时也造成了后续的资料汇总和分析处理相当不便。

对于巡线人员来说，巡线工作的安全隐患也不容忽视！他们不得不面临很多高压输电线路架设在崇山峻岭甚至深山老林等极具风险地域的现实。

无人机电力巡线正是在这样的背景下诞生！

相比传统电力巡检方式，它可以在作业难度较大的崇山峻林和深山老林、江河湖泊之间轻松实现作业，不仅更加高效和更加安全，在作业精度上，也逐渐实现了跟专业摄像机相当的精度效果。那些用人工很难发现的线路受损部分，通过无人机空中巡视，可以清楚地进行研判。

无人机电力巡线带来的效率究竟有多高？

有测算显示，一架市价 20 万到 100 万左右的电力巡检无人机，每天可以完成的工作量与上百工人的工作量相当。10 多个电力工作者需要一整天才能修好的铁塔，无人机一小时就可以搞定。这意味着，无人机巡线可以极大地节省人工成本。

思维启发

在本案例中，将无人机巡线代替人工巡线，从而极大地节省了人工成本，提高了工作效率，所用的创新方法是和田十二法中的“替一替”。

和田十二法从十二个方面提供创新启示，一共由十二个“一”组成，相较而言，更通俗易懂，更便于推广。其中，“替一替”是用其他的事物或方法来代替现有的事物和方法，从而进行创新来解决问题，达到我们想要达到的目的。

有声小课堂｜观看微课：案例分析之和田十二法：替一替

【案例 5-25】

免扎布线瓶

湖北随州市曾都区供电公司何店供电所的罗万云是所里的“发明达人”，他发明的一种免扎布线瓶，可将 150 秒绑扎工序耗时降为 15 秒。

在一次户表安装工程中，罗万云发现接户线使用三沟瓷瓶绑扎特别耗时费力：两端需要 2 人拉线，中间 1 人绑扎，下面 3 人扶梯子，最少需要 6 人协作。长时间在高空作业，危险系数高，且单线调整非常不方便，瓷瓶也容易破损。有没有更简单的安装方法呢？

在成为电力工人之前，罗万云做过木匠，他想：“何不借鉴木工活里的榫卯结构，设计一种类似榫头加楔子加固的免扎瓶呢？”

说干就干！一周时间里，罗万云白天在外汗流浃背施工，晚上回到家就连夜画设计结构，用樟木头雕刻模型。功夫不负有心人！一周后，罗万云做出两套手工模具。经过 3 个月的反复试用和改进完善，最终将“免扎布线瓶”研制成功。

其操作方法非常简单，安装接户线时只需 3 步：放入导线、滑入卡销、用小锤轻敲卡固。以前传统三沟瓶双根绑扎需 6 个人费时 130 秒，工艺参差不齐。现在只需一人扶梯一人操作，15 秒就能完成，工艺统一美观。

“免扎布线瓶”试用成功后，在随州供电公司迅速得到推广，武汉高压研究所还做了“免扎布线瓶”的技术产品型式试验报告。

如今，免扎布线瓶越来越广泛地运用到国内户表改造工程当中。

思维启发

在本案例中，将木工中榫卯结构的原理应用于免扎布线瓶，从而极大地提高了工作效率，其所使用的创新方法是和田十二法中的“学一学”的应用。“学一学”是根据某些事物的结构、形状或学习某些事物的原理方法来解决问题，达到我们想达到的目的。

有声小课堂 | 观看微课：案例分析之和田十二法：学一学

【案例 5–26】

安全阀报警系统

该案例引自神华集团四川能源公司通口水电厂获得的一个国家实用新型专利。空气压缩系统在很多电厂中都有应用。压缩空气系统储气罐安全阀是气罐内部压力超过规定数值时释放内部压力，保证人身安全和设备安全的重要设备。改造之前的压缩空气储气罐中，当压力超过了设定压力值时，安全阀就会打开，释放出多余的空气，让压力下降下来。但是在这个过程中，气源机仍然在工作，也仍然在给储气罐供气。这样就出现了安全阀放气，但是仍然在进气的现象。这不仅造成了浪费，而且还有可能存在安全隐患，储气罐中的压力还有可能升高。

为了保证储气罐不超压，一般我们想到的就是将罐里的空气排出，除了排出，还有没有一些措施来进一步保证安全呢？现场人员就设计出了安全阀报警系统。当安全阀动作时，这时候已经代表储气罐超压了，当检测机构检测到排出的空气流量大于设定值的时候，就发出一个信号，让气源机停止工作，切断进入的气源。这样，既避免了超压的情况下还在进气的弊端，也提高了压缩空气系统运行的安全性。在实际应用中，效果也良好，为厂里强化安全管理、提质争效打下了坚实的基础。

思维启发

这个案例中，使用到的创新方法便是设问法里和田十二法里的第十一个——反一反。反一反运用的创新思维其实就是逆向思维，从已有事物的相反方向来进行思考。当储气罐超压的时候，我们惯用的解决问题的方法是把空气排出去达到降压的目的，那反过来呢，控制进去的空气是不是一样能达到降低压力的目的？当按正常解题方法走不通的时候，不妨反过来想一想，试一试，也许你会有新的发现。

当拉不开门的时候，何不推推试试？做事遇到瓶颈的时候，反过来想想也许走得通，在我们的工作和专业学习中，你有没有想不通或者走不通的困难呢？不妨反一反试试吧！

有声小课堂｜观看微课：案例分析之和田十二法：反一反

奇思妙想

训练一：超市购物车是我们日常生活中经常使用的购物辅助工具，你想过将它改造一下吗？让它更加方便我们的生活。请利用奥斯本检核表法，设计一种新型超市购物车，填写表 5-3。

表 5-3　　奥斯本检核表法训练表

检核项目	改造说明	新产品名称	创新说明
能否他用	将小型发电机放在购物车里，发电机在购物领域发挥了作用	发电购物车	购物车在移动过程中能够产生电能
能否借用			
能否改变			
能否扩大			
能否缩小			
能否代用			
能否调整			
能否颠倒			
能否组合			

训练二：我国是自行车大国，自行车几乎成为我们每一个人都会使用的出行工具，它体积小巧，方便停靠，还可以强身健体，同时绿色环保！但经常陪伴你的自行车有没有可以创新的空间呢？请利用和田十二法，设计一种新型的自行车，填写表 5-4。

表 5-4　　和田十二法训练表

检核项目	改造说明	新产品名称	创新说明
加一加	在自行车把两侧各加一枚小镜子	可后视自行车	自行车骑行过程中可以观察后方两侧的交通情况，提高安全性能
减一减			
扩一扩			
缩一缩			
变一变			

续表

检核项目	改造说明	新产品名称	创新说明
改一改			
联一联			
学一学			
替一替			
搬一搬			
反一反			
定一定			

训练三：某创业者欲在一所高校开一家超市，为了更好地经营他的超市，请你利用5W2H分析法，帮助他制订一个合理的经营策略吧！完成表5-5的填写。

表5-5　　5W2H分析法训练表

检核项目	具体问题	创新说明
WHAT	哪些物品是大学生最喜欢的？	私人订制或跑腿业务
WHY		
WHEN		
WHERE		
WHO		
HOW		
HOW MUCH		

增知提素

亚历克斯·奥斯本（Alex Faickney Osborn，1888—1966年），美国BBDO广告公司（Batten，Bcroton，Durstine and Osborn）创始人、前BBDO公司副经理，创造学和创造工程之父、头脑风暴法的发明人，是美国著名的创意思维大师，创设了美国创造教育基金会，开创了每年一度的创造性解决问题讲习会，并任第一任主席。其所著《创造性想象》的销量曾一度超过圣经的销量。

20世纪40年代，亚历克斯·奥斯本在其公司发起创新研讨。1953年和帕内斯教授在纽约州立大学布法罗学院创办了世界上第一个创造学系，开始招收创造学专业的本科生和硕士研究生。1954年，奥斯本作为布法罗州立大学的董事会成员，促成该校建立“创新教育基金会”。

1939年，奥斯本时任美国BBDD广告公司经理，他发现传统的商业会议模式会制约新创意的产生，为了激发更多新创意的产生，他提出了帮助激发创意产生的原则与方法，逐渐形成了“头脑风暴法”。“头脑风暴法”最初应用于广告创新，1953年成书进行推广，之后迅速闻名于世！

聚焦三：摆事实、讲道理——列举法

故事引导

巧妙说服

著名教育大师卡耐基曾经发生过这样一个故事——

卡耐基租用了纽约某饭店的舞厅，想用来作为讲课的教室。某一季度他突然收到了饭店的通知，需要他支付比原来高出3倍的租金才能够继续使用。卡耐基收到消息的时候，他的讲课入场券已经印发出去了，这个时候临时改变时间地点来不及了，另外，他也不想支付这么高昂的租金。

于是，卡耐基找到了饭店的总经理，对他说道：“先生，我非常理解你想要增加饭店收入的做法，但是我也有责任把你增加租金的利弊列出来！”说完，卡耐基便拿出了一张白纸，中间画了一条线，一边写着“利”，一边写着“弊”。他在“利”的一边写下：把舞厅租给别人，提高租金，的确能够增加收入。他又在“弊”的一边写下：第一，如果您坚持增加租金，我会另寻他处。如果您暂时找不到合适的承租者，您就会损失一笔收入；第二，我的课程会吸引很多受到良好教育的人士前来，这对您的饭店是个很好地宣传。事实上，您就是花费5000美元在报纸上登宣传广告，也无法像我的课程这样能够吸引这么多优秀人士来你的饭店。

卡耐基把纸交给了饭店经理就离去了。第二天，他收到经理的通知，通知他租金只涨50%，而不是300%。

思维启发

你有没有过这样的经历呢？当某一个选择题让你纠结许久，无法做出抉择时，你也会将事件本身的优缺点或者各种利弊罗列出来，好帮助你做出正确的选择。其实我们在进行这种行为时，就是创新方法里列举法的实践运用。

导师寄语

列举法是一种对某一事物的特定因素，比方说各种特点、各种组成部分、优缺点等，经过逻辑分析，将其所包含的各种内容全面详尽的一一罗列出来的一种方法。当我们对事物的各个方面的列举达到一定的数量时，有助于发现新的设想与创意。它可以帮助我们克服对不了解、不熟悉事物所产生的思维束缚，以及对熟知事物产生的惯性思维障碍，强制性的让我们对其进行重新观察与思考，由此引发创新。

在本章的学习中，我们要掌握列举法中最基本的三种方法——属性列举法、缺点列举法、希望点列举法的技法原理与实施步骤；能够通过方法训练，在不同的环境中，通过该方法找到创新方向。

理论启发

知识一：属性列举法

属性列举法也叫作特性列举法，通过对研究对象的特性进行详尽分析，将复杂的问题分解，然后进行逐项的思考，进而诱发创新型设想的一种创新技法。它是20世纪50年代美国布拉斯加大学教授克劳福德（R.P.Crowford）研究总结出来的。克劳福德认为：每个事物都是从另外的事物中产生或者发展而来的，一般的创新都是对旧事物改造的结果。所以要对研究对象的特点进行表述和改造，且改进的时候适当地吸取其他事物的特点，即要尽量详尽地列举研究对象的各种特征。属性列举法是最基本的列举方法，缺点列举和希望点列举都是在其基础上衍生出来的。

属性列举法的应用步骤如下：

第一步：确定研究对象。一般来说，要解决的问题越直观、越简单，属性列举法才越容易获得成功，这样的事物才容易进行特性的列举与分析，所以属性列举法比较适用于发明或改进一项具体的事物，尤其适用轻工业产品领域。基于此，我们在确定研究对象的时候，应趋向于选择小而专的领域，也就是说研究对象宜小不宜大，不要过于复杂或者庞大。

第二步：列举研究对象的特性。一般采用日本学者上野阳一提出的区分事物属性的三种方式，列举得越详细越好。

第一种属性：名词特性。即研究对象的构成部分、材料、制造方法等。

第二种属性：形容词特性。即你对产品所产生的各种感觉，比方说视觉、触觉、味觉、心理感受等。

第三种特性：动词特性。即产品的主要功能、作用以及辅助性功能、作用等。

第三步：分析各个特性。对比其他产品，寻求能够替代的各种特性对原产品进行置换，将新增特性与原特性进行综合，提出创意方向。

第四步：对提出的各种创意进行评价分析，选出能够满足人们需要或者能够解决问题的创意。

为了更好地理解属性列举法的方法实施要点，在这里我们对雨伞进行属性列举法的应用举例。

第一步：确定研究对象——雨伞。

第二步：列举研究对象的特性。

名称特性：

构成部分：伞布、伞骨、伞帽、领花、伞扣、弹簧等。

材料：伞布——涤纶、PG 布、尼龙、塑料等。

伞骨——木质、铝合金、不锈钢、铁等。

领花——蕾丝、塑料、金属等。

弹簧——碳素钢、合金等。

制作方法：机器加工、手工制作、3D 打印。

形容词特性：

颜色：常见色为黑色、印花。

外观：不折叠、两折叠、三折叠、双人等。

触感：硬、凉。

打开方式：手动打开、自动打开。

动词词性：遮阳、遮雨、装饰等。

第三步：分析各个特性。

根据所列举的特性，我们可以做如下思考，并考虑改进方向。

根据名称特性，我们可以思考：伞布的材料能否进行替换改变呢？加上驱蚊材料，就可以变成驱蚊伞布，加上各种香料，就可以变成花香伞布等；伞扣的结构能否改变呢？将伞扣做成挂钩式，遮风挡雨时还可以帮拎重物等。

根据形容词特性，我们可以思考：颜色能否改变呢？为了使雨伞变得多姿多彩，可以做成变色伞等；雨伞的温度能否改变？做成人类可以随时控制的温度可以吗？比方说可传热也可制冷；外观可以改变吗？可不可以做成肩背式的雨伞呢？解放人类的双手；打开方式也可以进行改进，使用语音声控式不是更方便吗？

根据动词特性，我们可以思考：鉴于目前所拥有的功能，雨伞功能能否增加呢？比方说雨伞共享等。

第四步：对提出的各种创意进行评价分析，筛选出目前的条件可以实现的创意进行实践。

知识二：缺点列举法

世界上没有绝对完美的事物，在不同环境中或者由于使用群体的不同，总会存在这样或者那样的缺点。缺点列举法就是利用事物的缺点与人们美好愿望之间的矛盾从而推进创新的一种方法，是有意识地将事物的缺点进行分析，提出改进设想的创新技法。

缺点列举法的应用步骤如下：

第一步：确定改造对象。

第二步：尽量列举该对象的缺点。为了能够尽量多的描述该对象的缺点，可以事先做好调查研究工作，可以利用头脑风暴法组织会议进行缺点讨论，可以广泛征求使用客户的意见，也可以对照其他类产品，对原产品进行对比研究。

第三步：分类整理各缺点。缺点列举法关键是要选择鉴别出有价值的缺点，再加以改造，缺点价值不同，改造的结果价值便不同。我国创造学者肖云龙根据缺点的不同价值做了深入研究，他认为缺点主要分为三类：关键性缺点、潜伏性缺点和逆向性缺点。怎么具体理解呢？

关键性缺点：一般来说，对事物功能的发挥有重大影响的缺点被视为关键性缺点。比方说保温壶的保温时长比较短的这个缺点，就要比这个保温壶的颜色容易褪色这个缺点严重得多，那保温时长较短就是保温壶的关键性缺点。关键性缺点在理解的时候要相对理解，比较对象不同，关键性缺点的标签也要变动。

潜伏性缺点：当下没有表现出来，但是潜伏在改造对象内部，会对其未来产生重要影响的缺点。比方说电灯的开关，长期使用会漏电有引起火灾的可能，也有触电的危险；电子产品对人体有辐射危害，长期使用会引起身体不适等。寻找和揭露潜伏性缺点比寻找事物的显露性缺点要困难很多，我们必须要用发展的眼光，对事物进行一定深度和广度的发掘才可以做到。但是一旦你找到了别人还未意识到的潜伏性缺点，再加以改进，你就抓住了先机，实现了创新性突破。

逆向性缺点：找到改造对象的逆向性缺点是创新思维逆向思维的正确运用。事物的矛盾性决定了事物具有两面性，针对改造对象缺点的列举，我们不一定采取改进的措施，而是从相反的方向考虑如何利用这些缺点。运用得当，在一定条件下缺点也可以向着有利的方向转化，变害为利、变废为宝。

北京有一家专门做雨伞的工厂。他们对传统雨伞做了一项颠覆性的改进——雨伞的伞骨上面没有一个金属零件，全部使用了塑料零件！这种雨伞在使用过程中非常脆弱，使用几次便会散架，牢固性远远比不上改造前的传统雨伞。可是，这种雨伞却受到了各大商场的青睐，原因就是它价格低廉。因为这些商场遇到了雨天总会提供一些温馨服务，免费赠送顾客雨伞。该厂家的这种价格亲民的雨伞正中他们的下怀，于是便大量购买，这家工厂的雨伞便不愁没有销路了。

上述案例中的改造雨伞与各大旅游区售卖的一次性雨衣有异曲同工之妙，既解决了游客的燃眉之急，同时因为价格优惠，人们用完一次扔掉也不觉得可惜。更多具体的运用技巧，在逆向思维章节中已经做了具体阐述，在这里就不再赘述了。

第四步：对列举出的各种缺点进行评价分析，确定方向并研究其改进方案。

知识三：希望点列举法

启智润心

美好的希望，是促使人们不断努力、不断拼搏的无形且巨大的力量！人类社会的许多重大发明也是基于人们的希望而被创造出来的。人类想要像飞鸟一样在天空中飞行，所以发明了飞机；人类想要去那遥远清冷的月亮上去看一看，所以制造了载人登月飞船；人类希望出行更加快速便捷，所以我们的交通工具得到了日新月异的发展，从汽车火车到轻轨高铁……希望，让整个世界变得动力十足，朝气蓬勃！

希望点列举法就是创新者以社会需要或者个人需要为出发点，通过对某一创造对象提出种种希望，沿着所提出的希望去进行创造的创新技法。与缺点列举法相比，希望点列举法是一种主动积极的创新技法，区别于缺点列举法的被动。为什么这么说呢？缺点列举法是围绕着现有事物的缺点提出改进的方向，我们的设想是离不开现有事物的，故称为被动型的创新技法；而希望点列举法可以根据主体的需要实现自由的想象，可以脱离现有事物的束缚，所以是一种主动型的创新技法，从这个角度来说，希望点列举法比缺点列举法适用的范围要广阔一些。

希望点列举法的应用步骤如下：

第一步：提出希望。可以是对某一现有事物提出希望，也可以是对未来的某一憧憬。

第二步：对提出的希望进行讨论研究。希望点总是很多，但不是所有的希望点都能成为创新的方向，这需要进行分析和鉴别，希望点不同，其成为创新课题的价值也不同。

我们在进行鉴别时，要考虑到不同人群的不同需求，学会从不同群体中间总结希望点，可以采取走访调查法来倾听各类的希望点；同时，要重视潜在希望与特殊希望的挖掘，潜在希望是指目前未被提出，潜伏在未来的希望与需求，特殊希望是指少数或特殊群体的希望与需求，比方说残疾人群体等。一般来说，潜在希望与特殊希望更容易取得创新的成果，但是挖掘的困难性要增强许多。

第三步：以选择的希望点为依据，创造出新产品来满足人们的希望。

有声小课堂｜观看微课：创新创业教育之列举法

专创融合

【案例 5-27】

变压器绝缘检测短接线

本次案例介绍狼山乡供电所 QC 小组研制的变压器绝缘检测短接线。

根据国网公司规定，每年春检时要对境内所有的变压器进行检查。而变压器绝缘电阻测量就是其中重要一项，能有效检查出变压器绝缘整体受潮、部件表面受潮和贯穿性的集中性缺陷。测量绝缘电阻需师傅登杆使用手摇式兆欧表测量。目前使用的手摇式兆欧表都是通过两条表笔与被测绕组、地相接，分别测得高压绕组对地、低压绕组对地和高低压绕组之间的绝缘电阻值。这样需要多次改变接线连接方式且多次测量，费时费力。测量绝缘电阻的操作看似并不复杂，却需要工作人员长时间工作，极大地减缓了整体检修进度。以一名熟练的检修人员为例，登上杆塔后，到完成整个测量工作，至少需要 30 分钟时间，又因供电所人员不足，每天检修的数量十分不理想（见图 5-16）。

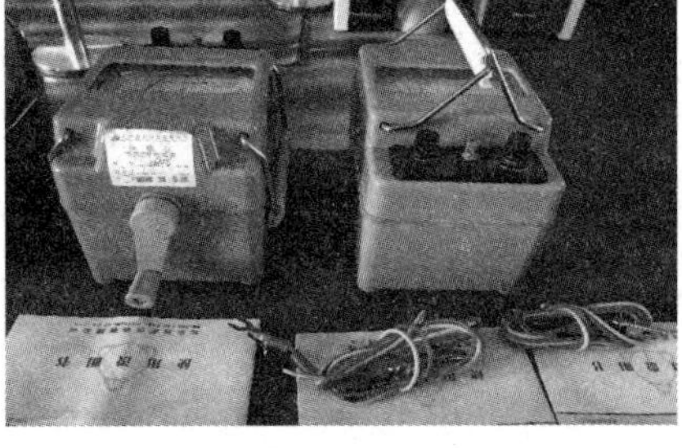

图 5-16　变压器绝缘检测短接线

据不完全统计，春检中超期完成工作计划的，原因除少数人为设备因素外，测量绝缘电阻而导致时间过长至少占八成以上。结合以上现状的调查，小组希望将测量绝缘电阻的时间减少至少二分之一。

为实现这个目标，QC小组从多方面列举出了导致操作时间过长的原因。通过分析比较，得出结论：在变压器无法改进和天气原因不可控的前提下，除去人员熟练程度等素质因素外，现有的摇表与变压器不相配，摇表接线线夹过小和需要多次测量是导致绝缘检测时间难以缩短的主要因素（见表5-6）。

表5-6　实践过程记录

因素	改善方法	改善可能	结论
变压器引出端子过大	变压器由出厂家生产，需联系生产厂家改进	无法改变	非要因
摇表接线线夹过小	接线线夹更换为其他固定元件	可以改变	要因
测量需长时间迅速动摇把	减短摇动时间，但可能会导致测量不准	可以改变	非要因
纯手动操作，体力消耗大	提升业务能力，加快工作效率	可以改变	非要因
测量需多次改变接线，多次测量	改进测量方法，减少测量次数	可以改变	要因

针对摇表接线线夹过小，小组成员通过讨论并汇总各种可能的对策，决定采用铜线连接大号的铜线夹代替原有接线的方案。

针对改进测量方法、减少测量次数这一问题，小组成员从测量原理入手，查阅资料发现绝缘电阻测量原理如图5-17所示。针对这一原理，小组成员提出将低压绕组和变压器外皮接地短接，即可一次完成变压器绝缘检测。

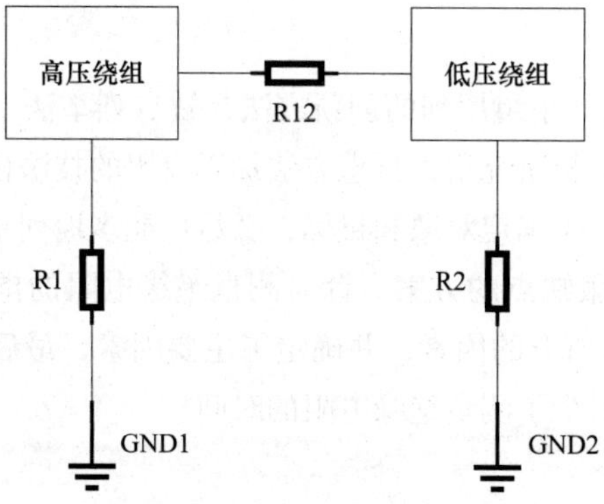

图5-17　测绝缘电阻的原理

制作完成后的成品分为两个部分：手摇式兆欧表和绝缘检测短接线。为避免给操作人员增加负担，接线部分使用一根 2.5 平方毫米的软线，长度以略长于变压器低压接线柱间距，方便操作（见图 5–18）。线夹采用金属铜制作，可以牢固地夹住地接线柱，且拆装方便，使检测人员可以双手使用兆欧表，提高了稳定性（见图 5–19）。

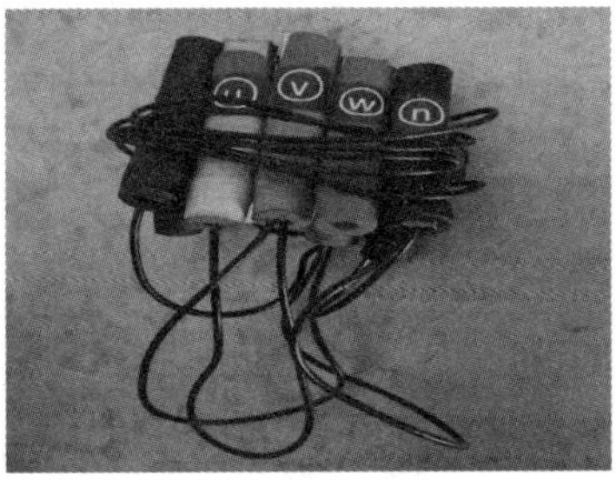

图 5–18　绝缘检测短接线

图 5–19　绝缘检测线使用方法

使用时，先将线夹分别与低压绕组的 U、V、W、N 接线端子固定，然后另一端与变压器接地螺丝处相接。此时以 120 转 / 分的转速摇表进行测量，约 1 分钟后，指针稳定，即可读取数值，同时记录下温度。根据温度换算后，依照《规程》判断是否有绝缘损坏问题。

小组成员对使用常规方法和新研制的绝缘短接线进行了对比试验，由 10 名检修人员分别使用常规方法与绝缘检测短接线。

测绝缘电阻和使用绝缘短接线测量绝缘电阻，从实验结果可以看出：新工具的引入能有效减少测量绝缘电阻的时间，且基本可以减少 60% 以上，完成预期的目标。

思维启发

在这个案例中，QC 小组用到的创新方法是缺点列举法。通过对某个事物的具体缺点进行列举，经分析研究后，再想方法加以克服的技法称之为缺点列举法。操作步骤分为以下几步：①确定对象和目标；②尽可能多地列举缺点；③分析确定主要的缺点；④提出克服缺点的方案。针对测量绝缘电阻的操作时间过长的问题，QC 小组成员列举出了所有的因素，并确定了主要因素，最后针对主要因素提出了解决方案，最终有效减少了测量绝缘电阻的时间。

有声小课堂 | 观看微课：案例分析之缺点列举法

奇思妙想

从以下物品中任选一种（不限于以下物品），选用一种列举方法对其进行创新性改造，完成列举法训练表格（见表 5-7~ 表 5-9）。

书包、钢笔、汽车、杯子、台灯、自行车、游泳池……

表 5-7 属性列举法训练表格

改造对象	特性列举		属性替代	方案选择
	名词特性			
	形容词特性			
	动词特性			

表 5-8 缺点列举法训练表格

改造主体	缺点列举		如何改造	方案选择
	关键性缺点			
	潜伏性缺点			
	逆向性缺点			

表 5-9 希望点列举法训练表格

改造主体	希望点列举		如何改造	方案选择
	人群不同需求			
	特殊人群需求			
	潜在需求			

提知增素

“康师傅”的问世

“康师傅”方便面是坐落在天津经济开发区内的一家台资企业，投资者大多是台湾彰化县人，在台湾生产工业上使用的蓖麻油，其实对食品产业并不熟悉。

起初在大陆做投资的时候，他们并不知道做什么是最恰当的，于是在大陆开始进行实地考察。经过调查，他们发现：改革开放之后的中国大陆，经济发展迅速，人们的生活节奏日趋加快，对方便快速食品的需求很大。于是，一个新创意涌现出来——为了适应大陆快节奏的生活，可以在快餐食品上寻求发展机遇！

这些投资者将传统食品的缺点以及人们对新的饮食方式的希望一一列举出来，最后决定以开发新口味的方便面作为发展方向。经过对大陆人饮食习惯和口味要求之后，在“大陆风味”上下了一番功夫。另外，他们还采取了“试吃”的方法来研究“康师傅”的配料和制作工艺，直到有一千人试吃之后表示满意，他们才最终确定了“康师傅”的各种风味。

对于品牌名称，他们也下了一番功夫。他们列举了很多品名，也淘汰了不少想法，最后决定使用“康师傅”这个品牌，因为“师傅”这个称呼包含了人们对专业人士的尊敬；“康”则寄予了人们追求食品健康、生活质量的希望。

经过前期的一番调查实践，“康师傅”一经问世，很快便在大陆地区风靡开来，占据了方便面市场的领导地位！

飞机的发明

从古代开始，人们就希望自己能像鸟一样在天空中翱翔，因此很多人为了这个梦想前赴后继，甚至有的人献出了宝贵的生命。

最早发现飞行原理的是英国人乔治·凯利，他认为：要把空气重的物体升上天空，必须吸引或者推动周围的空气。空气的运动穿过物体的翅膀，当空气穿过翅膀的上下表面时，两面产生了不同的压强，因而产生了在飞行中支撑物体的力，凯利称这种力为“升力”。1853 年，凯利制成了第一架带翅膀的载人滑翔机，但是只飞行了几百米。之后德国的利林塔尔兄弟也制造了自己的翅膀，从高处向下滑行，但是失败了。19 世纪 70 年代，利林塔尔兄弟制造了有 3 对机翼的滑翔机，1895 年，他们改进的滑翔机能够飞行三百多米，但是不幸的是利林塔尔在一次试飞中失事去世，为飞行事业付出了生命的代价。直到 19 世纪末，滑翔机技术越来越成熟，这为莱特兄弟研制飞机打下了坚实的基础（见图 5-20）。

莱特兄弟是美国俄亥俄州代顿市人，十分热心飞行研究。1900 年，莱特兄弟制造了自己的第一个滑翔机，从 1900 到 1902 年，先后进行了 1000 多次的飞行试验，获得了大量的实践数据。1903 年，他们在滑翔机

图 5-20 飞机的发明

上安装了当时最先进的汽油活塞发动机，又制作了细长的螺旋桨，这样，一架以轻质木料为骨架，帆布为基本材料的双翼飞机研制成功，他们将其命名为“飞行者”号。1903 年 12 月 7 日，“飞行者”号试飞，在 12 秒内飞行了约 35 米，飞行高度为 3 米多。虽然试飞时间很短、飞行高度有限，但它却开辟了人类航空科学技术的新纪元！

聚焦四：学会“交朋友”——组合法

故事引导

集成文具的发明

玉村浩美是日本普拉斯文具公司的一位职员。普拉斯文具公司由于经营不善，已经处于破产的边缘。玉村浩美为了解决公司的困难，她想到了以“文具组合”的形式来售卖公司的文具产品。她的“文具组合”其实制作出来很简单——把尺子、透明胶带、卷尺、小刀、订书机、剪刀、胶水这七件小文具装在一个盒子里。

公司的董事会在研讨玉村浩美的这个建议时，主要有两种不同的意见。一种意见为：本来分散的小文具经过组合之后，一下子可以销售出去七种文具，一定会增加销售额；另一种意见为：如果购买者只是需要购买一两种文具，不见得会购买七种文具，毕竟有几种是不需要的。

但是由于玉村浩美的这个方法实施起来并不耗费太大的成本，公司决定试一试。没想到的是，“文具组合”一经面世，便成了热销产品。原因是人们在使用这些小文具时，经常会因为随手乱丢而到用时反而找不见了，而“文具组合”让七种文具各就其位，会减少使用时随手乱丢的现象，更何况“文具组合”的确也不昂贵。

普拉斯公司从 1985 年开始销售“文具组合”，在短短的 16 个月内，竟然销售了 340 万个，于是公司摆脱了经营困难。

思维启发

通过“文具组合”的发明案例不难发现：当各种文具分散在各处的时候，它的使用价值不过就是文具本身的价值，当把七种文具组合在一起的时候，不仅仅是把七种文具的使用价值组合到了一起，它还拥有了另外的价值——保存价值。这个时候，顾客的购买心理便从“想使用”上升到了“想拥有”，这就是“文具组合”畅销的原因所在！当人们总在考虑分散利用的时候，如果你想到了“组合”利用，就会产生意想不到的收获——这便是“组合法”的价值所在。

导师寄语

组合法在人类的创新实践活动中利用非常广泛。据统计：在现代技术成果中，约有 60%~70% 的创新发明是利用组合技法得出的！通过本章节的学习，我们应该明确组合法的基本运用类型、主要组合方法的运用步骤与要点，通过学习能够在创新活动中运用组合法进行实践。

理论启发

知识一：感知组合法

有人对 1900 年以来的 480 项重大创新成果进行了分析，发现从 1950 年之后，原理突破性成果的比例开始降低，而组合型发明开始成为技术创新的主要方式。爱因斯坦说过：“组合作用似乎是创造思维的本质特征。”组合能够带来大量的创新成果，刚才的数据分析就是强有力的论证之一。开拓某一项新技术、发明某一种新方法需要先进的技术支撑，需要大量的实验实践铺垫，几代高精尖人才前赴后继才有可能出现。组合法可以在现有技术方法的基础上经过巧妙的移植、融合从而产生新的发明与革新！大到影响到我们的国家基础建设的组合，小到我们的日常生活，由组合而诞生的新产品随处可见。

组合法就是将两种或两种以上的事物进行有机的结合，从而获得具有统一整体新事物、新方法或新技术的创新技法。这里的组合不是简单的事物数量的叠加，在结合的过程中每个事物发挥的作用要相辅相成、优势互补，不仅要量变，更要质变，要真正发挥出 1+1>2 的功效才可以。

在运用组合法时不是所有的事物的叠加都可以达到 1+1>2 的功效，在这里共有三种不同的功能效应。

第一种：雾效应。也叫作零效应，即表现出 1+1=2 的组合功效。如果只是两种以上事物的简单叠加，并没有实现更强大的功能作用，或者帮助我们更好地解决现实问题，这样的组合就是零效应组合。创新实践者要充分挖掘组合事物的功能作用，更要注重将多个事物组合起来的方式方法，将他们进行有机地组合，而不是简单的拼凑。

第二种：负效应。也就是无机组合，表现出 1+1<2 的组合功效。在这里组合在一起的事物不仅没有体现出优势互补，反而降低了组合的使用功能。中国传统故事《三个和尚》就是无机组合的典型例子。三个和尚互相推诿，谁也不去取水，结果导致大家都没水喝！这个组合非但没有发挥出人多力量大的优势，反而由于责任不清、分工不明，导致了组合功能下降。所以，成功的组合一定是合作双赢、目标一致的。

第三种：正效应。也就是有机组合，表现出 1+1>2 的组合功效！这是我们运用组合法所需要达到的目标值，多种事物组合在一起发挥出“单兵作战”所不能具备的功能作用。能够被人们所利用的、具有使用价值的组合产品一定都是正效应的组合运用，比方说：芝麻 + 黄糖 = 芝麻糖；中药 + 药膏 = 药物牙膏；着色剂 + 白玫瑰 = 蓝色妖姬等。

启智润心

更为明显的案例便是“互联网 +”行动计划，“互联网 +”简单地说就是“互联网 + 传统行业”的简称。随着互联网、云计算、大数据、物联网等技术的发展，使互联网与传统行业进行深度融合，利用互联网具备的优势特点，创造新的发展机会。“互联网 +”通过其自身的优势，对传统行业进行优化升级转型，使得传统行业能够适应当下的新发展，从而最终推动社会不断地向前发展。目前，互联网与制造业、教育、医疗、金融等等领域正在不断组合升级，它代表一种新的社会形态，代表着巨大的创新力与生产力！

知识二：组合法基本类型

第一种类型：同类组合。把相同的或者相似的事物组合在一起，通过数量的叠加，来弥补原来事物的缺点不足，或者实现新的功能、产生新的意义。在这里我们需要注意以下几个关键点：

（1）组合在一起的事物属于同一类事物，完全不相同的事物或者不同领域的事物叠加在一起的不属于同类组合的范畴。

（2）组合在一起的事物其原本的结构原理、功能意义没有发生本质性的变化。

（3）组合完成之后产生的新功能和新意义是单独事物存在时所不具备的。

你能说出下面的物品都是什么事物的叠加组合吗？

图 5-21 显示的物品是我们生活中常用的剪刀，剪刀便是同类组合的典型应用，即刀 + 刀 = 剪刀！

我们再来看比较复杂的同类事物组合。图 5-22 显示的物品为瑞士军刀，其又被称为万用刀，因为最早配备给军方使用而得名。它将许多工具附加在一个刀身上，形成万能的折叠小刀，能够实现多达 30 种工具的功能组合。

图 5-21　剪刀

图 5-22　瑞士军刀

第二种类型：异类组合。将多种不同种类的事物进行组合，从而形成新事物的组合类型。异类组合不是事物数量简单叠加，而是需要创造者从整体上把握事物的本质和规律，组合在一起的事物也能够取长补短，紧密团结在一起，实现更大的功能。需要注意的关键点是：

（1）组合在一起的事物不属于同一类事物，他们来自不同的领域与方向。

（2）组合在一起的事物其原本的结构原理、功能意义已经实现了相互的渗透与互补，成为一个新整体，与事物单独存在时相比，变化较为显著。

图 5-23 显示的物品为交互式电子白板，也可称为智能教学一体机。交互式电子白板由加拿大 SMART 公司率先进行研发，我国巨龙科教公司于 2001 年推出国内第一块交互式电子白板。交互式电子白板由硬件电子感应白板和软件白板操作系统集成，核心组件由电子感应白板、感应笔、计算机和投影仪组成，其也支持复印功能。将电子白板直接与打印机连接，通过特定的白板笔进行板书，需要打印时，只需按下面板上的打印键即可实现彩色或黑白打印。该产品集传统的黑板、计算机、投影仪等多种功能于一身，改变了传统会议或者教

图 5-23　交互式电子白板

学进程模式，使用起来非常方便。

第三种类型：重组组合。不改变事物的形态结构，只是改变事物内部结构要素的次序，再按照新的目标对事物进行重新组合的组合类型。需要引起注意的关键点如下：

（1）重组组合不需要添加任何其他事物，而是在同一个事物的内部进行。

（2）重组组合要将原事物内部打乱进行重新组合。

（3）组合完成之后要产生新的功能或实现新的意义。

请看生活中经常出现的重组组合的实例。

图 5-24　七巧板

图 5-24 为小朋友们经常玩耍的智力玩具七巧板。顾名思义，七巧板是由七块板简单组成的，而就是这七块板却可拼成 1600 种以上的图形图案。18 世纪，七巧板传到国外，立刻引起外国人的极大的兴趣，称它“唐图”，即“来自于中国的拼图”。

图 5-25 为两款组合家具。随着家居家具的不断升级，家具已从过去单一的实用性转化为装饰性与个性化相结合，因此家具不再是单一形态，而是可变化的，就像玩积木那样，变成了可拆可变的组合家具！

组合家具就是重组组合变化的代表，它“化整为零”，将整个家具化解为一块块简单的构件，这些构件便可实现多种造型组合变化，给人耳目一新的感觉（见图 5-26）。

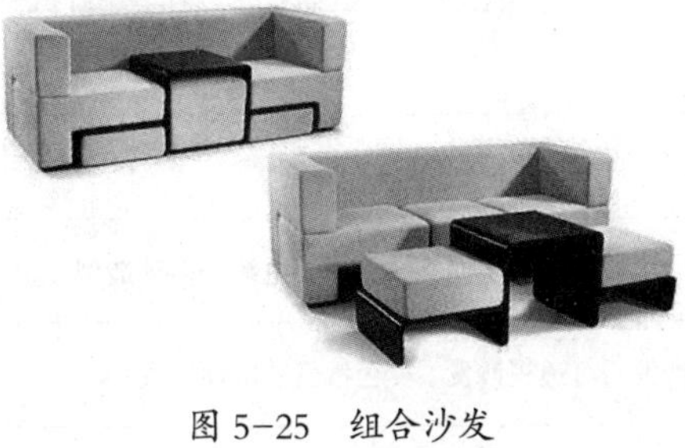

图 5-25　组合沙发

图 5-26　组合桌椅

有声小课堂｜创新创业教育之感知组合思维

知识三：几种常用的组合法

第一种：焦点法。焦点法是组合法的典型技法之一，是创新思维中强制联想和自由联想的综合运用。焦点法要以待解决的问题为焦点，另外选择一个事物为刺激物，通过刺激物与焦点之间的强制联想来获得解决问题的新设想或新方案。在具体的实践过程中，我们还会运用发散思维与收敛思维来帮助我们进行方案的设想与选择。

为了更好地利用焦点法，我们可以根据焦点法的具体操作步骤来进行创新实践。

第一步：确定主体，选择焦点。这是运用焦点法的首要环节，要明确待解决的问题，即我们研究的核心是什么。

第二步：选择刺激物。这一步骤对刺激物有所要求，我们一定要选择内涵相对丰富、特征鲜明的刺激物，这样才能更好地激发创新灵感。

第三步：对刺激物的特征进行提取。这需要运用发散思维进行多方面、多角度的寻找，将刺激物的特征尽可能提取到全面。

第四步：把焦点与刺激物的各种特征进行组合，提出各种可能的设想。

第五步：利用收敛思维，在所有可能的设想中选取最佳的解决方案，选用原则以实用性、先进性和新颖性为主要原则。

案例引导——设计一款沙发，刺激物为灯泡！

基于此，方法步骤里的前两步我们已经完成，焦点即沙发，刺激物即灯泡。具体的引导步骤见表 5-10。

表 5-10　焦点法步骤

步骤	主题	具体内容
第一步	确定焦点	设计一款沙发
第二步	确定刺激物	灯泡
第三步	提取刺激物特征	可以照明、玻璃材质、散发不同光线、需要电源、多种造型
第四步	特征组合	自带照明灯的沙发、可透视沙发、变色沙发、电动沙发
第五步	方案选择	设计一款可透视沙发

表中的具体内容部分只是作为引导放置在这里，真正在做创新实践的过程中，对刺激物的特征提取需要再做进一步的发掘；焦点与刺激物的各种特征进行组合时需要更加大胆进行创新性设想与实践。

如图 5–27 所示，在进行焦点法实践时，需要注意的是焦点与刺激物特征的组合不一定是两两组合，可以形成多项组合，组合之后还可以进行进一步的联想，比方说刚才的可透视沙发，我们也可以再结合自带照明这个特征，形成自带照明系统的可透视沙发不是更好吗？所以不要只停留在当下，还可以再完善、再发展！

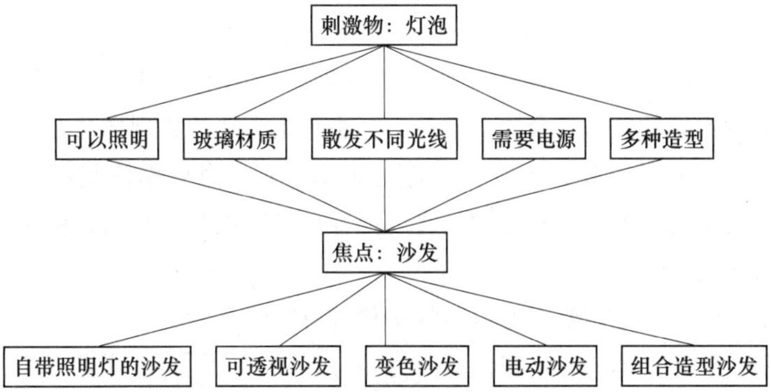

图 5–27　焦点法示例图

有声小课堂 | 观看微课：创新创业教育之焦点法

第二种：信息交合法。

【案例 5–28】

许国泰的“思维魔球”

1983 年，在中国广西召开的首届创造学研讨会上，日本的创造学家村上幸雄走上主席台，拿出一把回形针，问听众能够找到多少种回形针的用途。片刻，在场的学者纷纷发言，不一会儿就说出了三十多种回形针的用途，可是村上信雄却说他自己可以找到三百种。大家都很震惊，许国泰这时递上来一个条子，条子上写道：他能够证明曲别针有 3000 种用途！根据他的论证，曲别针由于相同的重量可以做各种砝码；作为一个金属物，可以和各种酸类及其他的化学物质产生不知道多少种反应；曲别针可以变成数字、可以变成英文、拉丁文、俄文字母，天下所有语言能够表达的东西，它都可以表达。此外，曲别针是金属还可以导电；在艺术中，把它绷直了，可以起到琴弦的作用；它还可做夹子、绳索、挂链、项链等，这些加起来可不止 3000 种的用途！

之后，他提出的这个方案后来就被称之为“思维魔球现象”。

思维启发

上述案例中许国泰的“思维魔球现象”可以将简单的事物开发出巨大的潜能，就是我们要学习到的信息交合法。信息交合法是组合法的典型技法之一，是创新思维中发散思维的具体运用，需要把思考对象的所有信息要素按照不同类别进行分解，每一类要素就作为一条坐标轴，之后把各种坐标点结合起来，从而产生新事物的组合创新技法。

信息交合法的运用需要遵循以下的步骤进行实践运用：

第一步：明确主体，确定我们的研究中心。

第二步：确定主体的各种信息要素，开始设定标线数量，最好按照信息要素的类别设置标线，类别不同则标线不同。

第三步：利用发散思维，具体分解各类信息要素，尽量做到全面详细。

第四步：各条标线形成的坐标轴信息组合，产生大量新信息。

第五步：确定最佳方案，以实用性、先进性和新颖性为主要原则。

案例引导——设计一款杯子！

步骤见表 5-11。

表 5-11　信息交合法步骤

步骤	主题	具体内容
第一步	确定主体	设计一款杯子
第二步	设定标线数量	四条标线：部位、材料、情感、功能
第三步	标线上注明分解要素	部位：杯口、杯底、杯耳、杯壁等 材料：陶瓷、塑料、玻璃、水晶等 情感：亲情、友情、爱情等 功能：保温、制造浪漫、携带方便等
第四步	各坐标轴的信息组合	水晶材质的、心形杯耳的情侣杯等
第五步	方案选择	心形杯耳水晶情侣杯

如图 5–28 所示，信息交合法是发散思维的具体运用，其突出的优势是将凌乱的、无序的各种信息变得清晰且有序，可以帮助我们在运用发散思维的时候可以按照事物应有属性的各个方向进行全方位的思考。

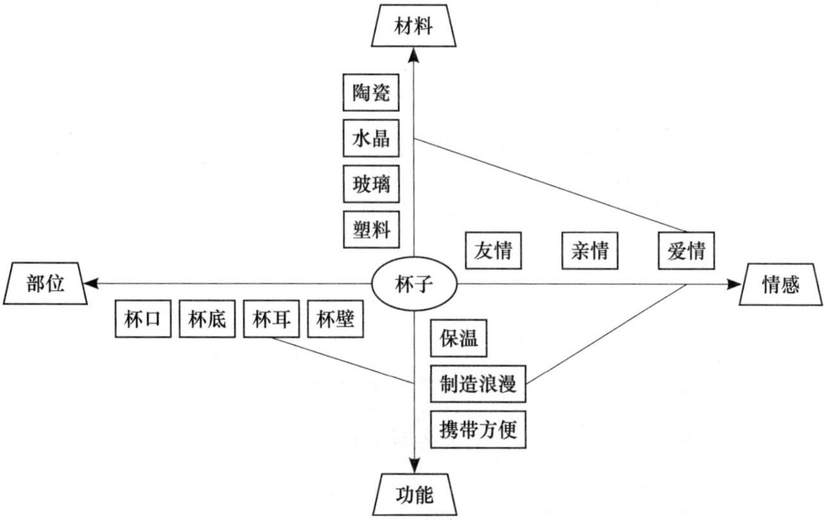

图 5–28　信息交合法示例图

有声小课堂 | 观看微课：创新创业教育之信息交合法

第三种：形态分析法。形态分析法由瑞士天体物理学家兹维基首创，是组合法的典型技法之一。是将需要解决的问题分解为相互独立的要素，找出每个要素可能的形态，然后将各要素和形态进行组合，最后找到解决方案的实践过程。

运用形态分析法的方法步骤如下：

第一步：明确主体，明确待解决的问题。

第二步：对主体进行类别分析，这是形态分析法的重要环节。类别分析就是对主体的组成部分或者存在形态进行分类整理，在整理时需要注意以下两点：第一，对主体的分类逻辑上要相互独立，界限分明；第二，类别要尽量全面，越多越好，越详尽越好，一定不要缺漏主体的主要部分。

第三步：对整理好的各类别进行形态分析，尽可能列举出要素的全部形态。

第四步：各类形态进行组合，列举出所有的组合方案。在进行方案组合的时候，我们可能会出现一些离奇、不可思议、甚至觉得是天方夜谭的方案，但是这些离奇、不可思议、天方夜谭的方案可能就是你独特创意的雏形，所以一定不要轻易地否定任何一个可能性。

第五步：确定最佳方案，以实用性、先进性和新颖性为主要原则。

案例引导——设计一款情侣衫！

步骤见表 5–12。

表 5–12　　形态分析法步骤

步骤	主题	具体内容
第一步	确定主体	设计一款情侣衫
第二步	对主体进行分类整理	颜色、图案、质地、款式……
第三步	进行形态分析	颜色：白、灰、红、黑、粉、卡其 图案：动物、植物、卡通人物、明星、情侣照 质地：纯棉、莫代尔、雪纺、麻、真丝 款式：连帽、T 恤、衬衫……
第四步	形态组合	从理论上讲，可组 6×5×5×5=750 种方案
第五步	方案选择	一款红色带情侣真实头像的纯棉圆领 T 恤

形态分析法的优势是引导人们对待解决的问题进行深层次多方面多角度的思考，避免主要问题或者必要问题的遗漏。

有声小课堂｜观看微课：创新创业教育之形态分析法

第四种：主体附加法。主体附加法是以特定对象为主体，通过添加另一附属事物，促使主体功能增加或性能改善，来实现创新的组合技法。

请看图 5–29，你知道这是什么东西吗？这是一款导电塑料，由白川英树教授在实验中发明！众所周知，塑料是绝缘体，但白川教授将其变成了像金属一样导电的塑料。他是怎么做到的呢？他在聚乙炔塑料薄膜内加入碘、溴这些原料，其电子状态就发生了变化，聚乙炔就能像金属那样具有导电性。白川教授还因此在 2000 年获得了诺贝尔化学奖。这一发现推动了世界 IT 产业的发展，为轻质电池和手机显示屏的发展开辟了更广阔的前景！

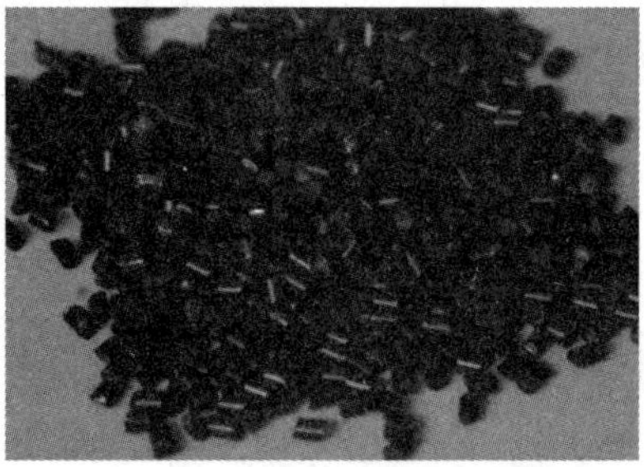

图 5–29　导电塑料

白川教授以聚乙炔这种材料为主体，添加

了碘、溴等附属物，创造出了新型的导电高分子材料，这便是主体附加法的具体应用，可见合理使用组合法，可以促进创新发展的进程！

主题附加法共有两种形式：一种是不改变主体结构，只在主体上附加其他要素；另一种形式是对主体结构做适当改变，使主体与附加物能更好协调运作，提高整体性能。上述导电塑料就是第一种形式的应用，并没有改变聚乙炔塑料的物理结构，只是在其现有基础上添加了碘、溴等材料，从而产生了新功能。

我们在运用主体附加法时可以遵循以下步骤，能够帮助你更好地使用该方法。

第一步：明确主体，确定附加的目的，这是奠定我们创新的方向。

第二步：通过缺点列举法，分析当前主体的缺陷，也就是说目前的主体哪方面不能够满足你的需求。

第三步：通过希望列举法，列举你想要实现的愿望。

第四步：综合以上三个步骤，明确或者具化你想要实现的目标是什么。

第五步：根据你想要实现的愿望，去广泛寻找能够辅助你实现目标的附属物。

案例引导——设计一款多功能手表！

步骤见表 5-13。

表 5-13　　主体附加法步骤

步骤	主题	具体内容
第一步	确定主体附加目的	手表功能单一，想拥有一款多功能手表
第二步	缺点列举	不能计时、不能指示方向、不能显示温度
第三步	希望列举	能够计时、能够指示方向、能够显示温度
第四步	明确附加目的	一款拥有时间、方向、温度提示功能的手表
第五步	确定附属物	秒表、指南针、温度计

在主体附加法的运用过程中，第二个步骤和第三个步骤我们运用到了缺点列举法和希望点列举法的相关内容，可见一个创新过程是创新思维与创新方法综合运用的过程，我们在进行创新实践的时候是不能将其严格的割裂开来的。同时，无论使用哪种创新方法，都不是只凭借各种新奇想法就可以实现的，这都需要得到更高的技术方法的支持，都需要我们再去做研究，需要我们不怕困难、勇于实践的精神才可以成功！

有声小课堂｜观看微课：创新创业教育之主体附加法

专创融合

【案例 5-29】

组合的绝缘棒

这个案例同样来自张家口供电公司怀来县狼山乡供电所 QC 小组。这是怀来县狼山乡供电所 QC 小组在工作中遇到问题然后通过创新解决问题并取得良好效果的另一个例子。绝缘杆是一种专用于电力系统内的绝缘工具组成的统一称呼，可以用于带电作业、带电检修以及带电维护作业的器具。但是，在巡线和处理事故的过程中，总有一些意外情况出现：遇到高处的树障和鸟窝的时候需要清除掉；在夜间排除故障的过程中也会有因为现有的绝缘棒没有照明设备而不能使用。这些意外情况的发生有可能导致工作效率的降低，达不到及时送电的效果，由此难以保证用户的满意度。

有没有更合适便捷的工具让工人工作中不必爬上爬下，当夜间去排除故障的时候也能使用呢？这样就能大大保证工作效果和提高工作的安全性。狼山乡供电所 QC 小组就想到了能不能以绝缘棒为主体，将需要的工具和功能组合到一起呢？于是他们经过了调研，定出了要制作出集停送电、验电、照明、带电测量、带电旋紧螺母、修剪树木、清理线路搭挂异物于一体的多功能绝缘杆的目标。

通过多次的调研和试验，他们在绝缘棒上加装了验电装置，制作了剪树器，搭建了照明线路，还加装了能清除线路异物的叉钩，并设计了规范化的工具盒装这个“组合新工具”。这样的组合新工具，达到了大家想要的组合效果：具有验电功能；能适应大雾和夜间操作；能修剪高处的树木，能够快速准确地清除点线路上的搭挂物和鸟窝等（见图 5-30 和图 5-31）。

图 5-30　组合工具盒

图 5-31　新型绝缘杆

应用实践也表明：这个组合工具使用，每次操作能节约10分钟时间，这不仅提高了供电的可靠率，也为夜间故障排除节约了时间，降低了危险系数。

思维启发

这个案例是从组合思维角度出发，将现有事物和其他事物进行组合，这里主要是各种工具的功能组合。这就是组合法！案例中，QC小组的成员因为在工作中遇到了很多不便，因此萌生了要设计和制作一个集各种功能为一体的多功能工具。在这个基础上，有了以绝缘棒为主体，将其他工具跟它组合的想法。这样做，达到了1+1>2的巨大作用。当然，不是所有的实物都适合组合，组合以后的事物是需要比以前更便捷更有效，如果说组合后衍生出更大的问题，那就不符合我们组合1+1>2的目的了。

有声小课堂｜观看微课：案例分析之组合法

【案例5-30】

风光互补型路灯

目前我们生活中比较常见的是太阳能路灯，以太阳能转换提供电能，节能绿色环保，而且无须电缆，不受位置限制，安装方便。但如果天气条件是连续的阴雨天气，太阳能路灯可能无法正常供电。此时，采用风光互补路灯无疑是一个非常好的选择（见图5-32）。

风能和太阳能一样，是一种绿色能源，而且两者具有互补性。夜间和阴雨天无阳光时由风能发电，晴天由太阳能发电，在既有风又有太阳的情况下两者同时发挥作用，实现了全天候的发电功能，比单用风机和太阳能更经济、科学、实用。其继承了太阳能路灯优点，同样节能绿色环保，安装方便，又很好弥补了因为连续的阴雨天导致太阳能路灯无法正常照明的弊端。

图5-32　风光互补型路灯

思维启发

在本案例中，因单一使用太阳能路灯在连续阴雨天时存在弊端，为了弥补这个不足，实现在连续阴雨天时也能正常供电，于是将风能和太阳能的应用组合到一起，两者互补，功能渗透，提高了整体的性能。风光互补型路灯正确运用了组合思维，使用的是其中的异类组合方式。组合思维是把多项貌似不相关的事物通过想象加以连接，从而使之变成彼此不可分割的新整体的一种思考方式。异类组合是将两种或两种以上不同领域的技术思想或不同功能的事物组合，取长补短，从而产生新事物。

有声小课堂 | 观看微课：案例分析之组合法：异类组合

奇思妙想

训练一：有没有想过将我们生活中最常用到的杯子进行一下改造呢？利用组合法，对它进行一番创新吧！请试着将表 5–14 和表 5–15 完成，看看有没有找到你的创新方向。

表 5-14　　焦点法训练表格

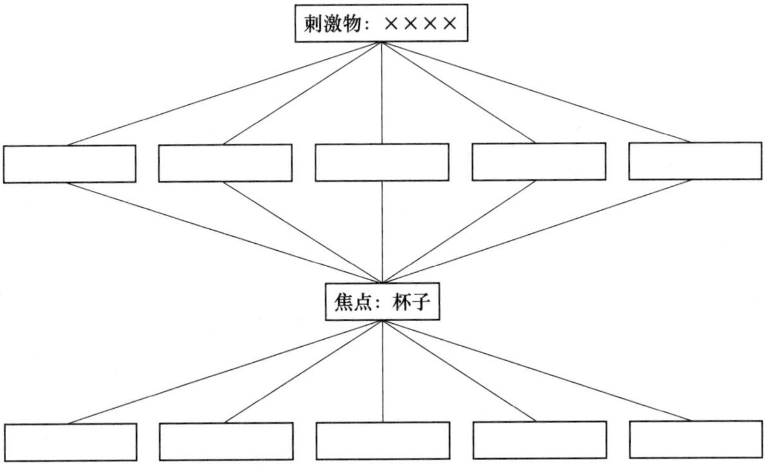

表 5-15　形态分析法训练表格

要素	形态	组合	方案选择
形状	直筒杯、折腰杯、四方杯等		
材质			
功能			
图案			

训练二：利用主体附加法，完成对表 5-16 和表 5-17 中物体的改造！

表 5-16　信息交合法训练表格

标线	分解要素	信息组合	方案选择
材料	塑料、黄金、陶瓷等		
阶层			
颜色			
年龄			

表 5-17　主体附加法训练表格

主体	缺点（希望）列举（数量越多越好）	明确目的	附加物	改进后名称
跳绳	不能计时	可以计时的跳绳	计时器	计时跳绳
衬衫				
花盆				
眼镜				
玻璃杯				
电风扇				
太阳伞				

聚焦五：他山之石、可以攻玉——移植法

故事引导

无用的腊垢——凡士林

切泽布罗是纽约的一名药剂师，1859年，他去宾州新发现的油田参观。在油田里，他发现工人们在清理油杆上的蜡垢，这种蜡垢惹得工人们十分厌烦。

切泽布罗却对这种蜡垢很感兴趣，便请教工人们这些蜡垢怎么惹他们这么厌烦？工人们表示：这种东西除了能够治疗“割伤”之外，一无是处！切泽布罗一听，灵机一动，他觉得这些蜡垢必然有它的用处，于是他便取了一些回到实验室。

经过切泽布罗的研究，他在布鲁克林研究室里，从这些蜡垢里提炼出一种清澈透明、无气味的油脂。为了检验这种油脂是否具有治疗“割伤”的功效，他把自己作为了第一个实验对象。他将这种油脂涂在了自己受伤的手腕上。结果最终发现，涂上之后，伤口不仅变得很舒服，而且愈合的也很快。

1870年，切泽布罗建立了世界上第一座制造这种油脂的工厂，并且他将这种油脂命名为——凡士林！

思维启发

上述案例中的主人公切泽布罗，是美国著名的化学家，全名为罗伯特·A.切泽布罗（1837—1933年）。他发明了“凡士林”，1876年，创办了切泽布罗公司。在现如今，“凡士林”的应用在我们的生活中随处存在，它可以润滑许多生锈发涩的物体，防止器械再生锈，比如说把手、折叶；刻意防止皮革发霉，保护皮具；可以治疗刀伤、烧伤，保护我们的头发；可以用来护肤；盲文读者甚至可以用它来保持指尖的柔软等。这样看似不起眼的小小的油脂放在不同的领域、不同的场所却能发挥各种不同的作用，解决我们生活中的很多烦恼，这就是我们本章要学习的创新方法——移植法的典型体现！

我们可以在学习之前就测验一下自己的创新能力，我们现在就可以思考一下：凡士林除了能够应用在上述领域里之外，还能应用在什么场合呢？能够发挥什么样

的作用？能够解决什么困难呢？如果你有更好的发现，说明你已进对移植法有了初步的了解与体验了。

导师寄语

当代科学迅猛发展，门类繁多且相互影响、相互渗透，各个学科虽各有特点，但整体趋于整体化，想要得到更大的发展越来越依赖于其他学科，需要不断共融以期得到共同的发展，所以在科学研究中移植方法得到了普遍性地应用！

移植法是我们在进行创新实践时需要掌握的基本创新方法，通过本章的学习，我们要掌握移植法的基本的移植类型；能够分析现实生活中的发明创造进行移植法分析；通过方法训练，找寻生活中看似不相关的原理、技术、方法等之间的联系，发现创新点。

理论启发

知识一：何为移植法？

中国传统文化博大精深，传承不断，著名的儒家经典《诗经》中的“他山之石，可以攻玉”（出自《诗经·小雅·鹤鸣》）用在移植法的表述里就很恰当。成语本身的含义是告诉我们别国的贤才也可为本国效力，那么在当代，其他领域里的原理、技术、方法、材料等应用在其他领域里不是也可以发挥很大的作用吗？这就是移植法的最好的表述。

综上，什么是移植法？移植法就是将某个学科、领域中的原理、技术、方法等，应用或渗透到其他学科、领域中，为解决某一问题提供启迪、帮助的创新方法。人们在某一领域中取得的科学理论与技术成果，包括在创造过程中产生的经验、思路、总结等，都可以拿来用到其他领域中去，能够开阔思路、解决困难、产生创新，用已知的技术成果激发产生更多更大的创意，这才是创新的真正价值！

知识二：移植法的主要类型

第一种类型：原理移植。将某一学科领域的技术原理移植到其他学科领域当中去，为已知的科学原理寻找新的载体，从而产生新创造，激发新创意。

超声波是一种频率高于20000Hz的声波，其方向性好，反射能力强，在水中传播距离比空气中远，这些特点决定了这种原理可以广泛作用于测距、测速、清洗、杀菌消毒等领域，在工业、医学、军事、农业上有很多的应用。在现实生活生产中，超声波检查、超声波清洗、超声波物位计、超声波液位计、超声波流量计等都与我们有着千丝万缕的关系，与我们接触最频繁的电动牙刷，便是超声波原理应用在清洁牙刷领域里的最好证明！

【案例 5–31】

汽油汽化器的由来

汽油机发明之初，其工作效率很低，主要的原因在于燃料和空气未能均匀地混合。美国工程师杜里埃也在苦苦思索寻找解决问题的办法，却一筹莫展。有一天早上，他看到妻子在化妆时，拿起香水瓶，一按瓶头按钮，只见香水被雾化成微小颗粒，喷洒在身上，同时也弥漫了周围的空间。杜里埃脑海里闪现出一个念头，如果像香水一样将燃料雾化，增大燃料和空气的接触面积，燃料不就可以充分地燃烧了吗？试验证明，使用这种方法能使汽缸里的燃气充分燃烧，爆发力大大增强。经过多次改进，他终于发明了至今仍在沿用的汽油汽化器。

思维启发

上述案例便是原理移植的现实应用，杜里埃也其实运用的是喷雾器能使液体雾化的原理制造出了汽油汽化器。目前使用的农药喷雾器、油漆喷枪等都是运用相同的原理在不同领域的不同作用表现而已。

第二种类型：材料移植。如果针对某种物质材料的特点对其进行大胆的创新性应用会产生什么效果呢？材料移植是要打破传统的材料应用领域，将其创造性的应用到其他方向才能有所创新！比方说玻璃，传统的玻璃主要应用在门窗、家具、工艺品制作中，但是现在玻璃的应用范围已经延伸到了建筑领域，现在许多景区都用玻璃制成了玻璃栈道，如图 5–33 所示。

行走在玻璃栈道上的感受有过体验的朋友都各有不同，无论是囧态百出还是直呼过瘾，都算是不枉此行吧！总之，将玻璃这种材料巧妙地移植到各大景点，无疑是一次创新性的实践与应用！

图 5–33　张家界玻璃栈道

【案例 5-32】

橡胶轮胎

世界上第一辆自行车于 1817 年诞生，当时的车架和轮子都是木头制作的，而且没有轮胎，骑着非常颠簸，之后经过了七十年，人们才发明了轮胎。

1888 年，苏格兰的医生邓普禄正在诊所上班，忽然看见门外跌跌撞撞地跑进来一个头破血流的年轻人，他仔细一瞧，原来是自己的儿子。邓普禄心疼不已，询问儿子受伤的原因。原来儿子是因为自行车太难骑了，不小心给摔伤的。

发生这件事情之后，邓普禄医生决心改造自行车的设计。一天，他在花园里用橡胶水管浇花。水经过橡胶管时，他感觉到水在管道里鼓鼓的流动，他下意识地握紧松开，又握紧松开……橡胶管的弹性忽然使他心中一亮：把这橡胶管装到自行车轮子上，不就可以很好地给自行车减震了吗?

于是，他使用充气的橡胶管制成了世界上第一个轮胎！后来他儿子骑着这种自行车去参加比赛，充气轮胎开始得到了人们的关注与重视。

思维启发

邓普禄医生因为对儿子的“爱”，激发了他克服困难的决心与灵感！当我们面对困难找不到思路时，不妨跳出这个环境，从其他领域去寻找方向，如果能够从现有的事物中找到解决的方法，将其成功移植到现有困境中，不仅解决了当下的困难，加以实践，甚至可以得到创新性的突破！

第三种类型：方法移植。把某一领域中解决问题的技术方法移植到另一领域当中，从而解决问题、产生新创意的创新技法。一项科学研究、一项发明创造，都伴随着科学方法的产生或者突破，将这些方法移植到其他领域当中，会产生意想不到的新发现。

【案例 5-33】

水泥花盆

大家知道现在建筑中经常使用的钢筋混凝土的由来是借用了花盆制作的技法吗?

由于陶瓷花盆易碎，木质花盆怕水，为了改善这一现状，法国的一位花匠蒙尼亚于1868年开始试验用水泥来制作花盆，他先用铁丝制成花盆的骨架，然后在花盆骨架外面抹上水泥，等水泥硬结以后就做成了美丽坚固的花盆，并且可以通过改变铁丝的造型，制作各种各样形状不同的花盆了。

此时，俄国的别列柳布斯基教授为了建造高楼大厦，正在寻找价廉物美的新材料。当他听说蒙尼亚发明了铁丝水泥盆时，非常感兴趣，觉得可以将这一制作技法应用在建筑领域中。经过一番试验研究，别列柳布斯基用钢筋代替了铁丝，用石块代替了沙子，大幅度提高了材料的强度和抗冲击能力。1891年，钢筋混凝土就诞生了，以前人们建造房屋时，经常使用的石料、木料被钢筋混凝土代替它的成功，开创了现代建筑史的新纪元！

第四种类型：结构移植。许多发明创造其实是形态特征的改良与创造，物体的很多功能往往是通过其结构体现出来的。当某一事物的结构与待发明的事物相接近时，该事物的结构也许就能满足目前的需求，这就是结构移植存在的重要性。结构移植就是将某一事物的结构移植到其他事物中去，使后者具有了新的功能与特点。

图5-34是一款风琴帘，也叫蜂巢帘，应用于家庭装饰。风琴帘为什么又被称作蜂巢帘呢？主要是因为其独特的结构设计与蜂巢相似。

图5-34　风琴帘

蜜蜂的蜂窝构造非常精巧，蜂房由无数个大小相同的房孔组成，房孔为正六角形，每个房孔都被周围其他房孔包围，两个房孔之间仅隔着一堵蜡制的“墙”。经过科学家研究发现，蜂窝结构强度高，重量轻，非常有益于隔音和隔热。

风琴帘借鉴了蜂巢结构有利于使空气存储于中空层，令室内保持恒温的特点；同时其隔热功能有效保护家居用品，延迟家居产品的使用寿命。风琴帘的这些优点使其从欧洲传入中国之后受到了消费者的青睐！

蜂巢结构的独特性不仅应用在了家居领域，应用在航空航天领域也大放异彩，目前的航天飞机、人造卫星、宇宙飞船在内部大量采用了蜂窝结构，这也是它们被统称为“蜂窝式航天器”的原因所在。

第五种类型：功能移植。把某一事物或某一技术所具备的特殊功能移植到其他领域中，使该功能在新的领域中发挥作用。比方说我们日常生活中经常使用到的“拉链”。拉链的发明曾被誉为影响现代生活的重大发明之一，在这里我们对拉链的发明不做具体的陈述，我们主要来看一看拉链发明之后因为其使用简单、密闭性好的功能特性都应用在了哪些领域当中。

拉链发明之初主要是应用在长筒靴上。由于旧式长筒靴的铁钩式纽扣多达20余个，穿脱极为费时，为了解决这个麻烦，1851年，美国人爱丽斯 · 豪发明了类似拉链的设计，这是拉链的雏形，但是当时并没有大规模推广；拉链第一次受到重视是在应用在军装上，第一次世界大战中，美国军队首次订购了大批的拉链给士兵做服装，因为军装上安装拉链可以有效提高军人的穿衣速度；到了1921年，俄亥俄州豪富公司将拉链首次应用在了他们生产的橡胶套鞋上，原因是因为拉一下就能穿或脱；一直到了20世纪30年代中期，服装设计师伊萨 · 斯卡帕瑞里首度将当时称之为“鹰爪”的拉链使用在春季服装展上。此后，制衣业才渐渐采用拉链，用来代替服装的传统纽扣。

到了现代，拉链的应用领域越来越广泛，其制作材料不仅由最初的金属材料向非金属材料转变，功能也由最初的单一功能向综合功能发展，已经深入到了航天、航空、军事、医疗、民用等各个领域！拉链的在发明之初谁也没有预见其在人类的生产生活中会起到如此巨大的作用，是创新的力量在不断地发挥它的能量，拓展其更广泛的应用范围，只要我们永不停息创新的脚步，还会有更多的“惊喜”等着我们去发现！

其实功能移植最大的“宝库”存在于生物领域中，神奇的大自然孕育了形态各异、千姿百态的动植物世界，许多生物的功能特点经过分析研究都可以移植到人类生活的不同领域，各尽其用！

科学家根据青蛙眼睛的特点——对动态事物感觉敏锐，对静止事物“视而不见”，发明了“电子蛙眼”。把“电子蛙眼”装入雷达系统后，雷达抗干扰能力便大大增强。

又比如在自然界中存在已经5亿多年的水母，在风暴来临之前，就会成群结队地游向大海，人类通过观察发现它们的这一行为就预示风暴即将来临，为什么水母可以做到这一点呢？经过人类研究，发现在海洋上，由于空气和波浪摩擦而产生的次声波是风暴来临之前的预告。这种次声波，人耳是听不到的，而对水母来说却是易如反掌。原因是因为水母的耳朵里长着一个细柄，柄上有个小球，球内有块小小的听石。科学家仿照水母耳朵的结构和功能，设计了水母耳风暴预测仪，就可以相当精确地预测风暴的来临。

上述的例子还有很多，随着科学技术的不断发展，大自然给人类的启示越来越多也越来越重要，所以现代出现了仿生学这门年轻的学科，仿生学就是人类通过研究物体的结构与功能，并依据这些发现发明出新设备、新工具和新科技，创造出适用于生产和生活的学科技术。

通过移植法，可以使现有事物的原理、方法、技术、材料、结构寻找到新的载体，能够使以往的发明创造焕发新的生命，但是我们要清晰的认知到，移植法只是为下一次的创新提供了突破的方向，移植的过程还需要人类反复的试验，还需要考虑客观条件与技术发展的制约，创新不是简简单单就能成功的。

有声小课堂 | 观看微课：创新创业教育之移植法

专创融合

【案例 5–34】

微机继电保护之父杨奇逊院士

我们来了解一下中国微机继电保护之父杨奇逊院士的传奇故事。

1978 年 3 月召开的全国科学会议上，邓小平提出了“科学技术是生产力、知识分子是无产阶级的一部分”的著名论断后，中国政府根据国家发展的战略需求，确定了从全国重点高校选拔出 200 位中青年教师，走出国门到世界发达国家学习先进科学技术的重大决策，杨奇逊就是其中之一。

在此之前，电子计算机特别是微型计算机技术发展很快，60 年代末，国外已提出用计算机构成保护装置的倡议，70 年代掀起了研究热潮。但国内在此方面的研究还没有起步。杨奇逊查阅了大量的专业资料，确定去世界著名计算机数字保护专家、先驱者之一的莫里森教授处进修学习。

1982 年 1 月，杨奇逊带着他在两年多时间里取得的“突破性成果”、带着受到国际同行专家重视的论文《微机距离保护》、也带着被认为是“解决了继电保护领域一个难题”的耀眼光环和高度评价，回到了祖国。

1982 年 2 月，杨奇逊成立了最初的研究团队，开始主持研制国内第一台微机保护装置。他们的样机在一次次失败下，一次次经过改进，历经了模拟现场的充分考验。

1984年5月14日，我国第一台微机距离保护样机，终于成功地在河北马头电厂投入运行。这台微机保护设备的运行，在全国电力系统引起很大的震动，大家对电力系统出现状况后，保护装置能及时正确地反映，感到非常新奇，以致后来只要现场出现故障，大家都会在第一时间说，赶紧看看微机是怎么说的?

1990年，全国的电力系统保护基本上换成了微机保护，避免了许多重大隐患。

1994年，杨奇逊成为我国第一批工程院院士。

也是在1994年，杨奇逊创立了四方继保自动化股份有限公司，致力于将微机保护科技成果尽快转化为适应电力工业发展的市场需求。

思维启发

在本案例中，我们除了能够学习到杨奇逊院士专心钻研，报效祖国的精神，还应该理解微机保护所用到的创新方法。微机保护，将计算机技术应用到电力系统继电保护中，所用到的创新方法是移植法当中的原理移植。原理移植是指将某一学科的技术原理向新的领域推广从而产生创新的方法，将计算机技术原理移植应用到电力系统继电保护中，移植后，保护的性能得以大幅提升。

有声小课堂｜观看微课：案例分析之移植法：原理移植

【案例5–35】

“鼓鼓囊囊”的交警

2020年9月，深圳街头突然出现了一群衣服“鼓鼓囊囊”的执勤交警，引发关注。这些被吹到“膨胀”的交警其实是穿了最新的降温设备。不同于常见的执勤制服，新设备的外套采用了更接近“皮肤衣”的轻薄布料，里面自带可降温的小风扇，利用充电宝即可供电。新型降温设备投入使用后收获了一线执勤交警一众好评：“一方面是长袖外套可以起到防晒作用，有效减少了晒伤；更重要的衣服里有了风扇可以通风凉快，尤其是最近深圳气温依然比较高，有了这个装备衣服再也不会因为汗湿贴身了，所以大家都很喜欢。”

思维启发

这里把风扇能使人凉爽这个功能移植到衣服的制作中，让穿着这个衣服的人感觉更加舒服，就用到的是功能移植。这个案例看似简单，但是也是经过了思考的，因为衣服加了风扇以后，并不会影响到交警的工作和安全。那对于很多现场工作的同志，要求工作人员工作时必须穿工作服，衣服和袖口必须扣好，工作服上不应有可能被转动的机器绞住的部分。因此，为了生产安全，电厂工作人员在现场工作时都需要穿上长袖和长裤工作服，炎热的环境下，很多电厂的工作人员都长了痱子。这种情况下，能简单的加个风扇就解决问题吗？加了风扇以后会不会有安全隐患？请你也想想，有没有什么更好的办法能够解决这个问题。

有声小课堂 | 观看微课：案例分析之功能移植

【案例 5–36】

铜合金拦污网

不管我们生活中还是工作中，电都无处不在，做饭用电，烧水用电，照明用电，电脑用电，手机用电……人们根本无法想象没有电的生活，离开了电，生活生产都无法进行，现在电已经渗透到我们生活的各个方面。

随着科学技术的发展，发电的方式也越来越多。目前常见的有火力发电，煤经过燃烧发热加热蒸汽推动汽轮发电机组做功，实现热能—机械能—电能的转换。水力发电是利用水的落差推动水轮机做功得到电能。风能发电是风能—机械能—电能的能量转换过程。太阳能发电，是太阳能板吸收太阳能转化为电能。核能发电则是实现了核能—热能—机械能—电能的转变。核电站在核原料发生裂变的时候会产生大量的热量，因此核电站需要大量的冷源，去冷却汽轮机做完功后的乏汽，去冷却核岛等。一般来说，这些冷源都是用的水，这也是核电站一般建在海边的原因。

核电站每天都需要从海里取大量的海水作为直接冷却或间接冷却的冷源。但是，随着海洋生态环境的变化，海水也被大量海生物和漂浮物污染。核电厂经常发生海生物、漂浮物堵塞取水口事件，为了减轻海生物暴发对核电站冷源安全的影响，在取水头部一般会设置拦污网。前期，较多的拦污网采用的都是用尼龙网，在使用的过程中，容易被海生物附着和腐蚀，几个月就要进行全网的清理和修复，使用过程的维护费用也特别高。针对这种情况，从材料的特性进行考虑，专家们想到了用铜合金来制作拦污网。铜合金材料是由铜、锌、锡、镍、锑等金属组成的，在使用过程过程中，可缓慢释放重金属离子，从而避免海生物在网上附着生长，这样能有效保证拦污网的容积率，保证冷源的畅通。另外，由于铜合金结构制作技术，本身具有柔性，可以卷折、折叠，所以方便组装拆分，拆卸难度小，便于维护。实践表明：这种新材料用于拦污网的制作以后，与普通拦污网相比，功能稳定，日常维护工作量小，而且其寿命也较长。这种创新，不仅提高了冷源的安全性，也大大降低了企业的运营成本。

思维启发

在这个案例中，你想到了什么？这里的运用到的创新知识又有什么呢？显然，这里用到的是移植法中的材料移植法。物质材料的每一次创造性应用，就是一种创新。某种东西在使用材料上存在缺陷，而更换为其他一些材料正好能够弥补这些缺陷，从而解决了问题，得到更好的效果！在我们的实践活动中，材料移植法的应用领域非常广泛，值得我们去思索与实践。

有声小课堂 | 观看微课：案例分析之移植法：材料移植

奇思妙想

训练一：通过对移植法类型的学习，请将图 5-35 中物体的移植类型进行准确分类。

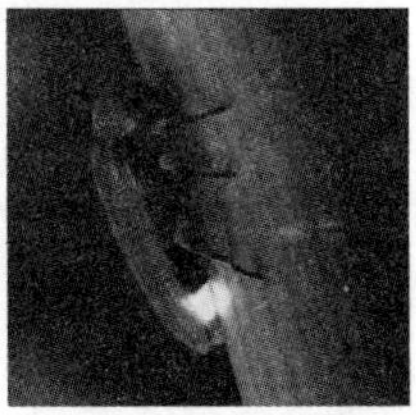

萤火虫

变色口红

图 5-35　根据移植类型进行分类（一）

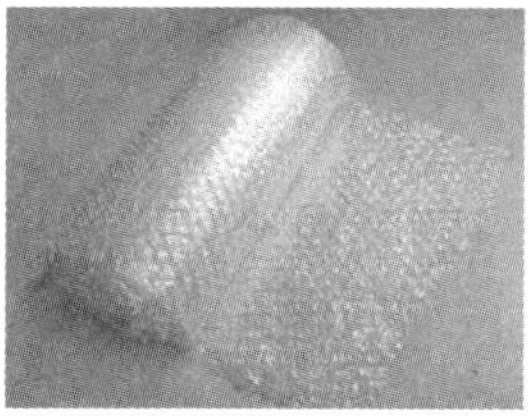

泡沫塑料

发酵面团

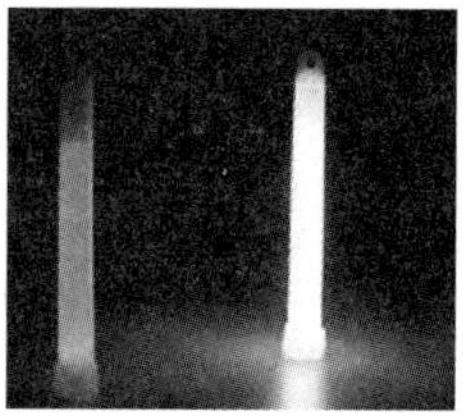

人工冷光

长颈鹿

海豚

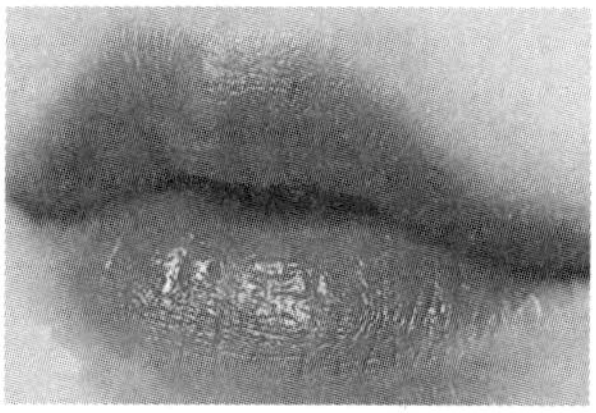

嘴唇

潜艇

抗荷服

图 5-35　根据移植类型进行分类（二）

迎刃而解｜观看微课：移植类型巧分类

训练二：试着利用以下技术原理或者事物功能，完成移植法训练表格（见表 5-18），看能产生多少创新应用！磁悬浮原理、红外辐射原理、光合作用、超声波技术、激光技术、发泡技术、互联网技术、洗衣机功能、冷冻功能、玻璃、纳米、拉链……

表 5-18　　　　　　　　　　移植法训练表格

被移植对象	移植类型	移植至哪些领域？（越多越好）	创新方向
磁悬浮原理	原理移植	机械、交通等	磁悬浮列车

续表

被移植对象	移植类型	移植至哪些领域？（越多越好）	创新方向

增知提素

“好客鞋”的发明

“好客鞋”这项小发明曾在第四届全国青少年发明创造比赛中荣获三等奖，它的发明人是小学生魏强，其背后还有一个有趣的小故事。

一天，魏强跟爸爸到一个朋友家做客，一进门就把他给难住了：因为主人家铺着漂亮的地毯，不换鞋子进入显得不礼貌；换掉鞋子又怕脚有味道，很是让人尴尬。回到家后，魏强就想：“如果有一种拖鞋，不用脱下脚上的鞋子就能穿上，一举两得，那该多好！”于是，他开始了这方面的研究与实践。

终于，魏强从旅游鞋上的尼龙搭扣上得到启发：将拖鞋的鞋袢装上尼龙搭扣，一按就搭上，一掀就拉开，就可以根据脚的大小来进行调节了。于是他找来一双旧拖鞋，剪开鞋袢，在剪开的鞋袢上分别缝上尼龙搭扣，便做成了”好客鞋”。

思维启发

“好客鞋”的创新有两点：第一在于对鞋袢的改进上，普通鞋袢是固定的，不能调节长短，“好客鞋”的鞋袢由于剪开成为两片，便可以做到伸缩自如；第二个创新在于魏强将尼龙搭扣这项发明移植到了拖鞋上，不仅使拖鞋具有了新的功能，尼龙搭扣同时也有了新的用途！这样一项小发明可以说是创新方法中的组合法、移植法的综合运用。

启智润心

创新不神秘，它就来源于我们的生活，仔细观察我们的生活，不要惧怕生活中的“麻烦”，可以说有麻烦的地方就可能有创新，关键是我们要积极思考事物的彼此关系，并巧妙地进行改造与结合！

聚焦六：学会“做比较”——类比法

鲁班是中国春秋时期著名的工匠，出生于公元前507年左右。两千多年来，中国人民把古代劳动人民的集体创造和发明很喜欢集中到他的身上，民间流传着很多关于他发明创造的小故事。

故事引导

鲁班发明锯子

传说，鲁班和他的徒弟们接受了一项建造皇家宫殿的任务，工程相当浩大，于是采伐大量木材迫在眉睫。

在没有找到更好的伐木方法之前，鲁班只能每天率领徒弟们带上斧头，到山上去砍伐木料。但是，仅用手中的斧头去砍，十分费时费力。尽管大家连续赶工，可是，砍下的树木却远远不能满足宫殿建筑的需要。

鲁班心里非常焦急却苦无对策。有一天，他又去物色木料，在爬上一个小陡坡的时候，不小心脚下一滑，情急之中，他急忙伸手抓住了路旁的一丛茅草。但是手却被茅草划破了，渗出血来。鲁班很是疑惑?“怎么这么不起眼的茅草会这么锋利呢?”望着手掌上裂开的小口子，鲁班陷入了沉思。为了解开疑惑，他扯起一把茅草细细端详，发现这些茅草的叶子边缘长着许多小锯齿，鲁班用这些小齿在手背上轻轻一划，居然又割开了一道口子。鲁班认为这些小锯齿就是割破手掌的关键。

正当这时，鲁班又忽然看见草丛中有几只大蝗虫，他们的大板牙一张一合，飞快地吞嚼着草叶，很快就把草叶嚼碎了。他于是又把蝗虫捉住，认真一看，发现原来蝗虫的牙齿上也长着密密麻麻的小锯齿。鲁班这次确定了这些小锯齿的作用，同时念头一闪：如果制造出也带有许多小锯齿的工具来伐木，那就可以很快把木头锯开，肯定比用斧头砍要省时省力多了！

于是，鲁班请铁匠师傅打制了几十根很多边缘上有锋利小锯齿的铁片，拿到山上去做实验，终于发明了一种锋利的工具来伐木。鲁班给这种新发明的工具起了个名字，叫作——“锯”。后来，他又给锯安上了一个“共”字形的把手，用起来就更方便了！有了“锯”，工人们砍伐木头就快多了，宏伟的宫殿也就如期竣工了。

思维启发

发生在鲁班身上的这些小故事，其实就是中国古代劳动人民发明创造的小故事，鲁班的名字实际上也已经成为古代劳动人民勤劳和智慧的象征！这个故事中，鲁班由带有锯齿的小草制造出了全新的伐木工具，这个发明过程就是创新方法中的类比法的具体运用。

导师寄语

辩证法告诉我们：各种事物之间存在着千丝万缕的联系。这种联系既有相同点也有不同点，事物之间既相互联系又相互区别，找到事物之间的相同点，再进行科学推理与验证，这是类比法实施的基础。

类比法在创新实践中充满了各种可能性，通过本章的学习，我们要掌握类比法的基本类比类型；能够通过方法训练找寻生活中看似不相关的事物之间的相同之处，发现创新点。

理论启发

知识一：何为类比法？

类比法就是通过对两个不同事物的比较，找出它们之间的相似点或相同点，对这些相似点和相同点进行分析，推断出其中的某一个事物具有另一个事物类似的属性与特征，从而将其中某一事物的有关特征推移到另一事物中去，从而实现创新的办法。两个比较的事物可以是同类，也可以是异类，差别较大的也没有关系，我们可以异中求同，越是差别较大的事物之间越容易产生新设想。

寻找事物之间的相似点或相同点是运用类比法的关键，尤其是通过对已知事物与未知事物进行比较，从已知事物的属性特点中推测出未知事物也具有类似的属性特点。即A事物具有a、b、c特征，B事物具有a、b特征，所以我们可以推测B

事物也具有 A 事物中 c 特征。

在类比法的实践中，联想思维起到了非常重要的作用，所谓的“举一反三”“由此及彼”不仅适用于对联想思维的表述，同时也适用于对类比法的概括总结。

知识二：类比法的主要类型

第一种类型：直接类比。即从自然界或人为已有成果中寻求与创意对象相类似的现象或事物，进行直接比较。当人类进行创新活动时，总是习惯从现有环境中寻找对比物进行联想，所以直接类比是人类首选且较容易学习使用的类比方法。比方说本章的引导案例中的鲁班发明锯子的故事，就可以归类为直接类比的范畴。鲁班从茅草边缘可以割破手指的现象出发，直接类比到锯断木材，从而导致“锯子”这一创意的产生。

直接类比可以是从已知事物类比到未知事物，比方说鲁班发明锯子；也可以从未知事物指向已知事物，这通常应用在发现问题后想要解决问题的环节，这里通常会有灵感思维的参与，需要我们不断积累知识与经验，激发直接类比产生的灵感。

【案例 5–37】

“昂贵”的玻璃瓶子

图 5–36　可乐瓶子

图 5–36 的物品大家都熟悉，这是曾经风靡世界的饮料——可口可乐！可口可乐的成功当然首先要归功于它的口感，但是当时这款经典的“玻璃瓶子”也为其增色不少，这款独特的玻璃瓶子的出现还有一个有趣又浪漫的故事！

20 世纪 20 年代，美国一个制瓶厂的工人鲁托和他心爱的女友约会。那天，女友穿了一条非常漂亮的连衣服来赴约，连衣裙将女友的身材勾勒得更加迷人！鲁托突然想：如果把瓶子也设计出漂亮的裙子样式（见图 5–37），会是什么样子呢？有了想法，鲁托便开始实施。他每天都去研究和改进式样，终于制造出了一款新颖的瓶子——瓶子美观漂亮，中段变窄，模仿出连衣裙的腰线，同时拿在手中也不会容易滑落。鲁托将这款瓶子申请了专利。

图 5–37　连衣裙

1923 年，可口可乐公司看中了鲁托设计的这款瓶子，便以 600 万美元的价格收购了这项专利。

后来鲁托发明的这款玻璃瓶子几乎可以作为可口可乐的专属形象代表了，不仅提高了可口可乐的销售量，而鲁托也因此成为人生赢家！

启智润心

制作一个瓶子就值 600 万美元吗？这不是投机吗？不，这是创新的力量！这个案例告诉我们，如果发现了美好的事物，不妨把它的价值延伸，人们都喜欢漂亮的事物，所以好的外观设计，也是创新活动的重要形式之一！

直接类比法的应用领域广泛，需要我们具有敏锐的观察能力，尽量发掘可以类比的细节，激发创意！

第二种类型：象征类比。象征经常使用在文学作品与创意设计实践中，使用一种具体事物来表示某种抽象的概念或思想感情，用来代替抒发人们想要表达的“只可意会不好言说”的感情状态，比方说玫瑰花象征爱情，白鸽象征和平等。那么在创新活动中，人们也可以利用象征来开辟创新途径，使问题简单化、具化。

图 5-38 为第 29 届夏季奥林匹克运动会，又称 2008 年北京奥运会的会徽——“中国印 · 舞动的北京”，设计者是张武、郭春宁、毛诚。

我们主要来看这枚会徽的上层部分，其上层部分设计成中国传统印章式样，刻画出一个运动员在向前奔跑的形象；同时，这个形象又和汉字“京”字和“文”字相似，象征了北京深厚浓郁的文化氛围，寓意中华民族博大精深的传统文化！

图 5-38　2008 年北京奥运会会徽：舞动的北京

“舞动的北京”完美地将奥林匹克体育精神与中国传统文化意境进行了结合，简洁深刻、凝重浪漫！其中“象征类比”的作用功不可没，这种方法将创造者想要表达的感情进行了具象寄托，将感情衬托得忧思深远且意蕴绵长。

第三种类型：拟人类比。拟人类比也称感情移入或者角色扮演，因为使用这个方法需要把自己想象成待解决问题或待创造对象中的一部分，或者把改造对象人格化，从而得到启迪，产生新想法、新创意。拟人类比的关键是设法使改造对象具备人类的特征，比方说模仿人类手臂动作的机械臂，可以模拟人类行为或思想的机器人，模拟人脑的电脑等。

【案例 5-38】

银行"小 ONE"上岗记

"小 ONE"是由民生银行自主研发的一台智能厅堂机器人，目前，已获得国家专利，在民生银行上海分行"工作"，现在白白胖胖的小 ONE 俨然已经成为上海金融界小有名气的"网红"了（见图 5-39）。小 ONE 每天总是彬彬有礼地站在银行厅堂入口，感应到有客户靠近，便就会主动上前服务，接待引导客户前往大堂经理、理财经理、自助柜员机、回单机、贵宾区、客户休息区等区域办理各种业务。

小 ONE 拥有激光导航、动态避障等技术，可以根据预定路线，轻松地在银行厅堂内行走，她具备五大功能：厅堂迎宾、引导分流、产品营销、业务咨询、业务处理。通过小 ONE 自身的 MIT 系统可提供开户、签约等非现金业务，微视窗系统可提供远程银行服务。

图 5-39　智能机器人

如果遇到处理不了的任务，小 ONE 并不慌张，每次都冒出"金句"化险为夷，逗得客户忍俊不禁，比如"宝宝还小，目前不能办理理财业务，但我们有专业的理财经理，需要我陪您过去吗?"因为在小 ONE 的"大脑"中，设置了本地语音库和科大讯飞云语音库，运用语义解析技术，优先调取本地语库，目前数量达 300 多个。

我们可以看到，不远的将来，依托不断升级的云计算、移动互联、人工智能等金融科技，金融服务将会越来越智能化，银行也将会实现从功能导向型向客户体验型的转变！

启智润心

上述案例证明：拟人类比运用得当，激发出来的创意可以极大解决人类生产生活中的问题，提高工作效率，使人类的生活更便利！依托现代科技的力量，不仅银行有了"小 ONE"的出现，我们还可以在餐厅感受到送餐机器人的服务，在医院感受到消毒机器人、护理机器人的照拂……将来，智能机器人将更加深入到我们生活的方方面面，希望你也能够成为其中某一位"小 ONE"的主人！

第四种类型：幻想类比。幻想类比也被称之为“荒诞类比”，是指创造主体在改造事物的过程中，把待解决的问题与理想的、虚构的事物进行类比，因为与超现实的事物进行了对比与联想，所以称之为“荒诞类比”。

很多人认为“荒诞”是不科学的，是幻想出来的，只存在于艺术家的想象世界中，在创新活动中借鉴意义不大，殊不知很多发明家、科学家都热衷于幻想，比如沃纳·冯·布劳恩，德国火箭专家，二十世纪航天事业的先驱之一，把美国的第一颗人造卫星送上了太空！

沃纳·冯·布劳恩在童年时代，便大量阅读赫伯特·乔治·威尔斯以及儒勒·凡纳尔的科幻小说，以及大量关于北欧战神蒂尔的神话故事，从那时候起，他就深信人类终将进入太空，同时坚信自己在未来的一天，会带领人类到达火星，找到外星文明存在的证据。16岁时，冯·布劳恩又读到人类第一代太空探索先驱——赫尔曼·奥伯特的名著《飞往星际空间的火箭》，便更加深深着迷于星际探索和旅行，于是冯·布劳恩一生都在努力实现自己的远大理想，最终成为伟大的火箭科学家，主持土星5号的研发，成功地在1969年7月首次达成人类登陆月球的壮举！

幻想类比启发人类思维，让人的想象力无比活跃。幻想类比的思维基础便是想象思维，我们在创新思维——想象思维篇章中曾经提到过现代物理学的开创者与奠基人，阿尔伯特·爱因斯坦曾经说过的话：“想象力比知识更重要，因为知识是有限的，而想象力概括着世界上的一切，推动着进步，并且是知识进化的源泉”！很多之前只能存在于幻想世界中的事物与场景在今天很多都已经实现，能够从幻想世界中找到目标与方向并加以实现，这便是幻想类比存在的意义。

第五种类型：因果类比。事物之间总是存在着某种因果关系，根据已经掌握的某种因果关系推出其他事物之间也存在着相同或类似的因果关系，从而寻求创新的类比方法就叫因果类比。比如气泡混凝土的发明，在合成树脂中加入气泡剂，会得到质轻、隔热又隔音的泡沫塑料，于是一名日本人根据这种因果关系便在水泥中也加入了发泡剂，所以具有良好的隔热和隔声性能的气泡混凝土就出现了。

【案例5-39】

多吃粗粮

维生素B1（vitamin B1）的化学名称为硫胺素，也称为神经炎因子，它是人类第一个被发现的B族元素，对维持神经、肌肉特别是心肌的正常功能，以及维持正常食欲、胃肠蠕动和消化分泌具有重要作用，对于维生素 B1 的发现历史这里有一个有趣的故事。

VB1 硫胺素的发现与脚气病成因的探索密切相关。脚气病是一种曾经在亚州经常发生的病症，患病之后使病人苦不堪言！荷兰医生克里斯蒂安·艾克曼从阿姆斯特丹大学医学院毕业之后便远赴印度尼西亚考察发生在那里的脚气病。

艾克曼到达目的地后，发现当地很多鸡也患上了这种病，于是便养了一群鸡来进行研究。他用显微镜对鸡的各个部位进行观察，苦无所获；用药物治疗这些鸡，也苦无成效。但是，艾克曼有一次发现，很多准备做实验的鸡，未进过任何治疗，其脚气病却痊愈了，这是怎么回事？经过艾克曼的细心观察，他发现新来的饲养员到了之后，鸡的病才好起来，这里面会不会有某种关系？

于是艾克曼开始观察饲养员喂鸡的饲料，发现这个饲养员很喜欢用粗粮喂鸡，以前的饲养员喜欢用米饭。艾克曼便重新购买了一批健康的鸡，分成两组饲养：一组用白米饭喂养；另一组用粗粮喂养。过了一个月，用白米饭喂养的鸡患了脚气病，而用粗粮喂养的鸡却安然无恙！

经过这个实验，艾克曼开始让病人多吃粗粮。果然，经过一段时间，很多病人病情转好。艾克曼并不满足表面的成功，他继续研究，发现爪哇岛的居民都习惯吃精白米。他想：因为居民不喜欢吃粗粮，而粗粮中恰恰有一种重要的物质可以抵抗脚气病！艾克曼于是看是对米糠进行化验，提取出一种能够治疗脚气病的浓缩液，这为以后维生素 B1 被发现奠定了重要的基础。

启智润心

克里斯蒂安·艾克曼因为发现米糠可以治疗脚气病，因此获得了 1929 年诺贝尔生理学医学奖，虽然他当时并不知道究竟是什么成分在起治疗脚气的作用，也没有最终发现维生素 B1，但他的发现无疑为维生素 B1 的最终出现起到了巨大的推动作用。艾克曼将鸡吃粗粮治疗脚气的因果关系类比到治疗人类脚气病的事件中，经过潜心研究终于取得了创新发现，不仅解决了困难，同时实现了事业的成功！在日常生活中，对于一些奇怪的事情我们不妨多思多想，如果我们把其中的原委弄清楚了，也许就会导致新的发现。

类比法往往能够通过各种对比带给人们很多的启发与创意，哲学家康德曾经说过：“每当理智缺乏可靠论证的思路时，类比这个方法往往能指引我们前进。”类比这种创新方法随着人类创新发展的需要，越来越受到了人们的重视。但是我们在使用这种方法时，不能太过于教条和僵化。因为类比法寻找的是事物之间的相同或相似，所以我们在进行创新实践时，就容易只重视对比事物之间的相同点或相似点而忽视了事物之间的差异性，或者忽视了对比事物之间都缺失的属性，这样容易走进死胡同。一般来说，类比对象之间的本质越接近，或者类比项越多，成功的概率就越大。创新是一个综合各种创新思维与方法的实践过程，需要我们灵活运用！

有声小课堂｜观看微课：创新创业教育之类比法

专创融合

【案例 5-40】

防滑脚扣

防滑脚扣由狼山供电所营业站 QC 小组设计。

有不少作业人员反映现有脚扣安全系数有待提高。现有脚扣与杆体接触面积小，环境较差时产生的摩擦力不足。雨雪天气过后杆体湿滑，给作业人员登杆抢修造成安全隐患。通过统计大量电力事故原因，由于现有脚扣的安全系数较低，造成作业人员登杆摔伤占有一定的比重。

怎样让脚扣接触杆体时更加牢固，提高脚扣的安全系数呢？小组成员想到了壁虎，为什么壁虎可以在墙上爬行而不会掉下来？通过从网上查阅资料，了解到是因为壁虎脚上长着吸盘，壁虎能在墙上又快又稳的滑动，就全靠它了。那何不在脚扣上也装吸盘装置？

有了这个想法，再考虑到脚扣要摩擦力大、灵活轻便，最终确定了在原有脚扣的基础上增加吸盘装置、合页装置和万向轴装置。

经过改装后的防滑脚扣增大了与杆体接触面积，接触端增加了类吸盘装置，脚扣可以牢固稳定的吸附在光滑的杆身上，安全性显著提升；吸力增大的同时可能会造成吸盘脱离时较吃力；加装的合页可以使得脚扣脱离杆体变得轻松省力。

思维启发

此案例运用的创新方法是类比法。类比法是通过对两个不同对象之间的比较，找出它们的相似点或相同点，将其中某一事物的有关特征推移到另一对象中，从而实现创新的办法。自然界的动植物以其精妙绝伦的结构和性能为人类孕育出来新事物和新方法提供了学习样板，这个案例就是通过挖掘壁虎身上的生物特性而找到了解决问题的方法，通过观察、探索神奇的大自然，我们可以得到更多的灵感和启发。

有声小课堂 | 观看微课：案例分析之类比法

奇思妙想

试着利用类比法对以下事物进行改造（不限于以下），完成表 5-19 的类比法训练表格，看看能产生多少创新改造！

窗帘开关、鼠标、冰箱、充电器、加湿器、喷水壶、跑步机、洗衣机、微波炉……

表 5-19　　类比法训练表格

被改造对象	类比物（越多越好）	类比点	创新方向
跑步机	充电器	直接类比	边跑步、边充电

第三篇

开启创业之旅

2017年5月，联合国大会通过决议，将每年4月21日指定为世界创意和创新日，并呼吁各国支持大众创业、万众创新，中国的这一理念被写入联合国决议。2019年中国“互联网+”大学生创新创业总决赛举办时，李克强总理曾批示“大学生是实施创新驱动发展战略和推进大众创业、万众创新的生力军”，有关扶持大学生创业的内容也两次被列入国务院常务会议议题。这意味着创业不再是少数人的事情，而是与我们每个人都直接相关。面对充满不确定性的未来，每个人都应该是创业者，人人都需要学创业。创业者的面孔不再只是大家“熟悉”的企业家，还包括我们每一个人。

第六章　创业准备

聚焦一：条条大路不一定通罗马——创业方向的选择

导师寄语

创业和做生意是有很多区别的，“做生意”，狭义上讲就是一种商业买卖行为，其目的很简单，就是希望尽可能多的赚取利润。而“创业”虽然也是以赚取利润为目的，但创业是指发现、创造和利用适当的创业机会，借助有效的商业模式组合生产要素，创立新的事业，已获得新的商业成功的过程或活动。你要确定你将来做的事情是创业还是做生意，如果是创业，就要有自己清晰的创业方向，是什么领域、哪个行业、他的市场有多大，有哪些风险，是否适合自己等。

理论启发

知识一：确定新创立企业的市场

确定新创立企业（或项目）的市场是创业方向选择的第一步，这部分要明确新创立企业（或项目）的市场在哪里，这是最基本的问题。创办一个新企业，这个企业面向什么人群，从哪里盈利是首先必须要明确的，然后进一步确定该企业（或项目）在行业价值链中的位置，这主要包括两个方面：一是要从战略高度理清该企业与上下游企业的关系，只有这样才能明确企业的利益相关者，并以此探寻利用行业的价值链来降低成本的方法；二是了解与该企业处于同一个价值链上的企业有哪些，也就是同类型的公司有哪些以及他们的主营项目、规模，会对自己造成多大的威胁。比如，某个创业的目标是汽车美容店，那么他首先要明确的就是这个店主要是针对汽车用户，该企业在行业价值链中处于末端，上游的供应商按照主营项目的不同，主要有漆料供应商、汽车防护用品供应商、汽车配件供应商等等，这些都是它的利益相关者，另外还要了解在同一地区会对与自己的企业造成威胁的同类汽车美容企业有哪些，规模如何，威胁有多大。

知识二：分析影响市场的因素

通过确定新创立企业（或项目）的市场定位之后，那么接下来要分析的就是影响市场的因素，影响市场的因素主要是从驱动因素和抑制因素两个方面来考虑，不但要分清影响因素是驱动的还是抑制的，还要看这些因素是长期的还是短期的。比如，如果有一个抑制因素是长期的，而且这个抑制因素处于决定性的位置，那么这个市场还要不要做就非常值得商榷。

创立的企业项目可以分为面对新兴市场和传统市场这两类。面对传统市场，相应的市场驱动因素、抑制因素可以用已经成熟的模式和已经验证的数据来分析，但在新的形势和环境下，市场也存在着变化，因此需要根据这些变化对已有的模型和数据进行及时填充、删减；而面对新兴市场，没有可供参考的成熟模型和理论，需要结合现实的情况和形势的变化进行分析，而这些都需要具备战略性的眼光，这也是一个成功的创业者所需要的素质。

有声小课堂｜观看微课：创新创业教育之创业方向选择（一）

知识三：定位市场的需求点

定位市场的需求点，要找项目的市场需求点，要做的就是对目标顾客进行分类，比如汽车美容项目的目标顾客就可以分为需要车身美容、内部美容、汽车防护、汽车精品等不同项目的群体，对市场的目标顾客进行分类之后，就要对每个类别顾客的增长趋势有所了解。比如现在的房地产市场，有的增长快，有的增长慢甚至有停滞的趋势，那么这些不同类别的房地产市场是面对一线城市还是二线城市，面向哪些顾客阶层，驱动因素又是什么，此时了解不同环境条件下的顾客需求，则是做出正确选择的必要条件。只有了解不同类别顾客的需求，即了解顾客最需要什么、最关心什么，才能真正实现创业的成功。

知识四：分析市场供应

一个企业要想做好、做大、做强，就离不开价值链上的供应体系，因此相关的市场供应分析就显得尤为重要。为了满足企业目前经营和未来发展的需要，就要对供应商、供应量、供应价格、供应风险等情况进行了解和分析，为企业的经营活动和进一步发展提供依据。比如，供电铁塔的建设中可选择的钢材供应商有三个，那么就应该对这三个供应商的优劣势进行分析，以选择一个能够满足钢材质量且供应成本低的供应商。

知识五：找出创新空间机遇

创新空间机遇说得简单一点，就是创业的空间或机会。市场被不同的企业按照不同的比例覆盖，新创企业要做的就是从中找出一块空白或是一块可供分享的空间，而这个空间就是商机，用新创企业（或项目）来填补这块空白，这就是创业的机会，而且如果创业者眼光独到，真正选到了有发展潜力的项目，也能够吸引风险投资商的视线，弥补创业者初期创业资金不足的问题。

有声小课堂｜创新创业教育之创业方向选择（二）

知识六：细分创业模式

创业者明确了新创企业（或项目）的市场、影响市场的因素、市场需求和供应情况后，需要确定新创企业（或项目）在市场中的竞争优劣势，并在此基础上，根据相应的条件设计真正适合自己的商业模式。比如经营汽车配饰的企业，创业初期，是从供应商处购进所需物品，如果经营的前景很好，就可能抛掉成品的供应商，自己进货加工再经营，因此只要这个新创企业（或项目）发现这个市场很有前景时，他们就想把价值链从头到尾都纳入自己的创业模式中，自己完成，但这样的创业模式包含的内容太多，创业者不能把自己的精力、时间、资源都集中到一处，很容易造成一盘散沙的局面。而这就要求细分创业模式，如果想涵盖价值链中的更多内容，还是需要稳扎稳打，不要急于求成，当然要做好心理准备，这个过程很可能比较漫长。

知识七：做好风险投资决策

以上可以为创业提供足够的分析参考，而最后一步是风险投资决策，这主要是针对风险投资商的。对于他们来说，创业资金的筹划是容易解决的问题，主要是找一个好的投资项目，他们认可的投资项目，而且是有回报预期的投资项目。如果新创企业（或项目）能够吸引到投资者投资的话，既解决了自己的燃眉之急，又使投资人有所收获，实现一个“双赢”的局面。想要创业的人可以多参与创业大赛，如：“互联网 +”“挑战杯”等赛事活动，通过这些有影响力的传播平台把自己的优势展示给投资人，打动他们，让他们看到这个项目可能产生的利润，那么投资人自然就很愿意投资，此时创业初期的资金问题就得以解决了。

只有在对市场、项目等等进行理性分析的基础上进行的创业选择才是最为有效、最为合理的，进行创业选择只是创业开始的第一步，万事开头难，做好分析决策，把第一步走好，能为接下来更顺畅地完成创业活动做好充分准备。如果能够进行有效创业，不仅能够解决自己的生存问题、实现自我价值，而且可以通过自我创业创建更多的就业岗位，缓解就业压力，对国家富强和社会进步做出应有的贡献。

有声小课堂｜创新创业教育之创业方向选择（三）

奇思妙想

训练一：什么是创业？

训练二：根据所学知识，结合你所在周围环境，你认为开展什么样的创业活动可能会盈利？说出你的观点。

增知提素

什么是蓝海市场？蓝海和红海的区别？

什么是蓝海市场？

我们可以把整个市场当作一片海洋，这片海洋是由红色海洋和蓝色海洋组成，红海代表现今已存在的所有产业，是已知的市场；蓝海则代表还未存在的产业市场，即未知的市场空间。进一步理解，所谓的蓝海战略，也就是超越传统产业，开创出新的产业。

什么是红海市场？

红海市场即竞争激烈白热化的市场，但是蓝海也不是一个没有竞争的地方，而是一个通过差异化手段得到的新市场领域。在这里，企业可以凭借自身业务能力和创新能力获得更快的发展和更高的利润。

两者相比较，在同样有限的圈子内，红海市场人多，资源一般竞争激烈；而蓝海市场资源优质丰富、人少、竞争压力小，蓝海的竞争者能获取更高的更多的利益。

而这种模式放到商业上就会延伸为蓝海战略、红海战略。

蓝海市场和红海市场的区别？

蓝海市场战略：企业通过不断创新发现独有的价值定位，并通过创新改变现有的传统的现有的体系，实现成本、消费群体、消费方式、产品转变等各方面的提升和优化，在众多企业里独树一帜，开辟属于自己的蓝海空间。

红海市场战略：市场竞争不断走向激烈，企业成本加大，利润却很低微，不停在现有的市场里挣扎。

其实，蓝海市场最终也会演变成红海市场，新开辟的蓝海市场中会不断有新增的人加入，长此以往，也会形成红海这样的局势，所以企业要从一开始就不断超越自己，保持领先。

（1）红海市场和蓝海市场是可以相互转化的，你可以选择在红海市场拼个你死我活，你也可以以另一种方式在蓝海市场享受在红海领域没有得到的利润。

（2）在红海市场战略里关注更多的现状以及如何超过竞争对手；而蓝海战略是如何脱离已有的市场，来把竞争甩在背后，多是创造战略。

（3）红海战略所处产业结构是成型不变的，所以处于红海市场的企业是被迫在其间互相竞争；而蓝海战略并不把主要精力放在打败竞争对手上，而是放在自己价值的创造上，开辟创新出新的市场空间，开场属于自己的一片蓝海市场。

聚焦二：顺时而谋、因势而动——创业环境

导师寄语

环境可分为一般环境和特殊环境两种，一般环境是对所有人都存在广泛影响的社会大环境或者说社会大气候，特殊环境对某一部分或者组织具有决定意义的小环境或者说个别环境。创业环境可以说是一个特殊的环境，是一般环境的一个特定层面和组成部分。那么什么样的环境适合创业？如何构建自己的创业环境？如何运用自己身边的环境找到痛点和需求点呢？

理论启发

知识一：创业社会与创新创业精神环境

一、创业社会环境

当一个国家的年轻人以创业作为职业首选的时候，这个国家就进入了创业社会。美国之所以以科技与创新能力领先，主要是因为美国是一个创业社会。中国将来有望成为世界最大的经济体，中国不仅需要有领先世界经济的能力，还需要有创业精神的支持，而创业社会是以创业精神为核心的社会状态，它将影响人们的价值观、思维方式和人们的行为。

创业社会是为了推动创新而建立和维护的一种社会形态与运行方式，在这样的社会中，人们的创新行为是普遍的，人们对创新给予认可、鼓励、发扬、传颂，是

社会的基本风尚。在这样的社会中，人们会把创新作为自己的行为取向，也认可别人这样的行为取向。当一个国家经济实力足够强的时候，将在各方面处于领先地位，创业机会来自创新，而不会来自投机或者弥补某些方面的短缺。同时，创新的方式也主要通过创业来实现。在这样的社会中，人们谈论创新是为了创业，即使在企业内部，也通常使用创业的原理指导创新。

创业社会是个人价值实现的社会，人们有强烈的责任感，不依赖任何组织或个人，只有通过个人的努力与协作，才能获得更好的生活，这将成为社会的生存法则和底线。人们以个人承担生存责任作为做人的基本要求，还把承担人类的责任作为自己的责任。因为商业不会局限于一个小的市场，市场越大越好，市场越大不仅可以多一些获利，还可以解决更多人的生活问题。个人责任与个人英雄主义在创业社会将得到弘扬，而向国家和集体伸手的人将会得到社会救助，但同时也有可能承受来自社会的压力。

创业社会是一个宽容的社会，任何人的失败都不会给其他人以精神压力，相反，大家可能会汲取其中的教训。因为创业社会是一个鼓励进取和冒险的社会，如果创业失败了，是个人的事情，人们不会因此而嘲笑、讥讽、看热闹。宽容别人，别人也宽容自己，这样才能构成一个相互宽容的社会。因为有了宽容，所以就有了从容，就有可能获得机会从头再来，就有可能找到资源，形成新的方案；还有可能纠错，再次起步时，就不会犯同样的错。

创业社会不仅是勇敢者的社会，也是智者的社会，还是有耐力者的社会，更是教育个人成长的社会。创业社会不可能一下到来，也不可能是一场运动就可以实现的。它需要每个人的努力，每个人的努力不仅是口头上的还应有实际行动，个人持之以恒地努力可以让社会受其感染，个人也可以受社会的影响，用自己的行动形成新的伦理道德。

创业社会需要制定大量的新型制度和建设新型的基础设施，目的是促使新的创新创业行为不断涌现，以低的社会成本来鼓励创新创业行为。这些新型制度有创业投资基金、孵化器、创客空间，还有如创业大赛、路演以及创业型大学建设。

创业社会需要社会精英领导，也需要他们以自己的行动来教化和影响社会其他成员，国家需要有意识地树立，但更重要的是要通过大学这个产生社会精英的地方，推广创业精神，以此来培育创业社会建设的动力之源。这应该是中国大学改革的重要方向。

我国的大众创业、万众创新在很大程度上，是为了建设这样的社会，它既可以激励和保护创业者，也可以让未来的中国真正成为世界的领导者。

二、我国创新创业精神环境

（一）以创新精神为核心的国家精神培育

中国需要以质量的增长来推动中国的经济，这需要依靠企业的自觉行动，这里所说的企业既包括现在的企业又包括将来的企业。以未来企业为主，就是要把创业作为最重要的转型推动力，再通过新的企业去挤压和推动、渗透旧的企业，这体现了国家的创新创业精神。中国自围绕创新目标以来，形成了多个国家战略，如科教兴国战略、创新驱动发展战略，还有 211 工程、985 工程、协同创新、自主创新，都反映了国家创新精神。以“大众创业、万众创新”的纲领，从创业入手，培育新的企业，再用新兴企业和它们创造出的产业推动所有企业创新，这就是中国新时代的创新精神。这一精神的实质就是用高质量的创业推动国民经济整体创新。新时代的创新创业精神可以概括为以下三个方面：

（1）国家精神。创新创业应该成为国家基本精神，是国家创新驱动发展战略的保障，也是未来中国社会的基本构成要素，是国家富裕、人民平等、社会公正、与时俱进的精神保证。

（2）协同作用。大众创业、万众创新，用创业拉动创新，用创新保证高质量创业，将两者协同着力。

（3）公众心理。创新与创业是国家的需要，也是个人事业成功的必需途径，它应该成为公众基本社会心理。

（二）企业家精神和创新创业

创新是技术的首次商业化应用，因为是首次，所以会带来市场上的不认可和消费阻力，也会造成在位企业的反竞争性行动；而首次应用缺少可以参考的样本，技术上是否过关、功能上是否合意、使用中是否存在危险，以及后续服务与保障是否完整都没有可以参考的对象，这在客观上造成了来自市场的不确定性。首次投放市场者需要支付较多的研发费用，上述不确定性有可能进一步转变为财务上的不确定性。

企业家的职能是创新，实现这种职能是对旧的产业进行破坏，对新的产品或服务进行确立，企业家要承担很大风险，而克服这些风险所需要的并不是简单的胆量，而是对技术的理解和有效率的创新组织。

在很大程度上，企业家精神也是创业精神，因为企业家开展的创新活动在本质上是从无到有的要素重新组合的活动。只不过，如果依托在位企业，其资源条件要优于白手起家的创业者，而其活动的性质与白手起家创业活动性质并无二致。过去国家把创新精神作用于钻研上，其假设研发就是创新。如果由国家投入资金，不论是科研项目立项还是研发补贴，都意味着创新是国家行为，这样会导致企业不积极投入研发，大批科研成果无法应用到真正的产业活动之中，真正的创新并没有形成。即使政府针对的是企业经营行为，也仍然存在着过度生产的问题。因为政府的政策具有公共性，很容易造成产能过剩。真正意义的创新精神一定要与创业结合起来，现在以多层次资本市场来引导企业行为，比以往的政策更有效率。

有声小课堂｜创新创业教育之创业环境（一）

（三）创新精神和创业社会的开放性路演

路演是一种要素市场，通过公开投资意向吸引资本进入，实现要素优化，分散创业风险，其活跃程度既代表了当地创新创业的活跃程度，又代表了创业投资基金的主动性。创业投资基金到处寻找项目，因为需要借助创业者的想法提升自己资金的价值，如果没有创业投资基金，台上的项目将不可能实现完整的要素配置，从这个意义上说，活跃的创业投资基金是区域创业活动的根本。创业投资进入企业，有一部分会变成研发费用，企业初期创新所需要研发经费得以有所保证，而不必受到银行避险的金融限制而阻碍了初创企业的研发；创业投资还会变成生产经营资产，还会随后带入创业管理，克服创业风险，提升创业的成功率。所以，路演频率高的地方，创新的活跃程度也高，创业成功的企业数量会较多，不论是城市还是一些机构，比如大学，都会因此而更多树立创业意识和创业文化，培育社会整体的创新创业精神。

路演现场多是公开地表达创业计划，除有创业者表达意向，与创业投资基金对话以外，还有一些专家与创业者进行讨论。创业投资基金经理和专家们可能会质疑创业计划，也可能会补充创业计划，还可能现场支持和赞成创业计划，这样的行动在本质上是企业家的行为，而且是群体性的企业家行为，是在帮助创业者思考、分析和完善创业项目，明确不确定性，提出化解风险的方案。在专家和投资人后面，坐着大批听众，他们也可能会参与讨论，但也可能受到启发，在未来与创业者形成合作。路演会让社会受益，让企业家个人活动变成社会活动，从而形成了创新创业精神的社会化。

三、创新创业孵化和创业社会

在双创浪潮中，中国大地上遍布着孵化器，创客空间、创业苗圃以及各种创业园区，其本质都是孵化器。

孵化器原指人工孵化禽蛋的设备，后被引入经济领域，成为一种新型的社会经济组织其职能是通过提供研发、生产、经营的场地，通信，网络与办公等方面的共享设施，通过提供系统的培训与咨询、政策、融资、法律和市场推广等方面的支持，降低创业企业的创业风险和创业成本，提高企业的成活率和成功率。成功孵化器的要素：共享空间、共享服务、孵化企业、孵化器管理人员、扶持企业的优惠政策。

企业孵化器为创业者提供良好的创业环境和条件，帮助创业者把发明的成果尽快地形成商品进入市场，以提供综合服务，帮助新兴的小企业迅速长大形成规模，为社会培养成功的企业和企业家。

孵化是一种机制，是使用公共投入方式帮助新创企业减少初创期财务压力，从而激励社会的创业精神和创业行动。在孵化器中，有一类称为创客空间的孵化器，是一个把个人想法在公共条件下制造出来的机制，类似公共实验室。有所不同的是，实验室产出的是科技原理，而创客空间则形成新的产品。广义的孵化器不仅有助于创业，也有助于创新。孵化器不仅孵化企业，也孵化创新创业精神，是构成创业社会的重要内容。

四、大学教育和创新创业精神塑造

尽管大学在承担创新创业教育方面还跟不上社会的需要，但大学应该承担这种责任，使创新创业精神得到传播。每一位学生不仅是知识的承载者，也应该是将知识转化为生产力的应用者。学生思考创新创业，学会整合大学及社会资源，探求可能没有发现的难题，提出解决难题的方案，开展创新创业行动，以积极的心态、不懈的坚持、科学的原理、进取的态度，培育和传播创新创业文化，树立创新创业精神，包括以下方面：

（1）为人类发现难题、解决难题，树立大责任心、大事业心的挑战精神。

（2）使用新的方法，创造新的产品和服务，参与更大的市场竞争的进取精神。

（3）与他人共担责任、共享成果，以诚获得顾客，以信争得合作的协作精神。

（4）最大限度利用市场，从市场上发现机会和资源的持续改进的商业精神。

大学可以通过课堂教育、路演（各种大赛）、论坛、创业文化节等活动推广创业文化，让乐于奉献、探索新知、努力应用、宽容失败、以新制胜、行动以赢的风尚成为校园文化，把追求利益作为追求事业的附属物，相信市场，建立为社会奉献的自信与人格，进而形成大学文化，并带动社会走向创新创业社会。

有声小课堂｜创新创业教育之创业环境（二）

知识二：构造有利的创业环境

一、不断提升自己的环境

（一）生存作为创业的起步

人需要先有生存能力，只有先生存，才能够谈实现理想。谋生是生存的基本方法，谋生能力可以确保人能较好地生存。把谋生当作创业的开始，是因为创业可以区分为生存型创业（压力型创业）与机会型创业，谋生本身就是创业的一种形式。

人们可以选择打工谋生，也就是通过就业谋生；也可以选择创业谋生，目的都是缓解生存压力。就业谋生的生存方式相对安稳，因为不需要投入，这对那些几乎没有抗御风险能力的人来说非常重要，多数人会这样选择的重要原因是他们缺少承担风险的勇气。略有一些胆量的人会选择创业谋生，如果没有创新，只是向周围已经流行的商业形式学习，模仿别人做相同的生意，这是生存型创业。这样的创业不会冒太大的风险，但也没有过多的收益，是一种比较安稳的生存方式。

那些成长起来的创业者，也曾经是就业谋生或者创业谋生的人，他们能够成长为大企业的领导者，主要原因是他们依靠谋生获得基本生活收入的同时，更多地注意到可能发现的机会、资源和团队。谋生不只是谋得生存，更是谋得创业起步所需要的条件。他们把生活中所有过程都当作观察市场的窗口，对生活细节加以提炼，形成自己对生活的理解。

谋取生存之道是为了观察市场，发现需求和资源。越是靠近市场的地方，越有可能获得创业的灵感和资源。即使就业谋生，也应该选择那些距离市场较近的，如营销、客户服务、公共关系等职位。

（二）创业精神改变自己

大众创业、万众创新是全民性行为，虽然不一定要人人都会创业，但人人都要有创业精神。中国已经进入一个新的创业浪潮，这个浪潮最大的特点就是以创新为目标，推动创新是中国的希望，创业是拉动创新的主要动力和政策手段，因此创业才有真正的行动。中国需要一种全新的文化，这就是创业精神，每一个社会公众都应该成为这一文化的一分子，接受这一文化的影响，提升这一文化的主流地位，用言论和行动营造这一氛围。其主要表现在以下四个方面：

第一，用创新发现来拓展人们的生活，用创新来改变和丰富人们的生活内容与方式。创业者是创造新的生活方式的主角，这是在给自己发现机会，也是在为社会提供新的生活方式。

第二，创新是一个探索性的活动，从萌生想法开始，直到落地为商业的实践，这时才知道想法是否有价值，此前到底是成功还是失败无从知晓。没有创业的创新是无法验证的，创新与创业的结合才是真正的探索，社会要宽容失败，因为探索一定会有失败。

第三，动员全体民众可以提高社会创业成功率，因为创业的失败是一个正常的现象。创业，总会有一定的失败比例，失败率达到一定比例以后，才有可能出现成功。如果只有一个人或者少数人创新创业，社会进步的风险就太大了。所以，必须要有足够的社会创业参与程度，有更多的人具有创业精神，以此来形成创业社会的共鸣。

第四，创业的主体是那些掌握知识和运用知识的人，他们是社会的先进分子、研究生、本科生、教师和科学家，他们拥有创业精神并且与其他社会成员组合，创业质量可以得到保证。再因为他们处于社会顶端，具有号召力和示范力，更能够推进创业精神的弘扬，主要表现在：①创业精神是人类发展的基本精神，用创业精神改变自己是人类发展的需要，以创业精神生存和发展，提升自己的人生定位，会使生活变得更加主动；②个人的创业精神来自社会，也影响着社会，创业社会应该把创业精神作为主流文化，用文化改变人。每个人都应该主动接受这一精神，通过创业行动影响周围的人；③创业行动既是把想法与企业要素整合的活动，又是展望未来、探知可能的活动。创业的组织者可能不是解决问题的人，但他一定是明确地提出问题并清晰地知道问题答案有何意义的人，同时也是组织解决问题的高手。

二、理解知识和运用知识

“知识就是力量”！这句名言，经常会让人们以为学习知识就可以有力量，其实，知识的力量产生于知识的运用，特别是创造性运用。

学校教育经常以背书的方式作为考试和判定学生合格的基本方法，教师也在这样的环境下变得越来越缺少应变、应急、应用思维能力。这样的教育，让教师和学生共同走向学习知识就是为了知道知识的道路。进入大脑的知识成为闲置资源，而不是理解世界、发现新世界、造福人类的工具。

今天的社会已经进入将知识变成技术、再变成创业行动的社会，对知识深刻地理解和利用知识解决难题，已经成为改变世界、创造未来、赢得竞争的基本方法。不论一个人目前的生存状态如何，如果有了这样的环境，那么就有机会找到深刻理解知识的人，创造性地运用知识解决所发现的难题。

（一）建立深刻理解知识的环境和氛围

（1）通过观察发现问题并以自己的胆略确认问题，更重要的是能够对解决问题的意义、产生的影响有所展望，因为意义的认识决定了行动的决心与动力。

（2）观察是一种重要的能力，观察可能是自己用眼睛完成的，也可能是自己从周围的议论中听到，观察和听到的相结合得到自己的结论。

（3）学会思考，要学会看同时也学会思考，这些都是深刻理解知识的基础。

（二）找到解决问题的人和方案

（1）不能把周围的人都屏蔽于自己的资源之外，而应该把所有可能的人都作为自己的潜在创业资源和未来的合作者。

（2）以张口询问的方式找到答案，本质上是一种众筹。智慧藏于大众之中，藏在自己身边人的大脑中，创业者一定要坚信，大众之中总存在着运用知识提出解决方案的人。

（3）能够让答案成为创业资源，核心在于问者需要对答案的意义有所展望，比如可以满足多少人的需求，解决多少人的什么问题。

（4）创业者要有对自己行动方案的基本判断，向周围人询问只是创业行动的第一步，真正有意义的创业行动是自己有明确的创业路线规划，并且可以有效使用这些资源。

纯粹的知识学习不能改变世界，只能认识世界、理解世界，依靠那些能够发现问题并决心解决的人，将自己对知识的认识变成对知识的理解与运用，才有可能产生根本性转变。这种转变并非是放弃知识学习，而是在知识学习的基础上，提升对知识的理解能力和运用能力。从这个意义上说，学校的学生、教师也要有创业精神，其中重要的是与外部合作将想法付之于行动的精神。

有声小课堂 | 创新创业教育之创业环境（三）

三、观察生活，运用生活

创业的根本目的是解决生活和生产中的问题，为生活和生产提供新的方式。创业需要植根于生活，脱离生活环境的创业大多不会顺利，也不容易形成明确的指向。

（一）贴近生活与发现生活

生活和生产产生了各种需求，但是多不可名状，其中的重要原因是在没有解决方案之前，人们并不知道自己处于这种难题之中，人们只会抱怨和期盼，但即使抱怨和期盼，也不会在记忆中停留多久，因为人们很容易遗忘，降低对这一问题的诉求，时间久了，便有可能成为既定的事实和习以为常的环境。只有在提出解决方法以后，人们才会恍然大悟，认为自己就是需要那种东西、产品或服务。明确人们的难题，并解决它提升为人们的需求，这是创业者的重要责任。为了实现这种责任，创业者需要身临其境，对需求的细节进行观察、辨析、定义、表达。

贴近生活，是为了发现生活和创造生活。不论找到痛点，还是创造痒点，或是汇集起兴奋点，都需要贴近生活，主要表现在以下三个方面：

（1）贴近生活是因为创业就是要解决生活中的问题，通过深入细致地接触生活发现人们时时刻刻变化着的需求。

（2）创造生活需要想象，不能把顾客当作具有想象力的人，他们是上帝，上帝只有选择能力，顾客的生活是企业创造的。

（3）确认难题，是确认新需求的开始，从周围生动具体的环境中发现难题，才能够真正找到新需求。

（二）发现痛点，情境分析

情境分析法是管理学中的一种研究方法，核心是把大量具体、生动的管理环境、对象等用少量的因素加以区分，再将几个因素数量化并组合出不同的典型情况，针对这些情况提出和总结管理方法。其逻辑管理是艺术，没有统一、永远适用的管理方法。这里将情境分析方法变成对生活细节的观察和分析，是为了管理创业项目。

（1）痛点是人们可以表达的、已经体验到的不满，是人们渴望满足的需求。

（2）痛点是刚需，往往是因为已经存在着的需求而形成的关联需求。

（3）痛点并不十分明确，需要借助情境分析、突出、细化、定位。

（4）情境分析的核心是不断询问“是什么”和“为什么”，直到找到真正的原因，针对每个层面的原因提出解决方案。

尚未被满足的而又被广泛渴望的需求，是大多数人都想达到的某一期望，却还没有达到，因而存在着不满的状态，是明确而强烈的需求没有得到满足的形象表达。

（三）创造痒点

痒点是指能够让生活更加美好的产品和服务。例如，一个人在沙漠中口渴，这个时候给他一瓶水能不能解决需求，这是解决痛点，但如果有一瓶清凉的可乐，则满足了痒点，因为可乐可以更好地满足需求。其实，即便是水，也分为瓶装水与普通水，也要看需求的现场和环境。在沙漠中，人们处于生存的边缘状态上，只要有水就可以，而卫生、好喝都是痒点。也就是说，痒点与生存状态有关，生存状态越好，痒点越多。

满足痒点的是自然提供的物品和以前的生活环境中不曾有过的物品或服务，这需要有创造力的人的想象。创业者想象的东西只要能够让顾客接受，这种东西就有了“更加美好”的特征；顾客只是这种美好的判断者和选择者，而很难是创造者。创业者可以吸收他们的观察和智慧，将其提炼为问题和解决方案。

（1）痒点是人们对美好生活追求的生动表述，是具有较高弹性的需求。

（2）发现痒点，需要观察生活，更需要试探和想象。

（3）满足痒点需要创造，是基于想象的需求及其此后的创造。

（4）痒点的满足是开创未来的生活，满足痒点就是在开创未来。

痒点是用户没有感受过的，一旦发现便会受到启发的需求，满足痒点可以让生活更加美好。痒点多与新颖、有趣、好玩联系在一起，解决的是趣味、品质、感受，是让用户实现由使用产品到享受产品的转变，是增加产品附加值，满足客户对产品的增值愿望。创意多满足的是客户的痒点。

（四）构造兴奋点

人与人之间经常会因为有同感而形成共鸣，人们也愿意做一个旁观者，对社会群体事件有着发自内心的关注，喜欢看热闹是人的基本心理需求。在网络环境下，人们交往频率在提高，更容易实现感受的传播，也更容易产生兴奋点。

兴奋点在本质上是一种社会需求，它具有短期性、快速消退的特点，是人们情绪需求的重要体现；同时，它也具有群体性，经常会引起多数人的需求，可以在短期内形成巨大的需求浪潮；兴奋点受到社会环境的激励，而较少受到政策的影响，其需求在人与人之间传播。个人也可以有兴奋点，意外惊喜、意外打击，几乎所有意外都可以形成兴奋点，它是个人情绪的汇聚。

兴奋点可以吸引眼球，现代商业模式经常通过创造兴奋点吸引眼球并进一步转化为商业收益；兴奋点也可创造浪潮性商品消费，如曾经流行一时的呼啦圈，几乎是一个晚上就在全国得到普及。兴奋点通常需要内容满足，许多文艺作品在市场上洛阳纸贵，一票难求，多是因为内容让社会产生了共鸣。

（1）引发共鸣，满足人们不同方面的精神需求。

（2）用社会共同满足的方式，形成社会传播和社会关注的焦点。

（3）兴奋点需要内容生产，主要由创意能力决定，也需要使用商业方法分析、假设、确认，进行定位，为内容创意提供原则。

（4）社会交往频率和社会传播工具是兴奋点形成的重要条件。

兴奋点是产品超出客户预期的增值价值，是个人的惊喜，也是群体性共鸣。兴奋点更是社会需求的表现，人们获得惊喜以后会炫耀，或暗自窃喜，情不自禁，多是与周围其他产品比较而形成的满足。个人能够参与社会，与社会形成共鸣，参与由众多个人组成的、短时间进入亢奋情绪群体时的个人感受。

创业者不仅要关注痛点，更要关注痒点，也要关注兴奋点。痒点经过消费变成了人们的习惯，就会成为痛点的来源，略有瑕疵，便会引起人们的不满，形成痛点。社会成员都有精神需要，随着社会发展，人们会越来越多地需要精神上的满足，创造痒点、构造兴奋点，可以丰富社会和人们的生活。

有声小课堂 | 创新创业教育之创业环境（四）

知识三：运用环境成就事业

一、发挥“自己”的创业资源

每个人都有自己的创业资源，但多数情况下个人没有发现。原因是对自己的定义过小，其实“自己”可以是自己，也可以是家庭成员的经验，还可以是周围容易利用的环境条件，这些都可被看成创业资源。

（一）生活中积累创业资源

注意积累经验和不断提升生活品质的人，都掌握了许多生活技巧，那些已经被反复检验过的日常生活经验需要深入挖掘和调动，重新认识它们，利用它们为自己的事业服务。例如美国的家政女王斯图尔特，因为会做家务而被电视台发现，电视台专门为她打造了一个栏目，后来成为美国收视率最高的节目之一。她长期担任主讲以后，在社会上有了名气，于是用自己的名字命名了许多家庭使用的物品在电视上销售，建立起自己的商业帝国。相同的原理，每个人的理解角度有所不同，那些有着独特理解的人，可以建立起自己的事业。

每个人都是因为生活而消费的，生活是创业资源之源，把生活过得精致，推而广之便是事业。认真积累生活经验和技巧，向生活学习，寻找更精致的生活方式，不仅可以优化自己，也可以建立创业资源。向长辈学习，他们的日子过得很好，多是因为他们积累了许多生活经验；跟朋友交流，每个人都有一些生活的体验和体会，他们的经验可以成为自己的创业资源。

（二）知识的理解中发现创业资源

每个人对知识的理解都是独特的，都有可能用来做成事业。如陶华碧理解的商业原理的本质是诚实守信，她把自己的头像作为老干妈的商标，用自己的形象和人格作了商业抵押。

独特的原理理解多是把一个原理与另外一个原理结合起来，形成原理的组合，这是商业创意的开始。从本质上理解并利用原理，尽可能地做到深入、透彻利用，可以创造性地运用原理。

（三）周围的环境中获得创业资源

不要以为只有自己的，或者是父母的创业资源才算是创业资源，大量的创业资源来自周围的环境，不论是资金、资产，还是企业管理经验，以及各种为企业生产提供保证的研发、生产、供应、销售，还有各种生产性服务，都是不可或缺的创业资源。有人创业顺利，其原因是他或她曾经为了某一天可以成为创业者对周围创业资源作了准备和铺垫，不论如何获取，都可以顺利得到。

要留意和发现周围可以变成自己创业资源的一切环境条件。获取这些资源，不要只图眼前小利，要着眼于长远，辩证地认识创业资源。

（四）不经意中确认创业资源

创业资源的发现具有较强的偶然性，特别是那些创业设想的灵感，可能就是在与顾客交流的一瞬间出现的。街坊向陶华碧讨要辣酱的一瞬间，她意识到这才是真正的事业。这不是智慧决定的，而是思维习惯和思维模式决定的。变通、转换、灵机一动是形成商业创意的根本，而以个别现象推断和畅想辅之，多可以绘制明确的和令人激动的未来图景。每个人都有可能经历偶然出现的可以畅想的情景，却没有给予确认，久而久之被遗忘，创业资源消失了。

注意可能出现的偶然情况下的一念之新，记录并明确和清晰，提炼成概念，再谋划。保持变通和保持警觉一样重要，善于乐观的畅想，把可能的创意变成创业资源。

（五）利用身边环境汲取创业资源

当代社会，大量支持创业的环境已经出现，包括政策环境、制度环境、租赁环境、融资环境、孵化器、创客空间等硬环境和软环境。创业者应该多了解这些环境，在需要的时候，利用这些环境降低成本、放大盈利。陶华碧那个年代并没有这些环境，而现在，如果她雇用了下岗工人，就会得到相应的政策支持。

利用政策，但不要唯政策而创业。创业者应该多利用一些商业环境，因为利用了它们，彼此之间就形成了环境，这种环境是可靠的，是具有竞争力的。

二、利用企业做事业

生存创业往往只能达到自己养活自己的目的。只有做企业，才可能做成事业。陶华碧能够自立自强，为了生存而创业，但是她本身有着高度的警觉性，在竞争压力下抓住了瞬间转型的机会，做成了自己的企业。

（一）企业是事业的载体

创业是为了实现事业理想，做生意是为了赚钱，虽然两者难以严格区分，但是那些愿意作出牺牲，坚持多年做一件事情的创业者，从骨子里是为了让自己不虚度此生。他们生活中需要事业，没有事业，他们无法生活。在商业社会，能够做成事业，需要借助企业这个载体。因为企业是法人，可以汇集和承载资源，可以通过市场扩大自己的影响力。个体商业活动的资源汇集能力有限，成为事业的可能性较小，除非是家族工艺传承性的小企业。

注册企业很重要，法人可以成为汇集资源和行使权力的主体。利用企业做事业，是实现事业心的基本方法，不只是注册，还有利用法人做事，主要是汇集资源。

（二）企业是品牌的载体

品牌需要商标，商标需要有持有人，持有商标而不经营内容，商标便没有存在的价值。老干妈辣酱成为驰名商标，是因为有后面的企业做质量的保证。只有商标还不能构成全部的商业承诺，还需要有企业的研发、生产、销售、服务的支持，一旦商标成为人们产生好感的符号，企业就有了无形资产，如同可口可乐领导者曾经扬言，即使一把火烧掉可口可乐全部财产，他们也可以在一年之内重建可口可乐。把商标变成品牌，再用品牌产生市场影响和转换企业资产，是做强企业的重要途径。

申请商标很重要，它是企业的一种重要资产。商标不是为了标识商品，而是为了承载企业的承诺，企业多年的努力都会通过商标汇集成为人心，变成品牌。

（三）企业是个人价值观的传承

陶华碧自强自立的精神到现在仍然保持着，所以，她把一款产品做成了世界级品牌。没有企业，可能只有很少的人知道她的这种性格和人生追求，但企业将她这种性格变成了企业行为，形成了重要的影响力。在很大程度上，企业就是创业者个人的性格放大，当它变成企业文化，企业就成为文化传承的载体。

个人价值观只有通过创业活动才会得到放大，正确的、有益于人类的价值观可以通过企业得到传承。企业文化是创业者个人性格与价值观的集体化，对社会产生着重要影响。

（四）生存创业向机会创业的转变

创业的过程应该是一个准备、发起、孵化、成长的过程，几乎没有一个企业后来的情况与准备初期一致，特别是那些以生存创业起步的企业。最关键的就在于孵化这个转折，创业者是否能够把握住机会。生存型创业是为了获得后期孵化进入机会创业的准备。创业准备过程是一个长期的复杂的过程，因为已经能够生存，所以有时间从容地注意和评估周围资源，也有机会接触顾客，抓住有可能出现的新机会，还有可能组建起自己的创业团队。从生存创业向机会创业转变，不可求之过急，但也要及时转变，一旦确认，思考问题的方式就会发生根本性的变化。

中国正处在转型之中，许多过去的成功企业面临二次创业，这些人应把过去的经历看成生存创业，现在开始做准备。其中，发现机会才是企业转型真正的开始，而此前要特别注意积累创业资源，不能在生存创业期间将创业资源消耗殆尽。

把就业和生存创业看成寻找机会的手段，而不是一生的追求，这可以让自己脚踏实地地创业。企业转型是广义的创业活动之一，遇到机会，企业应该将自己推入再孵化状态。积累创业资源，以高度警觉关注机会的到来。

有声小课堂 | 创新创业教育之创业环境（五）

奇思妙想

训练一： 你的生活中有哪些痛点、痒点？可以举例说明，那么你有没有好的方法来解决这些痛点、痒点呢？

训练二： 你周边的“环境”有没有创业的机会？

训练三： 如何识别和把握创业机会？

增知提素

电网卫士——基于大数据的线损诊断与反窃电系统

一、项目背景

（1）电网台区线损管理工作正处于“深水区”。降损工作面临系统繁多、数据分散、统计口径不一致等实际问题。异常台区线损治理存在三个难点：一是台区线损范围比较广，线损治理工作量比较大；二是供电公司基层人员技术水平普遍偏低，缺少异常治理措施和手段，无法对线损问题进行精准排查；三是由于现场造成线损异常的问题非常多，造成问题分析不全面。

（2）窃电现象屡禁不绝，反窃电形势十分严峻。而供电公司的反窃电工作模式仍处于传统的人工检查，工作量大、效率低、成功率不高。

团队成员自主设计研发的“基于大数据的线损诊断与反窃电系统”能够为供电公司台区的线损治理、反窃电查处工作提供精准、高效的技术服务。该系统被国网试用后，效果良好。

二、项目介绍

本系统解决了供电公司台区线损范围广，线损治理工作量大，人工反窃电分析难度高、准确度低、排查面广、取证难、查处难等痛点问题。此软件系统充分利用电力系统海量数据，能够为供电公司台区的线损治理、反窃电查处工作提供精准、高效的技术服务。

系统主要用途：

（1）为供电公司进行线损分析。本系统实时分析台区线损异常成因，建立台区线损异常预警机制，减少人工分析工作量，实现台区线损高效治理。

（2）为供电公司提供窃电用户清单。本系统通过大数据技术将电力系统海量数据进行分析，精准定位出窃电用户，然后由供电公司用电检查人员现场查处，实现反窃电工作的精准实施。

（3）为供电公司反窃电工作提供窃电证据。供电公司用电检查人员在查处窃电过程中，及时发现窃电行为，往往没有充分的证据链，本系统通过提供窃电用户用电行为数据，为查处窃电提供辅助证据。

有声小课堂 | 2020 年河北省“互联网 +”大学生创新创业大赛银奖获奖作品《电网卫士》路演视频

聚焦三：众人拾柴火焰高——团队组成

导师寄语

有多少教科书就有多少种关于团队的解释，这里把团队定义为：团队是由员工和管理层组成的一个共同体，有共同理想目标，愿意共同承担责任，共享荣辱，在团队发展过程中，经过长期的学习、磨合、调整和创新，形成主动、高效、合作且有创意的团体，解决问题，达到共同的目标。团队会给人更合理的利益和更大的生活信心，这是促成一个民族、一个国家的蓬勃发展与有持久竞争力的源泉，因此团队管理显得尤为重要。有研究表明，无论企业还是公共部门实行的团队管理，只要是行之有效的，都有利于员工个人素质的提高、整体服务水平的提升与经营业绩的扩展。那么如何组建高效的团队？团队都有哪些特征呢？

理论启发

知识一：团队的作用

团队在创业中起关键作用，高效的创业团队是创业成功的关键因素。投资者都希望找到诚实、高效、有经验的创业团队来进行投资。

团队是愿景、理念、目标、文化等价值观一致并通过心心相印机制结合起来的一群人。团队不是一个松散组织，而是大家在一起，能用共同的信念来约束彼此。团队成员在团队中感受到自己能够发挥所长，自己的精神追求通过这个组织能够实现。它是为了达到目标整合起来的一个组织。

创业团队涵盖了团队的要素，它是由两个以上具有一定利益关系、共同承担创建新企业责任的人组建的工作团队，是一帮为达到创业目标而奋斗的人所组成的特殊群体。团队成员之间通过认知分享、才能互补、风险共担、合作行动来促进新创企业的逐步发展。

创业的项目、资金以及团队，是创业成功的三个重要因素，好的团队是创业成功的基石，拥有一支优秀队伍对新创企业的发展有着举足轻重的作用。团队精神是支撑创业团队共同奋进的支柱。所谓团队精神，指的是在团队中，成员们在相互信任、相互合作的基础上，共同奋进，使团队走向最高目标的一种精神境界，是团队成员的一种最高的合作方式。正是因为我们每个人都不是万能的，所以我们执行项目方案离不开合作。一个人的成功总是离不开团队，同时团队也是由每一个个体构成的，离开个体，团队不复存在。总之，良好的团队精神将使人们的合作更有效。

在创业中，失败是利益和资产的损耗；什么是团队，是由基层和管理层人员组成的共同体，利用其知识和技能协同工作、解决问题，达到共同的目标。拥有了团队，创业者就有信念、愿景。即使没有了资产，信念还在就还有成功的可能。坚持信念靠什么，靠团队成员的理解、信任、相互支持、相互鼓励。团队是靠愿景整合起来的一支队伍，失败之后多总结，团队成员相互激励，这就是创业团队在创业中的作用。利用团队整合资源、发现机会还在其次，最重要的是团队成员相互鼓励，才能发挥其作用。

在创业过程中，不仅要看团队成员个人的创业素质，还应看他们的相互契合度以及面对失败的心态。团队在创业过程中有以下主要作用：

一、借助集体的力量放大资源

借助集体的力量，放大资源表现在以下方面：

（1）通过团队放大人脉。因为每个人都有人脉，即自己原来的社交圈子，将自己的社交圈子变成团队共同拥有的。

（2）通过团队融资。团队每个人都可能会提供一些融资的可能性，有亲朋和自己融资的固定渠道。

（3）通过团队融智。团队成员有共同的一些智慧，特别是能相互启发。

（4）通过人脉来对社会资源重新进行整合和认识，以期获得社会更多的支持。

（5）通过团队融技能。将每个人不同的工作技能整合在一起，达到共同的目的。

二、提高绩效

建立合理的团队结构，通过合理分工来提高效率。在现有条件下优化团队结构，提高工作效率，通过有效的分工合作和扩展资源来提高绩效。

总的来说，团队具有五种精神：协作精神、共赢精神、主动精神、共同创新精神、共同上进精神。团队就是将个体的力量凝聚起来克服种种困难。现代企业需要具有凝聚力的团队以及团队管理。

综上所述，构建创业团队是创业起步的方法，而创业团队的基石在于创业方向的明确。把创业看成构建远景与共同信念的活动，才有可能以团队方式进行。

知识二：团队的特征

创业团队是一种特殊群体，有别于一般传统组织，是由两个或两个以上技能上互补的成员，为实现共同的创业目标而组成的群体。创业团队的基本特征如下：

一是小规模性。创业团队的规模一般不大，如果规模过大，虽然在体量上有优势，但是很难做到相互配合，也很难对具体可行的事情达成共识。

二是目标一致性。一个创业团队应有远景目标和近期业绩目标。团队成员的组成和能力都是为了实现共同目标，另一个共同的远景目标可以调动团队的积极性，可以发展成对某一具体业绩目标不懈的追求，近期业绩目标的实现是实现远景目标的基础。

三是技能互补性。技能互补即团队成员在团队中的不可替代性，其所具备的每一种技能都是为了完成团队的目标，对技能的要求包括技术性或职能性的技能、解决问题和决策的技能以及人际关系技能。

四是责任相互性。在创业团队中，成员根据不同分工必须承担与之相应的责任，工作职责划分很明确，并有严格的工作流程和清楚地职责制度，可以提高团队的工作效率。

另外，创业团队成员在创业初期往往可以把创建新企业作为共同努力的目标，在集体创新、分享认知、共担风险协作进取的过程中，形成特殊的情感，创造出高效率的工作流程。创业团队成员可能具有不同的特质，但他们相互配合、相互帮助，通过坦诚的意见沟通形成了团队协作的行为风格，能够共同地对拟创建的新企业共同负责，从而产生较好的凝聚力。

有声小课堂 | 创新创业教育之团队组成（一）

知识三：创业团队的组建基础

依据不同逻辑组建创业团队既可能带来优势，也可能带来障碍，对后续创业活动会带来潜在影响。创业团队的组建是长久创业路的开始。任何创业团队都要经历“生存下来—成功转型—规范建设”这个充满艰险的过程。大部分的创业团队都没有生存下来或成功转型，而成功转型的组织无疑都成功地建立了成熟的企业制度。

在这个“惊险的一跃”中，我们不仅是为了生存下来而不择手段，更重要的是生存的质量，能不能为规范的组织建设奠定良好的基础，因为只有高质量的生存下来，才能为以后的组织建设积累经验和人才。在此过程中，我们需要遵循团队组建的原则，掌握团队组建的基础。

一、共同的理念和愿景

一个优秀的创业团队必须要有自己的核心理念和愿景，没有核心理念的企业，就不知道自己要做什么，发展比较盲目。一个明晰的愿景，应该是对企业内外的一种宏伟的承诺，使人们可以预见达成愿景后的收益。形成共同理念需要关注四大基本要求：第一，积极面对所有事务，包括机遇与危机，培养自身抵抗挫折的心理素质，一切问题从自身找原因，不相互抱怨；第二，认真做事踏实做人，任何一个伟人的成功，都是从细节、从小事认真做起的，团队成员要学会从自己做起，做好本职工作；第三，了解自己，认识他人，尊重别人的生活习惯和工作方式，团队需要协作和互补；第四，于无形中迅速提升工作效率，形成团队协作精神，培养积极的团队文化。

创业团队在创建初期召集所有成员，共同商讨企业的发展方向，制定详细的规划目标，形成一致的信念，达成共同的价值观念，并且在企业发展过程中，始终坚定不移地朝着既定的目标努力，不断完善和巩固团队的共同理念，提高团队的凝聚力。

二、彼此信任

团队内部只有形成了基于文化认同和道德认同的互尊、互信、互爱、互惠的互动关系，创业团队才有可能步入成功的良性循环。建立和维护创业团队成员之间的信任，简单地说，一是要增强信任，二是要防止出现不信任，避免信任转变为不信任。信任是一种非常脆弱的心理状态，一旦产生裂痕就很难缝合，要消除不信任及其带来的影响往往要付出巨大的代价，所以防止不信任比增强信任更加重要。

通过建立互信机制是增强团队信任感，防止不信任的有效途径有：第一，选择正确的人才。创业团队的组建不是以个人的能力或技能为参考，而是重点考察个人的素质。人的职业技能或专业技能在企业发展过程中能够不断提升，但是个性、品德等隐性的素质很难改变。因此，创业团队组建初期应对团队成员进行评价，以确认该成员是否适合整个团队的发展需求，是否能建立起统一的价值观和行为目标。第二，考评每个成员的表现。把团队的利益与个人利益挂钩，把公司的目标看成团队的共同目标。目标是共同制定的，定期向团队通报完成情况，使每个成员能够清楚自己得到了什么，还需要做什么。第三，充分调动团队成员的积极性。团队成员自发自觉地将自己的责任肩负起来，让每个成员有团队成就感和荣誉感。最后，要了解团队成员的需求，建立信任、树立关心的意识，满足成员的合理需求。

三、有效的激励机制

正确判断团队成员的“利益需求”是有效激励的前提。实际上，不同类型的人员对于利益的需求并不完全一样，有些成员将物质追求放在第一位，而有些成员则是希望能够获得荣誉、发展机会、能力提高等其他利益。因此，创业团队的领导者必须加强与团队成员的交流，针对各成员的情况采取合理的激励措施。创业团队的利润分配体系必须体现出个人贡献价值的差异，而且要以团队成员在整个创业过程中的表现为依据，而不仅是某一阶段的业绩。其具体分配方式要具有灵活性，既包括诸如股权、工资、奖金等物质利益，也包括个人成长机会和相关技能培训等内容，并且能够根据团队成员的期望进行适时调整。

知识四：高效创业团队的要求

一、团队成员的要求

团队里必须要有一个创新意识非常强、能够决定公司未来方向的战略决策者，还要有一个策划能力很强、能够全面分析整个公司面临的机遇和风险的人。另外还要有一些有执行力的助手。这三种人是不可或缺的，要以这三种成员形成高效创业团队的基本结构，才能取得高品质的成果。

要构建高效创业团队必须按高效率的团队特征来设计，要做到目标清晰，承诺一致，沟通良好，技能具有相关性，团队成员既相互补充，又相互信任；要有谈判的技能、担当的勇气，或者称为恰当领导的技能；要有内外部的支持。团队成员有如下要求：

（1）有热情，有相同的志向，彼此相互信任，相互之间的知识结构有差异。

（2）团队成员要求思维模式有同异性，完全不同和完全相同都不可取，要有差异才能形成最佳的团队。

（3）团队成员都应是创业者，也可以独立创业。

（4）决策要快速。团队的管理要扁平化。

（5）大家相互理解、相互协调，做事情能够主动补位。

（6）团队成员彼此间是平等的。

二、团队领导者的要求

创业团队的管理一般要经历形成和磨合阶段、规范和执行阶段、顺从阶段。在初期的磨合阶段，创业团队的关键要靠团队的主要领导者，也就是说团队最核心人员的作用，我们把他称为团队的创始人。他既是团队的发起人，也是创业的初创者，必须具有团队领导者的素质。团队领导者应该是团队核心理念的提出者，同时也是资源的组织者，能够把资源调动起来。他还能够带动团队进行组织实施，需要保证公司各项工作的正常运转。团队的领导者应该具备以下素质能力：

（1）全面思考和观察能力。团队领导者要知人善用。团队领导者一定要善于观察团队成员的工作表现，要充分信任团队成员的能力。团队领导者需具有凝聚力，善于管理内部冲突，目标一致，管理能力是团队领导的一个重要能力。

（2）冲突管理能力。如何调动团队成员的士气，提高团队的效率，也是一种重要的能力。在团队转变过程中最重要的一个问题就是关系磨合，磨合能够产生合作的合力，还会产生矛盾和冲突。作为团队的领导者必须意识到，出现冲突是自然的，关键是如何化解矛盾。冲突管理，是对团队领导者重要的考验。团队中经常会遇到决策权的争夺，领导者必须要以人的贡献度、人的能力来衡量，这样协调认识上的分歧逐步使其要达成统一，不然会产生信任危机。

（3）团队领导者的胜任力。团队领导者不只要处理好自己和团队的关系以及团队内部的关系，在创业成功转变为企业之后，还要考虑领导的胜任力问题。团队管理者要对团队成员正确定位，对他们进行角色分配。根据每个人的特点进行分工，建立共同权益制度。团队成员在某一个领域是佼佼者，但并不代表他就具有管理团队的能力，因人而异。

（4）利益分配的能力。团队领导者在面对利益时，要有分配处理能力。领导者既要会赚钱，又要会制订合理的利益分配方案，奖惩制度。要赏罚分明，才令人信服。创业企业中，领导者要从愿景管理转到利益、权利的管理。也就是说，如果要保持团队精神，就要逐渐地将公司走向正规化，必须要考虑利益因素和权力因素。

利益分配时，必须要考虑企业成长以后，要满足员工的利益要求，同时满足员工对权利的要求。所以团队不仅在创业初期有重要意义，在企业成长的过程中，也有重要意义。高管团队更需要团队的管理。企业成长以后，或者是吸收一些高管形成团队，或者是原来创业团队变成将来的企业管理团队去进行企业的管理。

真正的团队是在实践中磨合出来的，企业的成长，在很大程度上是团队的成长，在团队的成长与磨合过程中需要团队管理。如果管理得不好，团队就会分崩离析。即使创业成功，在企业发展过程中，仍然需要高管团队的管理。团队领导者是核心，必须是理念的提出者，至少是确认者，其次要知人善用、合理分工，重视团队文化培养，鼓励团队成员自我管理，也要合理进行薪酬设计。对团队内部冲突和面对失败的团队控制，是团队管理的重点。

有声小课堂 | 创新创业教育之团队组成（二）

奇思妙想

训练一： 什么是团队？

训练二： 高效创业团队的要求有哪些？

训练三： 你身边有没有各方面互补的团队，结合实际说一说。

训练四： 在参加创业比赛或创业初期能组建出相对完美的团队吗，可以根据学过的内容，思考一下。

专创融合

【案例 6–1】

机会往往垂青于有准备的人

每一位想创业的人不是“拍脑袋”就去做的，他们要么有一定的技术、要么有一定的知识积累、要么有合适与自己一起创业的人还有项目等诸多因素，这样才去着手准备，往往“拍脑袋”下的决定成功概率微乎其微。作为一名创业者，不仅要有自己的项目、还要有自己的团队、资金、场地，要了解你想进入的市场情况、政策等等。那么作为初创者我们还需要做哪些准备呢？编者采访了几位毕业后初创企业并取得成功的经理人，听听他们在创业前或创业初期是如何选择创业方向，做了哪些准备的。

陆潇，保定电力职业技术学院 2008 届供用电技术专业毕业生，北京广安联合电力工程设计有限公司总经理。他在创业初期也做了很多准备，如：思考创业目标、创业方向、创业模式以及企业价值观等；找到一些需求点，包括市场需求和客户需求；要有一定的心理准备，就是失败了再来一次的心理准备。在细分市场方面要满足客户的不同需求，更好的帮客户解决问题。在实现战略路径要做到成本优先、个性化定制、聚焦细分点等，在产品的设计中做得最多的是个性化定制和聚焦客户痛点。通过有无“见识”、是否坚韧、有无利他精神三个方面来选择合伙人和团队成员。

李鹏飞，保定电力职业技术学院 2003 届热工仪表专业毕业生，保定远扬航程电力科技有限公司总经理。他说，有“企图心”的人，有责任感的人才适合创业。在创业前期第一要做好市场调研，在那个行业都是如此，通过调研了解自己产品的目标市场及应用场景；第二了解国家政策，做任何事情需要合情、合理、合法、合规；第三构建企业的愿景、使命和价值观。

李志慧，1994年9月至1998年7月在保定电力学校（后更名为保定电力职业技术学院）学习，2012年5月18日创办保定普世电器制造有限公司，担任公司总经理。在创业初期主要从资金、项目、方向等做好准备，无论做哪个行业，第一个需要资金支持，有了资金支持需要定营销的方向，也就是运营模式；要有自己的产品，吸引客户的眼球的产品；找好自己的合伙人，在创业路上没有一个好的团队是不能快速发展的，一个专业的团队可以控制资金的支出，提高工作效率。

马文良，保定电力职业技术学院2007届热能与动力工程专业毕业生，2014年创办保定中创电子科技有限公司并担任总经理。他说：创业前期要考虑自己产品的市场定位、产品定位、客户群体、发展方向、核心团队、资金等，首先将产品做好并推向市场才有后期的工作。

启智润心

《尚书·说命中》："惟事事，乃其有备，有备无患。"通过被采访人的叙述可以看出机会都是给有准备的人，做好调研、准备项目、组建团队、发现痛点等一系列的问题都要做好前期准备，我们的事业才有可能会成功。

增知提素

俞敏洪公开：破解如何组建核心创业团队的秘密

新东方教育科技集团创始人兼董事长俞敏洪对创业初期如何组建核心团队谈了自己的看法，从新东方最早的核心成员加盟过程，他分析表示，利益吸引人是很难的，而价值观和创业愿景，以及对于彼此的尊重才是最大的吸引力。以下是俞敏洪的精彩叙述：

从包产到户到雄心壮志

创业初期，环顾周围的老师和工作人员，能够成为我的合作者的几乎没有，看来合作者只能是我大学的同学，我就去了美国，跟他们聊，刚开始他们都不愿意回来。当时王强在贝尔实验室工作，年薪8万美金，他一个问题就把我问住了："老俞，我现在相当于60万人民币，回去了你能给我开60万人民币的工资吗？另外你给我60万，跟在美国赚的钱一样，我值得回去吗?”当时新东方一年的利润也就是一百多万，全给他是不太可能的。

我去美国时国内还没有信用卡，带的是大把的美金现钞，我在美国只能花现金，这一花现金就给他们带来了震撼性影响。在美国一百、一百美元的拿出来花，这是超级有钱的标志。大家觉得俞敏洪在我们班这么没出息，在美国能花大把大把的钱，要我们回去还了得吗？因为他们都觉得比我厉害。

我用的第二个方法，就是告诉他们：“如果回去，我绝对不雇用大家，我也没有资格，因为他们在大学是我的班长，又是我的团支部书记，实在不济的还睡在我上铺，也是我的领导。中国的教育市场很大的，我们一人做一块，依托在新东方下，凡是你们那一块做出来的，我一分钱不要，全拿走。”我把他们忽悠回来，到 2003 年新东方股份结构改变之前，每个人都是骑破自行车干活。

第一年回来只拿到 5 万、10 万，到 2000 年每个人都有上百万、几百万的收入，所以大家回来干得很好、很开心。因为是朋友，大家一起干，要不然一上来就确定非常好的现代化结构，但是在当时我根本不懂。我这个人最不愿意发生利益冲突，所以就有了“包产到户”的模式，朋友合伙，成本分摊，剩下的全是你的。

公司发展时期的三大内涵，第一是治理结构，公司发展的时候一定要有良好的治理结构；第二是要进行品牌建设，品牌建设不到位的话，公司是不可能持续发展的；第三是利益分配机制一定要弄清楚，到第三步不进行分配是不可能的，人才越聚越多，怎么不可能进行分配呢。

改革改的不是结构而是心态

心态不调整过来，结构再好也没有用。新东方股权改革后，出现了两个问题，第一个，原来的利润是全部拿回家的。现在公司化，未来要上市，就得把利润留下，大家心理就失衡：原来一年能拿回家 100 万，现在只有 20 万，80 万要留在公司，而且公司能不能成，未来能不能上市都不知道。眼前的收入减少 80%，怎么办？不愿意。第二，合一起干之后，本来我这边 100% 归我，现在 80% 不是我的，动力就没有了。又要成立公司，又要分股份，又不愿意把股份留下。

我向他们收股份，他们虽不愿意卖，但这带来两个好处，一是表明我是真诚的，更重要的是给股票定了一个真正的价格。他们原来觉得定一块钱是虚的，你定一块钱，这个股票值不值钱不知道，现在我真提出用一块钱一股买回来的时候，他们发现这个股票是值钱的，因为最多分到 10%，10% 等于 1000 万股，相当于 1000 万现金，他们觉得值钱了。

股份比领导地位具有话语权

大家不愿意把股份卖给我，于是得出一个结论：新东方之所以这么乱，俞敏洪缺乏领导能力，最好的办法是俞敏洪你不当领导，我们自己选领导。我说“行”，就从董事长、总裁的位置上退下来。他们开始选，每个人都想当，他们想得很简单，只要俞敏洪离开，一上去就能整理得干干净净。

我拥有新东方创始人的头衔，而且拥有 55% 股份的人，结果董事会都不让我参加，总裁办公会不让我参加，新东方校长联系会也不能参加，我变成新东方普通老师，拎着书包上课去。从 2001 年底一直到 2004 年 10 月份，他们每个人都当过董事长和总裁，结果谁上去都整理不好，最后把我叫回去：“董事长、总裁这个位置不是人做的，还是你来做。”我 2004 年的 10 月份才回到总裁的位置上。

新东方到 2005 年融到国际资本之后，就开始做上市的准备。实行股份制后，原来的人员从出纳、会计到财务经理全部放光，一个不留。这不是表达对我的不信任，他们认为我跟这些财务人员的根基太深，创业开始就跟着我，所以绝对不能让俞敏洪的财务人员控制新东方。财务换人带来的好处是新东方的财务结构必然正规化，上市筹划的时候，财务结构相当完整。

你手下的人跟你吵架，你要冷静下来想一想，如果他是站在更高的高度，或者更正确的角度跟你吵架的话，你应该接受这种吵架，否则你一生气说：“你们都回去，我一个人干新东方！”他们肯定背着包就走了，新东方肯定也是一个家族企业，说不定都已经没有了。

第七章　创业者素养

聚焦一：时代的“乘风破浪”者——创业者的模样

导师寄语

很多创业者总是怀着一颗就业的心去创业，仅凭一时冲动和年轻的冲劲在做事，没有规划，没有成本、积累与发展的意识，甚至有得过且过的想法。一个真正的创业人是需要有足够耐力的，而且要有规划和成长过程，最关键的是要有一种自我管理的强烈意识。这些是创业者应具备的基础条件。如果在创业的要素里只具备了精神要素，而情感因素、行为因素较为缺失，那么，创业之路是走不了多远的。那么你是否准备好了呢，对于创业者的角色转换你还缺少什么呢？

理论启发

知识一：创业者的概念

创业者是创业活动的推动者，或者是活跃在企业创立和新创企业成长阶段的企业经营者。创业者是创业的主体，无论是小企业的发起者，还是大企业内部的雇员，只要他们利用手中的有限资源成功地发现、评价并利用了市场中的机会，就是创业者。

需要注意的是，创业者并不等于企业家，因为多数创业者并不可能完全具备企业家必备的个人品格和所必需的能力。创业者只有不断完善个人素质，带领企业获得商业上的成功，才可能逐步转变为真正的企业家。

创业者通常具有异于其他人群的习惯、品格、性格、态度、意愿的某种特质。

必须要强调的客观事实是：并非所有的人都适合创业。但凡创业的人都希望自己能够成功，但世界上，真正能够成功创业的人毕竟是少数。有资料显示，我国当前创业的失败率大致在 70%，这就意味着大多数创业者在经历一番轰轰烈烈的“折腾”之后，都要品尝创业失败的痛苦。成功源于专业，要想创业成功，自己必须是创业的“材料”。事实表明，创业成功的概率大小与创业者的综合素质优秀程度成正比。事实上，创业者的素质往往决定着创业的方向、路径和过程，决定着创业的效率、结果与最终成败。

知识二：创业者的类型

一、从创业背景和动机上划分

（1）生存型创业者。生存型创业者指自主创业的下岗工人、失去土地或不愿困守乡村的农民及毕业找不到工作的大学生。

（2）变现型创业者。变现型创业者是指过去在党政机关掌握一定权力或者在国有企业、民营企业当经理人期间积累了大量市场关系并在适当时机自己开办企业，从而将过去的权力和市场关系等无形资源变现为有形财富的创业者。目前，后一类变现者是主体，前一类变现者在增加，而且一些地方政府的政策对此起到了推波助澜的作用，如鼓励公务员带薪下海，允许政府官员创业失败之后重新回到原工作岗位。但是，这种做法有可能造成市场竞争环境公平性的人为破坏。

（3）主动型创业者。主动型创业者又可以分为两类：一类是盲动型创业者，一类是冷静型创业者。盲动型创业者大多极为自信，做事冲动。有人说，这种类型的创业者大多同时是博彩爱好者，喜欢买彩票，而不太喜欢检讨成功概率。这样的创业者虽然很容易失败，一旦成功却往往是一番大事业。

二、从角色和所发挥作用上划分

（1）独立创业者。独立创业者是指自己出资、自己管理的创业者。其创业动机和实践受很多因素影响，如发现很好的商业机会，失去工作或找不到工作，对目前的工作缺乏兴趣，对循规蹈矩的工作模式和个人前途感到无望，受他人创业成功的影响等。独立创业充满挑战和机遇，可以自由发挥创业者的想象力、创造力，充分发挥主观能动性、聪明才智和创新能力；可以主宰自己的工作和生活，按照个人意愿追求自身价值，实现创业的理想和抱负。但是，独立创业的难度和风险较大，可能缺乏管理经验，缺少资金、技术资源、社会资源、客户资源等，生存压力大。

（2）主导创业者与跟随创业者。主导创业者与跟随创业者是相对的。在一个创业团队中，带领大家创业的人就是团队的领导者，即主导创业者，其他成员就是跟随创业者，也叫参与创业者。

三、按照创业动机划分

（1）谋生型创业者。有时也称生存型创业者，往往是因为生活的压力所迫或者是为了使自己的生活条件有所改善才决定创业。这种创业者绝大部分是以小资金起步的，创业范围一般局限在商业贸易领域，也有少量从事制造业，但基本上是规模较小的加工业。

（2）投资型创业者。在已经拥有一定经济基础与实力的基础上进行创业，这一类创业者的创业目标主要是获取更大的经济回报。

（3）事业型创业者。是将实现自己的人生梦想作为创业的目标，把创办的企业当作自己毕生的事业。这类创业者成就意识很强，不甘于为别人打工愿意为理想放弃一份稳定的职业，他们之所以选择自主创业是希望通过这一途径来证明自己的能力，实现自我价值得到社会的认可。这类创业者往往在有了一定经济基础，经历了市场和社会的磨炼之后更加明确自己的人生追求。

有声小课堂｜创新创业教育之创业者的模样

知识三：创业者素质的 4Q 组合

创业素质虽然有天生的成分，但是也需要后天的训练。语言、情绪控制这些创业素质是需要训练的。

“4Q 组合”有个公式：AQ+EQ+FQ+IQ，AQ 指的是逆商，EQ 指的是情商，FQ 指的是财商，IQ 指的是智商。

逆商。逆商是抗压能力或者抗压的素质，它是创业者在面对挫折、困难时，超越困难，想办法缓解挫折的能力，是在逆境中形成的，所以叫逆商。逆商体现出创业者的定力、坚守力，是创业者在面对困境时必备的一种品质。

情商。情商是理解他人及与他人相处的能力，情商研究者戈尔曼认为情商主要由自我意识、控制情绪、自我激励、认知他人情绪和处理相互关系 5 个方面构成。

财商。财商是一个人认识金钱和驾驭金钱的能力，也就是算账，指一个人在财务方面的智力及理财的智慧。它包括两方面的能力：一是正确认识金钱及金钱规律的能力；二是正确应用金钱及金钱规律的能力。这是创业者必备的素质。

智商。智商体现一个人智力的高低，指的是人们利用规律性的东西，特别是用知识来解决实际问题的能力。如观察力、记忆力、想象力、判断力、逻辑思维、应变能力。

“4Q 组合”中第一位是逆商 AQ，即人要有定力；第二位是情商 EQ，既有定力，又能控制情绪这就成功了一大半；第三位是财商 FQ，即要有快速计算的能力，能够对面对的状况进行初步判断的能力；第四位是智商 IQ，就是把观察力、想象力、记忆力整合在一起的能力，这就是“4Q 组合”排列的次序。

4Q 组合最重要的是逆商和情商，这是创业者普遍最缺乏的。所以说，“4Q 组合”在创业中是非常重要的，而有些人可能就只重视情商，或者是财商与智商的某一部分而没有整合来运用，这都是不可取的。

奇思妙想

训练一：创业者的4Q包括哪些内容？

训练二：什么是创业者？

训练三：创业者的类型包括哪些？

增知提素

任正非：从欠债200万，到华为创始人，我的成就得益于父亲的2句话

众所周知，任正非是43岁创办的华为，这时的他是个被公司开除，负债200万，又经历离婚的男人。这么多的打击下来，让中年的任正非丧失了信心。

后来，父亲的2句话却成了任正非的“人生指南”，一句救了深渊中的任正非，另一句则让他取得了今天的成就。可以毫不夸张地说，这2句话成就了任正非。

第一句：面子是虚的，不能当饭吃，面子是给狗吃的

任正非的父亲任摩逊是当时村子里唯一的大学生，而这句话，其实是任摩逊的口头禅。因为当时的社会环境并不好，如果一味地顾面子，讲自尊，到最后，可能连活下去都成问题。

所以，43岁的任正非重新拾起活下去的信念，找人借了2万块，创办了华为，意思是中华有为。

之后，为了华为的发展，任正非四处奔波，甚至有一次因为对方爽约，华为的员工直接将对方堵在了厕所。因为任正非对他们说过：“我们要成功，要活下去！不要面子！”

很快，华为在这种“不要脸”的口号下，完成了一个又一个订单。最终从一个小作坊，成长为世界性企业。任正非说，谁能忍受别人忍受不了的痛苦，谁就能走在别人的前面。

第二句：知识就是力量，别人不学你要学，不要随大流

很多企业在强大之后都会选择跨领域，但华为却始终深耕通信行业，即便是再赚钱的房地产，任正非也从未动过心。因为父亲曾告诉过任正非：“知识就是力量，别人不学你要学，不要随大流。”

可以说，华为能自始至终都坚持在一个领域放光发热，很大程度上取决于任正非父亲的这句话。

“知识就是力量”，这是要我们不断学习，即便有了成就，也不能停下学习的脚步；“别人不学你要学，不要随大流”，这是在告诉任正非，要坚持做自己，不要看别人做什么，你也去做什么，这样一来，是不会有成就的。

所以，华为创办30多年来，始终都在一个地方做深、做精、做透。

43岁，在这个年纪的很多人，其实都已经放弃奋斗了，但任正非却在这个年龄重新出发，创造了属于自己的奇迹，他用自己的实际行动告诉我们，什么时候出发都不晚。

聚焦二：打铁还需自身硬——创业者应具备的基本素质与能力

导师寄语

自主创业是新时期大学生就业过程中的一种新选择，是对传统就业观念的一种挑战，成为毕业生流向社会的一个全新的、层次更高的就业方式。这一新的就业模式对人才的成长、社会的发展做出了很大的贡献，尤其是可以直接为大学生创造更多的就业机会，立志于毕业创业的大学生在校应做好创业能力、素质的准备。马云曾说：“对所有创业者来说，永远告诉自己一句话：“从创业的第一天起，你每天要面对的是困难和失败，而不是成功”。不得不说，创业难，要想创业成功更难，作为大学生创业者想成功更是难上加难。创业除了需要有很强的商业头脑和充足的资金之外，还需要完善自身能力，并且努力培养自己，使自己具备一个成功者应该具备的基本素质。

理论启发

知识一：创业者所应具备的基本素质

一、创业意识

良好的创业意识是创业成功的保障，所谓创业意识是创业实践活动中对人起动力作用的个性因素，包括创业者的需要、动机、兴趣、理想、信念和世界观等要素，它能促使创业者抓住机遇、应对风险，奋力拼搏最终实现自己的价值。有创业意向的大学生创业者，都应强化自己的创业意识，做好创业的意识准备。因为当今大学生创业不再是对经商的简单重复，而是凭借大学生的兴趣、胆识、智慧和理想去开创能发挥个人所长的事业，而这种兴趣、智慧、胆识和理想的核心正是创业意识，是创业心理品质的重要组成部分，良好的创业意识是大学生创业过程的内在调控器，是一种对人生奋斗目标锲而不舍的追求。因此，要有意识地诱发学生的创业需要和创业动机，激发学生的创业理想和创业信念，培养学生自信、自主、自立、自强的创业精神。

创新意识是创业意识的核心。只有在强烈的创新意识引导下，才可能产生强烈的创新动机，树立创新目标，充分发挥创新潜力和聪明才智，释放创新激情，实现创业目的。

创业意识的形成要经过一个漫长而艰辛的创业实践过程，良好创业意识的形成重在实践训练，积极的实践能带来及时的反馈和成就感，也能带来慢慢成功的喜悦。只有经受创业时间的锻炼，创业目标才会更加明确，创业的信念才会更加强烈，才会形成良好的创业意识和习惯。

增强大学生创业意识有以下几个途径：

（1）指导和组织学生开展创新创业活动，是创业意识培养有效途径。创业教育是实践性很强的教育活动，是培养大学生创业意识、创业能力的具体途径。在各种校园文化活动中培养和强化大学生的综合能力和创业意识，是一种非常有效的教育途径，可根据具体的教育目标和要求，进行创业的专题教育活动，通过一系列活动，广泛地培养和提高大学生的综合创业能力。要多提供必要的软、硬件设施，大力开展以“互联网 +”大学生创新创业大赛、“挑战杯”创业计划竞赛、“发明杯”大学生创新创业大赛等为主要形式的科技创新系列活动，合理利用科研资源拓展大学生科技创新创业领域，全面提升大学生的创业意识。

（2）要利用课余时间主动参与创业实践。大学生利用课余时间可以从事社会兼职，熟悉各种职业特点和自己的能力特点，以此来丰富自身的工作经验，获得更多的社会阅历，在活动中要有意识地培养自身的领导、组织、应变、调控等各方面的能力，积累创业经验，增长创业才干，减少将来创业的盲目性。

（3）学校建立创业实践基地为学生提供创业实践的便利。可以成立让学生自主管理、自主经背的科技服务公司，建立企业见习基地、创业实习基地和创业调等。在教师的指导下，让学生在实践中处于主体地位，体验创业全过程，培养他们的创新精神和创业能力，同时，社会要为大学生提供更多的创业岗位。如志愿者、勤工俭学岗位、社区服务岗位等，使其经受创业实践熔炉的考验。

二、良好的心理素质

创业中很重要的一点就创业人的心理素质，创业中难免会遇到诸多的挫折、压力甚至失败。有些人挺过来了，有些人却一蹶不振，眼看着自己的事业轰然倒塌。这就需要创业者具有非常强的心理调控能力，能够持续保持一种积极、沉稳、自信、自主、刚强、坚韧及果断的心态，即有健康的创业心理素质。只有具有处变不惊的健康心理素质，才能到达胜利的彼岸。

第一，明察时势。势，就是趋向、趋势。宏观层面的明势，就是创业者一定要跟对形势和顺应政策。在政策方面，如国家鼓励发展什么、限制发展什么，对创业的成败有决定性的影响。找准了方向，顺着国家鼓励的层面努力，才可能事半功倍；中观层面的明势，指的创业者要看准市场机会，如市场上现在流行什么，指明了创业者可以努力的创业方向；微观层面的明势，就是要明了人情世故，同时要知己知彼，既了解个人的能力、性格、特长，又了解竞争者的情况。创业是一个在夹缝里求生存的活动。尤其处于社会转轨时期的创业，各项制度、法律环境都不十分健全，创业者只能先顺应社会趋势，同时，创业者在选择创业项目时，一定要找那些适合自己能力、契合自己兴趣、可以发挥自己特长的项目，这样才有利于做持久性的全身心的投入。

第二，有敏锐的商业感知力。创业者的敏感，是指对商业机会的快速反应。商机是非常短暂的，有时就在一瞬间，反应迟钝的人是不适合创业的。有些人的商业感觉是天生的，如清末红顶商人胡雪岩。更多的人的商业感觉则依靠后天培养。如果想做一个创业者，就应该训练自己的商业感觉。良好的商业感觉，是创业者成功的关键。

创业对于大学生来讲是一个新的尝试也是一个新的挑战，他们既没有丰富的社会经验，绝大多数也没有雄厚的资金支持，更没有完全相同的先例可以套用，一切都在于自己的创新和摸索。因而大学生创业者在创业过程中的失败经历是在所难免的。由于当代大学生大多是独生子女，他们在舒适的家庭环境中成长，没有遭受过什么重大的打击。这就造成了他们中的很多人承受不了创业失败的打击和可能面临失败的恐怖与烦恼。当他们在创业过程中遇到失败的打击，或者其他人失败的经历都会在他们心上留下阴影，就会限制他们的创业动机，甚至从此泯灭了他们创业的热情。

创业人员必须摆正自己的位置，对可能的失败和挫折也要做好心理准备。古人说：胜败乃兵家常事。其实换位思考，这些挫折正是你前进的动力，他们教会了你坚强，教会了你成长。正视挫折，让自己始终保持积极、乐观的心态，成功一定不远。

有声小课堂｜创新创业教育之创业者应具备的基本素质与能力（一）

三、创新精神

（一）创新精神定义

创新精神是指要具有能够综合运用已有的知识、信息、技能和方法，提出新方法、新观点的思维能力和进行发明创造、改革、革新的意志、信心、勇气和智慧。

创新精神属于科学精神和科学思想范畴，是进行创新活动必须具备的一些心理特征，包括创新意识、创新兴趣、创新胆量、创新决心，以及相关的思维活动。

（二）创新精神内涵

创新精神是一个国家和民族发展的不竭动力，也是一个现代人应该具备的素质。创新精神是一种勇于抛弃旧思想旧事物、创立新思想新事物的精神。例如：不满足已有认识（掌握的事实、建立的理论、总结的方法），不断追求新知；不满足现有的生活生产方式、方法、工具、材料、物品，根据实际需要或新的情况，不断进行改革和革新；不墨守成规（规则、方法、理论、说法、习惯），敢于打破原有框框，探索新的规律，新的方法；不迷信书本、权威，敢于根据事实和自己的思考，对书本和权威提出质疑；不盲目效仿别人想法、说法、做法，不人云亦云，唯书唯上，坚持独立思考，说自己的话，走自己的路；不喜欢一般化，追求新颖、独特、异想天开、与众不同；不僵化、呆板，灵活地应用已有知识和能力解决问题……都是创新精神的具体表现。

创新精神是科学精神的一个方面，与其他方面的科学精神不是矛盾的，而是统一的。例如：创新精神以敢于摒弃旧事物旧思想、创立新事物新思想为特征，同时创新精神又要以遵循客观规律为前提，只有当创新精神符合客观需要和客观规律时，才能顺利地转化为创新成果，成为促进自然和社会发展的动力；创新精神提倡新颖、独特，同时又要受到一定的道德观、价值观、审美观的制约。

创新精神提倡独立思考、不人云亦云，并不是不倾听别人意见、孤芳自赏、固执己见、狂妄自大，而是要团结合作、相互交流；创新精神提倡不迷信书本、权威，并不反对学习前人经验，任何创新都是在前人成就的基础上进行的；创新精神提倡大胆质疑，而质疑要有事实和思考的根据，并不是虚无主义地怀疑一切。总之，要用全面、辩证的观点看待创新精神。只有具有创新精神，我们才能在未来的发展中不断开辟新的天地。

四、知识素质

创业者的知识素质对创业起着举足轻重的作用。创业者要进行创造性思维，要做出正确决策，必须掌握广博知识，具有一专多能的知识结构。具体来说，创业者应该具有四个方面的知识：

第一，用足、用活政策，依法行事，用法律维护自己的合法权益。

第二，了解科学的经营管理知识和方法，提高管理水平。

第三，掌握与本行业本企业相关的科学技术知识，依靠科技进步增强竞争能力。

第四，具备市场经济方面的知识，如财务会计、市场营销、国际贸易、国际金融等知识。

五、竞争意识

随着我国社会主义市场经济从低级向高级发展，竞争愈来愈激烈。创业者若缺乏竞争意识，实际上就等于放弃了自己的生存权利。创业者只有敢于、善于竞争，才能取得成功。创业者创业之初面临的是一个充满压力的市场，如果创业者缺乏竞争的心理准备，甚至害怕竞争，就只能是一事无成。

六、开阔的眼界

见多识广是创业者必备的素质。广博的见识、开阔的眼界，会使创业者的创业活动少走弯路，能使他更容易走向成功。开阔的眼界意味着创业者不但在创业伊始可以有一个比别人更好的起步，而且在关键时刻可以挽救创业者及所创事业的命运。眼界的作用，不仅表现在创业者的创业之初，它一直贯穿创业者的整个创业历程。一个人的眼界有多广，他的胸怀就有多大，他的事业才会有多大。总的来看，创业者的创业思路有四个来源：

第一，职业。由原来所从事的行业起步创业，对行业的方方面面均非常熟悉，这样的创业活动成功的概率很大。

第二，阅读。包括书、报纸、杂志等。对创业者来说，阅读就是工作的一部分，一定要有这样的意识。

第三，行路。到各地观摩学习，是开阔眼界的好方法。

第四，交友。很多创业者最初的创业主意是在朋友的启发下产生的。

七、高深的谋略

商场如战场，商业是一项讲谋略的活动，创业者的智谋将在很大程度上决定其创业的成败，尤其是在目前产品日益同质化、市场竞争激烈的情况下，创业者更要有能力出奇制胜。谋略，或者说智慧，时时贯穿创业者的每一个创业行动。谋略就是一种思维的方法、一种处理问题和解决问题的方法。对创业者来说，智慧不分等级，没有好不好、高明不高明的区别，只有好用不好用、适用不适用的差异。创业者的智慧就是不拘一格，出奇制胜。

八、过人的胆量，敢于冒险

创业本身就是一项冒险活动，有胆量，敢下赌注，想赢又不怕输的人最适合创业。创业家的冒险不同于冒进，创业是一种冒险的套利活动。理性思维的人无法接受不稳定带来的机会，只有那些有胆量、不怕风险的人才肯去利用这种不稳定的机会谋利。这种非均衡条件下的利润会超过正常利润，当然也会导致较大的损失。人们做不成事业与过于理性有关，理性思维要求非常细致、谨慎地进行判断，而不是对只有一定可能性的机会做出判断。面对失败的可能，以输不起为理由，过多地考虑消极和不利因素，做出的决策也仅仅是做，而不是积极应对和想办法将风险化解。

九、懂得与他人分享

作为创业者，一定要懂得与他人分享的道理。一个不懂得与他人分享的创业者，不可能将事业做大，对创业者来说，分享不是慷慨，而是明智地选择。

人的需要可以划分为：生理需要、安全需要、社交需要、尊重需要、自我实现需要。这五种需要具体到企业环境里和公司员工身上，就是需要老板与员工共同分享，当老板舍得付出，舍得与员工分享，员工的生存需要、安全需要、尊重需要就从老板那里都得到了满足。创业者懂得与员工分享，真心分享，公平分配利益，会产生很强的凝聚力。分享不仅仅限于企业或团队内部，对创业者来说，对外部的分享有时候同样重要。总之，用心回报社会，懂得分享是创业者的基本素质之一。

有声小课堂｜创新创业教育之创业者应具备的基本素质与能力（二）

知识二：创业者应具备的主要能力

一、领导力

所谓领导力，就是指在管理的范围内充分地利用人力和客观条件，能以最小的成本办成所需的事，提高整个团体的办事效率。大学生创业者在创业过程中应注意领导力的问题，创业者是初创企业的掌舵人，初创企业能否长久的生存，需要正确的领导。企业的管理在于领导，而领导成功与否与领导力有着紧密的关系。一个领导力薄弱的公司，经济性就会较差，容易造成资源浪费，也容易引发企业内部矛盾。领导力与领导者的个人魅力、性格、风度、能力、智力和个人的管理技能等各方面密切相关。对于刚出校门，或者没出校门的大学生创业者来说，在领导力上必须注意以下几点：

（1）知识与理论的衔接。掌握基本的领导技巧并认真在实践中学习，具备良好的状态，一切以公司的利益为导向。

（2）个人沟通能力的培养。有效的沟通必须注意沟通的效果，注意沟通不力的负面影响。沟通是一门艺术，沟通的功能有：控制、激励、情绪表达、信息等各方面的功能。

（3）正确的激励方式。有效的激励有助于领导者与员工的和谐，有助于树立自己的威信和形象。

（4）解决冲突的能力。有时候冲突有利于公司问题的暴露与解决，有时候冲突会造成企业的资源浪费。

（5）工作的合理分配。在进行工作分配的时候，知人善任，尽量避免混乱和权利与责任不明确的弊病。

（6）做出正确决策以及问题解决的能力。正确的决策和问题的解决有利于自己能力的表达，容易凝聚人心。

创业领导力就归结到一个方面，就是资源的整合，尤其是对人的整合，这是一个中心要点。

二、学习力

学习能力要求创业者不仅要学习宽泛博学的知识，还要有自己的学习方法，要树立终身学习的理念，与时俱进。学习是感知到自己的不足而进行弥补完善的一个过程。无论对于个人还是对于组织，持久不变的优势就是有能力比你的竞争对手学习得更多更快。

学习是迈向成功未来的通行证，比尔·盖茨曾说，“在知识经济时代，知识是您成功发展的基本条件”。不论现在成功与否，在这个快节奏的多变社会中，创业者都需要时刻关注新的信息，学习新的事物，不断为自己充电，因为投资大脑的回报才是最高的，不断学习才会让你立于不败之地。

一个企业如果想要在激烈的竞争中立于不败之地，就必须不断地有所创新，而创新则来自知识，知识则来源于人的学习。

管理大师德鲁克说：“真正持久的优势就是怎样去学习，就是怎样使得自己的企业能够学习得比对手更快”。

增知提素

“行走的图书馆”巴菲特：“永远学习，是生命最好的保鲜”

沃伦·巴菲特一生都在学习，都在投资。

学习和投资的过程中，书是他最忠实的伴侣。

小时候，他就爱书如命。

养成了习惯，伴随他的生命中的每一天。

启蒙以后，他读遍了父亲全部的藏书。

在哥伦比亚大学的图书馆，他就像一条鱼，在书本的海洋里游来游去，乐此不疲。

陶醉在书籍的芬芳里，他的幸福无与伦比。

他的合伙人查理·芒格曾经评价过："我这辈子遇到的来自各行各业的聪明人，没有一个不每天阅读的——没有，一个都没有。而沃伦读书之多，可能会让你感到吃惊，他是一本长了两条腿的书"。

巴菲特每天早上6：45起床，晚上10：45睡觉，一般睡8个小时。

然后开始阅读《华尔街日报》(The Wall Street Journal)、《今日美国》(USA Today)和《福布斯》(Forbes)。

一旦去到办公室他就开始读书，他估算过自己平均一天花费80%的时间用来阅读，一天至少要阅读500页书。

下班回家在自己房间的时候，他会关闭一切东西，只打开电视机保持静音模式，然后再继续阅读。

三、判断力

判断力在管理决策中也占据非常重要的地位，判断力对于企业管理来说就是决策中的一种发现并选择合理方案的能力。判断力对于企业获取利润具有决定性作用，有良好判断力的创业者，可以敏锐地发现并捕捉市场机会，并能转化为企业利润。果敢的判断力对于发现机会、抓住机会，甚至正确的决策都必不可少。

马克·卡森(Mark Casson)认为企业家的最主要功能是企业家的判断(Entrepreneurial Judgment)，企业家是对协调稀缺资源做出判断的人。由此可以看出，判断力对于一个创业者，对于一个企业家的重要性。其实正是由于企业家在特定领域具有超过他人的判断力，才得以承担超过他人承担能力的风险，从而获取他人无法获取的利润。

四、资源整合能力

资源整合既是企业战略调整的手段，也是企业经营管理的日常工作。整合就是要有进有退、有取有舍，就是要优化资源配置，获得整体的最优。一般说来，资源整合包含在战略思维的整合和战术选择两个层面。在战略思维的层面上，资源整合就是要通过组织和协调，把企业内部彼此相关但却彼此分离的职能，把企业外部既参与共同的使命又拥有独立经济能力的合作伙伴整合成一个为客户服务的系统，取得"1+1>2"的效果；在战术选择的层面上资源整合就是根据企业的发展战略和市场需求对有关的资源进行重新配置，以突显企业的核心竞争力，并寻求资源配置与客户需求的最佳结合点。目的是要通过组织制度安排和管理运作协调来增强企业的竞争优势，提高对客户的服务水平。

当今及未来经济走势已明显趋向于全球化、信息化、网络化、专一化及知识化的“五化”特征，而企业核心竞争力的内涵也不断丰富与变化。越来越多的企业开始意识到，要转变经济增长方式，提升企业核心竞争力，科学整合资源必须被提上重要议程。资源整合能力的强弱，不仅成为衡量创业者、企业家能力的主要指标，更直接关乎企业未来的成长发展。

对于大学生创业者来说，资源整合能力是成功的关键。随着经济全球化进程的不断加快，市场竞争愈加激烈，创业团队或是企业的发展过程中难免受到不同程度的冲击，要想在日益激烈的全球竞争中立于不败之地，保持经济平稳发展，最根本的是要通过一定的管理手段整合内外部资源，以激发自身的活力，增强抵御市场风险的能力。只有加快创业团队内外部的资源整合，加快创新步伐，不断提高管理水平和产品技术水平，增强适应市场竞争的能力，才能使企业有效克服危机冲击，保持长期持续发展。

有声小课堂｜创新创业教育之创业者应具备的基本素质与能力（三）

五、专业技术能力

专业技术能力是创业者掌握和运用专业知识进行专业生产的能力。专业技术能力的形成具有很强的实践性。许多专业知识和专业技巧要在实践中摸索，逐步提高发展、完善。

创业者要重视创业过程中知识、专业技术方面经验的积累和职业技能的训练，对于书本上介绍过的知识和经验在加深理解的基础上予以提高、拓宽；对于书本上没有介绍过的知识和经验要探索，在探索的过程中要详细记录、认真分析，进行总结、归纳，上升为理论，形成自己的经验特色，积累起来。只有这样，专业技术能力才会不断提高。

六、创新能力

创新是知识经济的主旋律，是企业化解外界风险和取得竞争优势的有效途径，创新能力是创业能力素质的重要组成部分，它包括两方面的含义：一是大脑活动的能力，即创造性思维、创造性想象、独立性思维和捕捉灵感的能力；二是创新实践的能力，即人在创新活动中完成创新任务的具体工作的能力。

创新能力是一种综合能力，与人们的知识、技能、经验、心态等有着密切的关系。具有广博的知识、扎实的专业基础知识、熟练的专业技能、丰富的实践经验、良好的心态的人容易形成创新能力，它取决于创新意识、智力、创造性思维和创造性想象等。创业者，不仅要注意在环境和教育的双重影响下培养自己的创业素质，而且要重视其整体结构的优化，在创业实践中不断提高自我创业素质。

七、自我反省纠错的能力

创业既然是一个不断摸索的过程，创业者就难免在此过程中不断地犯错误。反省，正是认识错误、改正错误的前提。对创业者来说，反省的过程就是学习的过程。有没有自我反省的能力，具不具备自我反省的精神，决定了创业者能不能认识到自己所犯的错误，能不能改正所犯的错误，是否能够不断地学到新东西。没有哪个成功的创业者智力上有什么出类拔萃之处，但是，这些成功者却有一个共同之处，就是非常善于学习，经常自我反省。作为一个创业者，遭遇挫折、碰上低潮都是常有的事，在这种时候，反省能力和自我反省精神能够很好地帮助创业者渡过难关。

总之，创业需要的素质是综合的，每一项都很重要，缺少一项，都会影响事业的发展。另外，各行各业杰出人才的基本素质都是相通的，上述各种素质对大学生来说，即使将来不创业，也应该具备。

有声小课堂｜创新创业教育之创业者应具备的基本素质与能力（四）

知识三：创业者素质的培养

一、影响创业者素质形成的因素

创业者身上的素质是人的一种本能，不是由学校培养的，而是受到三个方面因素的影响：

第一，创业素质可能是天生的。

第二，家庭教育是创业者素质形成的重要因素，包括父母的教育、长辈的教育，还有兄弟姐妹的影响。

第三，影响创业者素质形成最重要的就是社会教育，一个人成长的社会环境，会让社区内所有人思维接近、价值观趋同，社会的耳濡目染会让人们获得更多的相关知识。

二、创业者素质如何培养

素质和能力、业绩、行动是有区别的。素质是没有目的的，是一种隐含的品质，这种品质是本能的，是人的一种潜质，体现在思维方式上、在平时的一言一行中。

我们把创业者对知识的理解、胆量，面对世界能够积极应变的素质，利用知识引导解决事业难题的这些素质，统称为专业素质。这些专业素质是后天可以培养的。大学的创业教育要鼓励学生去尝试、去探索，每一次尝试都会有进步，不仅会让学生收获喜悦还会收获成功的经验。所以我们应该鼓励大学生多做实践尝试，有了一些经验之后，再去做更大的事情，获得更大的成功，而且还可以让他们摆脱怕挫折心理。创业的素质在于行动的自我培养。

创业教育对创业者素质的培养也起到一定的作用。创业教育主要是通过范例来激励创业者，告诉他们怎么避免失败，尽可能地在第一步走向成功。创业教育更多的要鼓励学生多去参与创业实践、多去观察别人，观察周围的人是如何创业成功的，参与实践，提升自己的能力，所以要培养创业素质，最主要的还是要迈出第一步。

总之，创业素质是一种潜在的创业潜质，在创业素质中，胆量、应变素质、尊重与运用知识的素质都起着重要作用。创业素质多是先天的，受到周围社会环境影响，但又可以通过后天的学习和培养得到改善和提高，需要自我创业素质提升，提升的基本方法是实践，通过多接触周围的创业成功者，提高对创业规律的总结能力，使学习能力成为创业素质的基础。

奇思妙想

训练一：在学习、生活中你是否注重个人能力的锻炼？你有哪些能力是比较突出的，可以思考总结一下。

训练二：增强大学生创业意识的途径有哪些？

训练三：创业者的基本素质包括哪些？

训练四：创业者的主要能力包括哪些？

训练五：简述结合所学知识你自己在创业方面还欠缺那些基本素质和能力？如何锻炼自己的这些能力？

增知提素

创业者的能力发掘

创业素质是一种本能，是天生的，是没有目标的，但是天赋有分类，有的是政治天赋，有的是音乐天赋，有的是艺术天赋等。创业者素质通常处在潜在的状态，只有在机会成熟的情况下，才能把这种能力显露出来，如果没有机会，这种能力有可能就发挥不了作用。

挖掘就是能够自我去发现的或者是别人去发现有价值的事物。创业是完全自由的，关键靠自我挖掘。有了机会，创业者素质通过自我挖掘，主动去行动，就有了成功的可能。

自我能力的挖掘主要是创业活动的性质决定的，再大的外部挖掘力量也不如自我识别、自我甄别。知己比知彼更重要，以对自己的了解，能够促使自己多些正面的暗示。创业本身要求创业者对错误决策负责。所以创业者必须要训练、提升自己的自主决策能力，正确地认识周围的环境和机会，特别是自己和环境的匹配，若出现错误、失败，自己能够负责，也能够认清挫折和失败可能给自己带来的危害，这才是走向正确决策必要的过程。正是因为创业具有这样的属性，所以能力也必须主要以自我挖掘为主。

创业素质是一种本能，这种本能需要借助机会表现出来，把创业素质变成创业能力，需要挖掘和抓住机会的能力，对成功的暗示和积极的探索，积累资本、积累人脉、积累自信，用行动实现素质的自我挖掘。

聚焦三：态度决定一切——优秀企业家精神

导师寄语

随着经济体制改革的持续深入，我国企业家队伍不断发展壮大，成为经济社会发展的一股重要推动力量。企业家精神对于推动技术创新、产业结构演进、社会财富积累甚至是制度变迁具有重要作用，是全社会的宝贵财富。我国目前处于体制转轨过程中，很多制度还不完善，对企业家精神的培育与激励机制还不健全，需要进一步通过深化改革，优化市场竞争环境，充分发挥市场在资源配置中的决定性作用，更好发挥政府作用，为企业家成长和企业家精神培育创造宽松的外部环境。

我国经济发展已进入新常态，经济增速从高速向中高速换挡，增长模式已从投资驱动、要素驱动向创新驱动转型。我国把创新作为发展理念之首，并把创新摆在国家发展全局的核心位置。创新需要人才，尤其需要以创新为己任的特殊人群，即企业家。企业家最难能可贵的就是在其身上体现出来的持续的创新精神，也就是企业家精神。这种勇于创新的企业家精神是一种重要的、稀缺的要素。那么什么是企业家精神？企业家精神的基本内容有哪些？企业家精神都有什么作用呢？

理论启发

知识一：企业家精神的作用

一、企业家精神的核心是创新

企业家精神是指企业家的才华和能力，企业家精神是产品创新的驱动力，以及企业推动改革进程的关键引擎。企业家精神的培育和获取是一个创新的过程，在这个过程中，新产品或新服务的机会被确认、被创造，最后被开发出来产生新的财富创造能力，企业家精神对于创新的成败具有决定性的影响。人们普遍接受的企业家精神的五大构成要素是：冒险、创新、独立性、变革、竞争性进攻。创新精神是企业家精神的核心内容，是企业家的灵魂。

二、企业家精神渗透于社会各个层面

企业家精神可以渗透到个人个体层面、公司组织层面和整个社会层面，从而对社会方方面面都会产生重大而深远的影响。

个体层面的企业家精神研究是以企业家本人为出发点，主要包括企业家个体特质、个体企业家精神要素以及个体企业家精神在创业过程中的行为表现等方面。个体企业家精神能够使企业家的行为出现“变异性”和“跃迁性”，促进企业家的创造性活动，实现企业家资源禀赋的放大和扩张；企业家是风险的承担者，是长期经济增长的微观组织机制，企业家精神的核心是持续技术创新。

组织层面的企业家精神关注企业或组织的整体创新创业行为。企业家精神在整个公司的渗透，主要体现在公司的创新与风险创业行为上，包括创新、承担风险和行动领先三个基本维度。组织层面的企业家精神是个人或群体在现有公同基础上建立一个新公司或者对现有公司进行重组或创新的过程，是将一系列独特的资源集中在一起寻找机会的过程，研究的焦点是机会而不是目前所掌握实物资源，是在动态复杂环境下组织谋求竞争优势的重要途径。

社会层面的企业家精神是指企业家精神在整个社会层面的广泛渗透，这一概念不同于企业层面的企业家精神。社会层面的企业家精神是近年来在公共、私营和非营利等部门中迅速涌现出来的一个概念，意指如何将企业家的创业、创新和冒险等精神应用于社会非营利组织部门来创造新价值。企业家精神不仅是独立企业家的某些个体特征，而且也是一种社会现象，是在一定的社会人文环境和经济制度规范下，由企业家这一特殊群体在企业经营活动中形成的，一种以创新精神为核心、以风险承担精神为支撑的综合性精神品质和意志。

企业家精神从这三个方面构成一个紧密联系的统一整体。个体层次的企业家精

神研究目的在于启发个体自觉地学习这种精神，从而令其成为刺激个体创业的重要精神因素；组织层面的企业家精神研究目标就是让企业自觉地组织建立包含着企业家精神特点的企业文化和制度，使其成为促使企业可持续快速发展的重要精神支柱；社会层次的企业家精神研究就是为了充分地引导包含企业家精神的文化在社区、地区、国家乃至整个社会的构建，激发整个社会的创新、创业热情，使企业家精神成为推动经济社会发展的动力上发挥最大的效益。

三、企业家精神是经济社会发展的重要力量

企业家精神是企业持续创新发展的不竭动力，是 21 世纪推动国家经济发展最主要的动力之一。企业家精神是技术创新的驱动力、产业结构演进的源动力、社会就业的创造者、财富积累的重要源头和制度变迁的推动力。企业家精神所带来的经济效应是不可估量的，企业家精神不仅能带动企业绩效的提高，促进经济的发展，而且还可以推动整个社会的进步。

（1）技术创新重要驱动力。企业家独特的个人能力，特别是敏锐的洞察力和丰富的信息知识，赋予企业家较强的创新能力。企业家在整个企业技术创新阶段起着倡导、激励、协调和组织实施的重要作用。

（2）企业家精神的一个重要特征是开办和创新企业，他们具有敏锐的洞察力，能够把握市场的一切有利机会，有长远的眼光，具备很强的企业组织、管理和创新才能。企业家创业有利于技术创新成果产业化，是产业集群发展和产业结构转型升级的重要实现载体。

（3）创造社会就业。企业家精神通过创新、创业精神创造出满足人们需要的各种新事物，创新出新的市场需求，也创造出了大量的新兴企业。新企业的发展，需要汇聚各种各样的就业人员，这就创造出了各种发展机会，包括大量的就业机会。

（4）财富积累重要源头。无论是在发达国家，还是在新兴工业化经济体中，经济的增长与繁荣总是离不开优秀企业家的企业家精神。经济的发展带动了财富积累。反过来，财富的积累也见证了一代代企业家创业创富历程以及为社会做出的贡献，财富更承载着创造财富者生生不息的企业家精神。

（5）制度变迁的推动力。勇于挑战自我的企业家，不仅仅只是被动地应对外界的变化，而是会主动地力图改变环境。制度演进的动力机制就在于企业家创新或者套利活动，在于企业家基于潜在获利机会的创造或实现过程中的交互作用。

有声小课堂 | 创新创业教育之优秀企业家精神

知识二：企业家精神的基本内容

从“企业家精神”这个术语的内涵上分析，精神首先是一种精神品质，“精神首先是一种思想形式，是一种驱动智慧运思的意识形态，”但“精神不完全是仅仅表明个人意识状况或过程的心理的、主观的概念，精神相对于意识，它似乎应该是对意识的一种价值抽象。”企业家精神也是表明企业家这个特殊群体的所具有的共同特征，是他们所具有的独特的个人素质、价值取向以及思维模式的抽象表达，是对企业家理性和非理性逻辑结构的一种超越、升华。企业家群体独有的显著的精神特征就和其他群体特征区别开来，人们日常也把它看作是成功的企业家个人内在的经营意识、理念、胆魄和魅力，并以此标尺可以识别、挑选和任用企业家。

一、创新精神

创新，是企业家的灵魂，与一般的经营者相比，创新是企业家的主要特征。企业家的创新精神体现为一个成熟的企业家能够发现一般人所无法发现的机会，能够运用一般人所不能运用的资源、能够找到一般人所无法想象的办法。

企业家创新精神的体现：引入一种新的产品、提供一种产品的新质量、实行一种新的管理模式、采用一种新的生产方法、开辟一个新的市场。

二、冒险精神

一个企业经营者，要想获得成功，成为一名杰出的企业家，必须要有冒险精神。对一个企业和企业家来说，不敢冒险才是最大的风险。企业家的冒险精神主要表现在：企业战略的制定与实施上、企业生产能力的扩张和缩小上；新技术的开发与运用上、新市场的开辟和领土上、生产品种的增加和淘汰上、产品价格的提高或降低上。

三、创业精神

企业家的创业精神就是指锐意进取、艰苦奋斗、敬业敬职、勤俭节约的精神。主要体现在：积极进取、克服因循规守旧的心理、企业家的顽强奋斗、敬业敬职的职业道德、勤俭节省的精神风貌。

四、宽容精神

企业家的宽容精神是指企业家具有宽容心，愿意与人友好相处，愿意与他人合作的态度和精神。主要体现在：尊重同行和下属、尊重人才、善于使用人才，敢于起用人才、虚怀若谷，善于听取别人意见，尤其是批评自己的意见、发扬民主精神，避免独断专行。

有声小课堂 | 创新创业教育之创业者应具备的精神

知识三：培育企业家的对策

一、重新认识企业家精神的作用

企业家精神对整个经济社会发展具有重要推动和引领作用。当前，我国进入新常态，正在推进供给侧结构性改革，企业家精神所具有的独特作用无可替代，是我国实施创新驱动发展战略、推进经济结构调整的重要推动力量。经济发展的动力要向创新驱动转换，就必须要重新认识企业家精神的核心内涵和创新引领作用，将培育和激发企业家精神放在创新驱动发展战略的核心位置。为此，要加快经济体制改革，使市场在资源配置中起决定性作用，进而为充分发挥企业家才能、培育和激发企业家精神创造良好条件。

二、拓宽企业家创新创业空间

企业家创新才能的充分释放需要良好的市场竞争环境和广阔的市场空间。必须进一步加快推进国有企业和垄断行业改革，坚决打破不合理的行政垄断和市场垄断，按照"非禁即入"的原则，取消规模、股比、经营范围等限制，打破区域行政壁垒，不断扩大企业家投资创业空间。打破国家和省级大工程大项目投资的隐性门禁，引导拥有土地、资本、资质、专家等资源的国企与民营企业家多种方式开展合作。积极发挥政府职能，营造良好的创业文化氛围，进一步完善创新创业扶持政策，支持和鼓励企业家积极投身于创新创业活动。加强企业服务体系建设，突出重点，鼓励创业，扶持创业企业健康成长。加快要素市场体系建设，为企业创业和发展营造宽松的市场环境，激发全社会的创新创业热情。

三、加强产权和企业家合法权益保护

产权激励是企业家精神最好的激发器和推进剂，必须要进一步加强产权保护，切实维护企业家合法权益。完善产权保护相关法律制度，加快推进民法典编纂工作，完善物权、合同、知识产权相关法律制度，清理有违公平的法律法规条款，平等保护各类市场主体。完善政府守信践诺机制，大力推进法治政府和政务诚信的建设，使得政府真正服务于民。加快政府职能转变，彻底地实现政府与企业的分离，确保企业能够成为自主经营的市场主体。理顺产权关系，使财产所有权和法人财产权分离，保证企业法人的实体地位。加大知识产权的保护力度，营造全社会重视和支持产权保护的良好环境。切实保护企业和企业家的私有财产及其合法权益，对报复、污蔑等伤害企业家的违法行为，要依法从严从快查处。

四、低企业家创业成本

在市场经济体制下，企业家总是寻找最适合自己、最能发挥自己才能、最能创造财富的地方。创新创业手续烦琐、成本高会严重挫伤企业家的积极性，也不利于培育和激发企业家精神。政府尤其是领导干部要与民营企业家建立起"亲""清"

的新型政商关系，进一步简化办事流程，提高政府服务效率，坚决杜绝寻租腐败和利益输送。有针对性地加快相关领域改革，切实降低物流、能源资源成本。完善创新创业扶持政策，加大资金、人才、土地等方面的优惠政策力度，降低创业成本。完善税收等优惠政策，切实降低创业企业负担。

五、创造诚实守信的营商环境

企业家成长和企业家精神的培育需要公平、透明、稳定的社会诚信环境。要加强企业家思想道德教育和社会责任意识培育，在全社会大力弘扬诚信文化和诚信精神。加强对守信主体的激励，加大对守信行为的表彰和宣传力度，对诚信企业和模范个人给予表彰。建立健全失信联合惩戒机制，充分发挥行政、司法、金融、社会等领域的综合监管效能，建立跨部门联动响应和失信约束机制，对违法失信主体依法予以限制或禁入，真正实现“一处失信、处处受限”。推动形成社会性约束和惩戒，完善失信信息记录和披露制度，使失信者在市场活动中处处受到制约。完善社会舆论监督机制，建立失信行为有奖举报制度，切实落实对举报人的奖励，保护举报人的合法权益，发展各类信用服务机构。建立公共信用服务机构和社会信用服务机构互为补充、信用信息基础服务和增值服务相辅相成的多层次、全方位的信用服务组织体系。

六、创造有利于企业家精神培育的舆论环境

在推进经济社会转型和完善社会主义市场经济体制的过程中，必须加强舆论宣传和正面引导，为企业家成长和企业家精神培育创造良好的舆论环境。企业家是社会中的稀缺资源，全社会要形成尊重企业家、理解企业家、关怀企业家、支持企业家的社会氛围，尊重企业家的特殊劳动，重视企业家的社会价值，充分肯定企业家队伍对中国经济社会发展所作出的贡献。尊重企业家发展的历史，客观报道企业事件，营造鼓励创新、宽容失败的舆论氛围，以积极客观的态度和历史的眼光报道企业家的成败。认真研究总结企业家成功的经验，探索企业家人才的发展规律，积极在全社会培育和弘扬企业家精神，特别敢冒风险、积极进取的创新创业精神。

专创融合

【案例 7-1】

创业者是参与创业活动的核心人员，包括创业领头人及其管理团队。他们具有敢于冒险的创业精神，能发掘机会、整合资源，是提供市场新价值的事业催生者与创造者，是市场机会的发现者，他们凭借信息优势、知识积累和一些特殊因素，发现新的市场需求，通过生产产品或服务实现自身价值。那么什么样的人适合创业？一名创业者应具备哪些能力和素质呢？

保定普世电器制造有限公司总经理李志慧：一个人想创业，首先要有自己创业的想法，有自己的创业梦，也就是创业者的精神支柱；第二要了解自己创业的项目，要了解产品了解市场；第三，要有拼搏精神，要不安于现状；第四要有敢于尝试的精神。只有这样才有可能创办自己的企业，实现自己价值与梦想。作为一名创业者应该有理想主义情怀，要有坚持不懈的精神，要有大胆的精神，要有团队精神，要有担当精神，更重要的一点是要讲诚信。

北京广安联合电力工程设计有限公司总经理陆潇：在理性的情况下，每个人都可以尝试创业，当然作为创业者要有清晰的目标，要有包容心，包容他人、包容合作伙伴、包容团队等才能得到共赢；创业者是一个坚韧的人，不被生活和命运打倒；要有洞察力，不被现象所迷惑，要直抵本质；要勇敢，创业是百死一生，不要盲目自信盲目乐观。作为一名创业者要有我信我行，我拼我赢的“衡中精神”。

启智润心

作为一名创业者，最大限度的实现自身价值，获得成功的满足感，就要最大限度地挖掘出自己的潜能和发挥自己的特长。想创业就要不甘心屈居他人之下，不愿意受他人支配，主张自我支配生活；要锻炼自己的领导力和判断力，还要锻炼自己的情商、财商以及逆商，这样我们才有机会成为一名创业者，成为一名企业家。

奇思妙想

训练一：简述企业家精神包括哪些内容。

训练二：简述企业家精神的作用。

增知提素

企业家精神是企业核心竞争力的重要来源

彼得·F·德鲁克认为：“所谓公司的核心竞争力，就是指能干别人根本不能做的事，能在逆境中求得生存和发展，能将市场、客户的价值与制造商、供应商融为一体的特殊能力。”可见，企业核心竞争力从某种意义上讲，是企业家精神的一个反映或扩展，它体现的正是企业的创造与冒险，体现的正是企业的合作与进取。企业家精神对企业核心竞争力的巨大作用在一些具有远见卓识和非凡的魄力与能力的企业家那里得到集中体现。美国微软公司的软件技术及其开发能力和辉煌业绩令世人瞩目，很大程度上归功于其总裁比尔·盖茨卓越的组织领导，盖茨也理所当然地成为美国青年心目中崇拜的时代英雄。

企业家在企业中的独特地位，决定了企业的核心价值观必然受其重要影响，决定了企业的组织创新、管理创新、价值创新等冒险活动只能由企业家自身承担，它同时也决定了企业的经营发展的兴衰成败，从而也就决定了企业核心竞争力能否形成。因此可以说，企业家在其精神的鼓励下对企业核心竞争力起着关键性保障作用，企业家精神通过企业家自身保障了企业核心竞争力的培育与提升。

资源、能力和制度的综合运用，再加上学习和创新，产生核心竞争力，但是当一个企业在资源、能力和制度方面都没有任何优势的情况下，能够不依靠尖端技术、不依靠国际人才、不依靠国际资金实力，如何在虎狼成群的国际国内市场占据一席之地？如何战胜数倍于自己的敌人？无数企业以亲身实践论证了企业家精神对企业的重大意义。证实了企业家精神是企业核心竞争力的唯一真实来源。最典型的例子日本，这个曾经的经济强国、美国曾经最大的竞争对手，他们依靠大和民族无与伦比的钢铁意志和坚忍不拔的精神，培育出核心竞争力，成为世界的经济巨人。在步入经济低谷的逆境中，韬光养晦，等待转机。受其启发，2002年不具备技术优势的华为，在进入周期性的衰退后，总裁任正非提出“在危机重重中，活着就是最大的成功”，进行大刀阔斧的改革，在产业结构的调整后，又进行内部组织的调整，终于度过冬天迎来春天。靠精神凝聚起来的企业人，才可能不折不扣、坚定不移的执行企业的每一个决策。依靠企业理念与企业家精神，不但构成企业的内在发展动力，更成为企业的外部发展机遇。企业家的执着事业心、不停息的创新精神和模范合作精神通过其传递机制，发扬光大，最终缔造出企业的核心竞争力。

第八章 创业机会的识别与创业计划

聚焦一：众里寻他千百度——创业机会的识别

导师寄语

商机是创业过程的核心，创业过程是由商业机会驱动的。但商业机会不等于创业机会，应该说适合于创业的商业机会才是创业机会。创业机会是一种可能盈利的机会，通过整合资源满足市场对新产品、新服务的需求并创造价值，是一个不断被发现的动态发展过程。那么创业计划如何去识别？它有什么特征？它的内容又有哪些？有没有好的鉴别方法呢？

理论启发

知识一：创业机会概论

一、创业机会的来源

创业机会是创业者发现并对其有较强吸引力的、具有潜在价值有利于创业的商业机会，通过整合资源，创业者能够实现为客户提供有价值的产品或服务，并同时使自己获益的动态发展过程。

创业机会来源于社会生活的方方面面，可以成为创业者发现和寻找创业机会重点关注的地方，一般可以归纳为以下方面：

（1）解决顾客问题。顾客是创业者应该重点关注的。创业的根本目的是满足顾客需求，而顾客需求在没有满足前就是问题，寻找创业机会的一个重要途径是善于去发现和体会潜在客户的需求或痛点。

（2）跟踪业内企业。业内人士对其产品更为了解，所以对业内企业的跟踪可以让创业者事半功倍。由于对企业跟踪的成本比较高，因此对行业较为熟悉的或有专业能力的创业者可以对市场上对手的产品、服务进行跟踪、分析和评价，由此发现市场上产品的优劣，并且有针对性地改进产品或开发新产品，这样就有可能发现较大的市场机会和开创新的市场机会。

（3）与渠道分销商交流。渠道分销商对顾客分销商是最了解的，因为他们整天与顾客打交道。他们知道顾客和市场的需求，所以他们对产品的看法可能比单个的顾客更为清晰和准确，所以在这方面，创业者不仅要与顾客交流，还要与分销商进行交流，倾听他们的建议。他们的建议不乏真知灼见，特别是他们对渠道营销的方法可能有很多很好的策略，这样可以使创业者的产品更好地与顾客接触。当然，与他们多交流也可以帮助创业者推广新产品。

（4）环境的变化。创业机会大都产生于不断变化的市场环境，环境变化了，市场需求、市场结构必然发生变化。这种变化主要来自产业结构的变动、消费结构升级、城市化加速、人口思想观念的变化、政府政策的变化、人口结构的变化、居民收入水平提高、全球化趋势等方面。正是这些外在因素的刺激，推动了人类的需求变化，要求国家、社会、人民去研究新方法、解决新问题，从而带动了新的社会总需求，为创业机会的诞生孕育新的沃土。

（5）创造和发明。创造和发明提供了新产品、新服务，更好地满足顾客需求，同时也带来了创业机会。对新技术的了解就是从其创造和发明的研发过程中获得的。创业者应对业内企业目前的研发活动有所了解，包括应重视所有目标产品的基础研究，因为科学家所研究的项目往往与基础性研究有关，而企业则与应用有关。关注科学家们的研究和企业开发同等重要，这样就会很好地把握新技术进入应用的节奏。如互联网对视频技术的应用，如果能了解科学家们对视频基础技术的研究进展，再跟踪企业的应用开发，同时关注网上的草根研究小组，再看看应用网站，就会发现未来视频技术应用的前景，即使不发明新的东西，也能成为销售和推广新产品的人，从而带来新的商机。

（6）新知识的产生。随着经济的快速发展，对教育的投入越来越大，知识领域不断拓展，新知识的产生也给创业者带来了大量的机会。例如，当人类基因图像得到完全解决，可以预期，必然在生物科技与医疗服务等领域带来极多的新创业机会。

（7）国外市场。创业者要经常关注国外市场的动向。中国是一个新兴市场，与发达国家的市场相比，很多产品要在发达国家市场兴起之后一段时间，才会在新兴市场中出现。所以关注国外市场出现的新动向，在适当的时机下，就有可能发现新兴市场的大机会。

虽然大量的创业机会可以经由系统的研究来发掘，不过，最好的点子还是来自创业者长期的观察与生活体验。

二、创业机会的特征

创业机会有三个特征：

第一，可实践性。未解决的问题不是创业机会，解决问题的过程才是创业机会，这是创业机会的可实践性。

第二，时间性。时间性就是现在是创业机会，过了当时的时间段就可能不是创业机会了。

第三，前瞻性。实践决定了创业机会的预想机制，对市场前景要独具慧眼，发现别人看不到的商机，才能增加创业成功的胜算。

在合适的时候找到创业机会、发现创业机会是一件不容易的事情。创业者围绕问题或痛点提出了解决方案之后，才算找到了创业机会。有时候这个方案未必是创业者独创的。市场变化是创业机会的来源，创业者自己的变化或者是别人的变化都会带来创业机会。创业者自己发生的变化，称为内在的变化，包括自身条件和能力的提升。但更多的是市场的变化，也就是技术的变化，会带来市场结构的变化，创业机会是从市场的变化中得来的。创业者可以针对这种市场变化提出自己的解决方案，抓住稍纵即逝的商机。

三、创业机会的内容

人人都会面临很多创业机会，主要是创业者是否能看到机会，创业者能否融合机会，这就需要创业者掌握、发现创业机会的内容。从市场的角度看，创业机会有四个维度的内容：

第一，创造新的产品或者提供新的服务，这是最大的突破。例如把航天上用的微波技术运用到厨房的一个民用产品上，这个微波炉产品的设计，应该说就是一个产品的突破。

第二，创造一个新的市场。就是把新产品或新服务运用在某一个地方，虽然微波炉技术可以用在很多地方，但是我们现在却把它用在厨具上，可以在厨房里快速加热食品，能节省人们的时间，这就是一个新发现。同时，微波炉并不是由格莱士自己原创的，而是从国外借鉴而来，这就发现了一个新的市场，就是中国市场。

第三，构建新的商业模式。格莱士在商业模式上的创新并不多，但是它的商业思想有所改变。格莱士采取的是低价策略，并且迅速做市场推广，使销售规模先上去，占领了市场以后，起到对竞争者的排除作用，然后再降低产品成本。

第四，创造新的功能。创业者可以利用新技术开发微波炉新的使用方向，如传统的微波炉都是加热的，应用了新技术的微波炉能解冻，这种微波炉就有可能成为专门解冻冰冻食品的厨房用具。

在市场上永远不变的是改变，就是永远都在改变，这才是不变的。所以创业者应该在创业路上找准时机，发现创业机会，找到适合自己的一套创业方法，这个方法称为3W1H方法，第一是销售什么产品，第二是要向谁销售这个产品，第三是要满足顾客什么样的需要，第四是怎么去销售，即营销方案，包括产品技术的整合、价格和配套送的赠品。

综上所述，创业机会就是有利于创业的商业机会。机会不是关键问题，关键是要有解决方案与条件。机会需要挖掘和利用，需要创造，也需要发现。机会的本质是变化，主动求变和看到改变，都可以找到机会，成为创业者创业的关键，创业是否成功取决于创业者对新的产品类别或服务、新的市场、新的商业模式，以及新的产品功能的观察与利用能力。

有声小课堂 | 创新创业教育之创业机会的识别（一）

知识二：创业机会识别及其重要性

一、创业机会识别

创业机会识别的障碍主要有两个：一是思维模式引起的障碍；二是道德、伦理或职业伦理引起的障碍。创业者把社会中一些伦理和职业伦理混淆在了一起，其实作为创业者来说，创业项目并没有贵贱之分，只要是为人们解决问题，就都是高尚的。创业者要突破惯性思维和职业伦理的障碍，调适好心理状态，才有可能识别和抓住创业机会。

（1）直觉的重要作用。直觉在创业过程中是非常重要的，但仅有直觉思维还不够，最好是将直觉思维和逻辑思维结合在一起。逻辑思维指的是正确合理思考的能力，通过比较、观察、分析、综合、抽象、概括、判断、推理这些能力，来形成一些事物之间的关系，或者是找到一些证据，来表达因果联系。

直觉其实是创业者能够迅速地运用自己的财商，将逻辑思维与直觉思维相结合，找到创业机会。只有逻辑思维或只有直觉思维是无法制订出理想的创业方案的。所以，直觉思维和逻辑思维结合在一起，容易制订出非常缜密的创业方案。

（2）创业的机会之窗。所谓创业的机会之窗，是指特定商机在市场中存在的时间跨度。时间跨度越大，市场规模也就越大；机会窗口越大，创业者抓住机会的概率就越大，获取的投资回报才会越大。

机会之窗理论是德鲁克根据产业的发展提出的，产业的发展有一个生命周期。因为产业刚刚产生时，人们并不了解该产业，所以在市场上规模很小或者几乎没有顾客群。而到了大家开始认识其价值时，该产业会出现暴发式增长，这时产品和行业都进入了成长期。对创业者来说，早期的市场产品进入市场是最难的，这个时期最大的问题就是如何生存下去，并且一方面要完善产品，另一方面要宣传产品，这时的机会非常小。而到了成长期，机会突然增大，就像为机会像打开了一扇窗户一样，人们把这个现象取名为“机会之窗”。而到了成长期结束前，会有更多的企业涌入，这时产业成长的空间越来越小，大淘汰开始，机会之窗自然就关闭了。

发现机会很重要，但是可能有的机会只是我们一时发现，并没有对它进行识别，它能不能运用到我们的创业过程中需要用机会窗口的概念来验证自己的机会识别能力。因此，创业机会识别的方法是，要用直觉、财商来发现创业机会，并且要用逻辑来验证创业机会，有时候找不到创业机会也没有关系，也可以从别人的机会中来发现自己的创业机会，让自己站在机会的窗口。

综上所述，创业机会识别是非常重要的，直觉在创业机会识别中起重要作用。但仅有直觉是不够的，还需要有理性思维的配合和完善，特别是逻辑思维，使最初的创业设想更加严密合理。如果创业者能够识别某一机会窗口，意味着有可能发现创业机会。因此，创业主要依靠创业者的直觉，经过缜密的思考和确认从别人的机会中发现自己的创业机会。

二、创业机会识别的重要性

创业者在创业过程中，识别机会并创办成功的企业是非常重要的一步。商业机会实际上是要营造出对新产品、新服务或新业务需求的有利环境。创业者通常可以从两个方面获得机会并得以创建企业：一是看到了外部环境因素的变化造成与现状的不同，从中发现差异而找到机会，进而创建企业。正如互联网的兴起，许多人看到机会，从而创建企业；二是由于自身条件和能力的增强形成与外部的差异，从而发现机会，进而创建企业。无论是哪一种原因，都是由于市场差异形成了对新企业的有利环境，但这并不是说机会是很容易发现和识别的，它需要我们有一双慧眼。这并不意味着我们普通人就不能识别机会，只是说识别它需要一定的条件、悟性和直觉，而这种悟性是可以训练的。

把握创业机会对创业能否成功非常关键。很多创业期公司在实际运作中空有创业的激情，却无法把握创业管理的精髓，以至于不清楚为什么自己的公司不能赚钱而别人的公司却能赚很多钱。其中一个重要的原因就是对创业机会的把握不够。识别创业机会的重要性在于以下三点：

（1）识别创业机会是创业成功的基石和方向。整个创业过程是通过创业机会来展开的，没有创业机会的发现和识别，创业就无从展开，没有把握创业机会的创业，失败是不可避免的。所以创业企业一定要先对市场机会进行调查、研究，对机会进行把握和识别，有机会才去创业。如果根本没有发现创业机会，而只是随创业潮流去创业，或者只是听别人说哪个行业能赚钱就去做哪个行业，缺乏对机会的识别，是很难创业成功的。

（2）创业机会识别可以大大降低创业成本。创业成功者往往是在创业之前进行机会识别的，最开始可以根据对机会的认知进行深入的调查研究和策略规划，深入研究之后就可以在创业之初避免很多错误行为。这样可以大大降低创业成本，提高企业存活率。

（3）创业机会识别是成功大小的决定因素。创业者对创业机会的识别和把握决定了创业者创业是否成功。如果创业者原来认为的大机会，到最后却只获取很小的利益，那创业者就可能只是在一个极小的市场上取得成功，而不是一个大市场，而这个小市场则很有可能使创业者在激烈的市场竞争中败北所以机会识别会影响创业者在市场上能存活多久，获得多大成功。

机会识别需要创业者的判断力，因为有些机会可能是转瞬即逝的，有一些则是一开始就是很难识别的，但却代表了一个长远的发展趋势。能否正确识别创业机会是考验创业者的重要因素。我们可以看到，缺乏远见将导致创业方向的立意不高，未来处处被动，缺乏冒险精神将导致创业机会错失；而有了远见和冒险精神却没有一套行之有效的控制成本以及强力的执行方法，同样会导致竞争力的缺失。在机会一瞬即逝，资源处处匮乏，团队实力不强的恶劣环境中，创业者如果不能依据自身核心能力以及实际情况摸索出一套适合自身企业的竞争方案，那么所有的问题都是问题，所有的问题集结一起终将淹没自己创业的激情。

有声小课堂｜创新创业教育之创业机会识别（二）

知识三：创业机会识别中趋势观察法的运用

识别趋势是从外部环境的众多因素中，找到其不平衡的因素，因为这里隐藏着重要的机会。这种不平衡性是由于变化形成的：首先，观察外部环境的变化，在变化中发现其机会的征兆；其次，对这种征兆进行分析和分类。有些征兆以后不再出现，可以判断它是一种偶然现象，但另一些征兆不时地反复出现，那么我们就可以初步判断，这有可能会成为趋势性的征兆。对这类趋势性征兆就需要特别注意，对这些征兆可以发现其不平衡所造成的机会或由此可以创造出机会，因而它已成为我们观察的重点。我们把纷繁复杂的外部因素进行分类，如经济因素、政治和制度因素、社会文化因素和技术因素，这样就可以更为清晰地观察。

当然，发现征兆需要判断力。有些创业者比别人更擅长发现这种征兆，因为他们更具有产业经验，具有良好的社会网络和创造性的警觉，他们更善于发现趋势的征兆并解释它们下面我们就来分析上述各种因素，以及如何在这些因素中发现其市场差异性，并从中发现机会。

一、经济因素的运用

对创业者来说，寻找创业机会时，考察外部的经济因素非常重要。它影响消费者的可支配收入水平，决定消费者的消费能力。

观察一个区域的经济因素时，我们要看创业企业目标顾客所处经济体的经济特征和发展方向。经济因素一般可以从以下四个方面来进行分析：

（1）考察所在国家宏观经济处于何种阶段：萧条、停滞、复苏还是增长，以及宏观经济以怎样一种周期规律变化发展。可以参考的指标有国民生产总值和宏观经济指标等。随着人们收入水平的不断提高，现在市场上所显示的数码产品以及金银首饰的购买热、旅游热、房地产热、证券投资热即表明了这一趋势，这给这些行业带来了机会，也带来了激烈竞争。

（2）区域经济中总人口数量中的收入比例，往往决定了一国许多行业的市场潜力，如食品、衣着、交通工具等。如中国庞大的人口基数，伴随着经济的高速增长，揭示了巨大的市场潜力和机会，而这也恰是吸引外资的根本动因。

（3）经济基础设施。它在一定程度上决定着企业运营的成本与效率。基础设施条件主要指一国或一地区的运输条件、能源供应、通信设施以及各种商业基础设施（如各种金融机构、广告代理、分销渠道、营销中介组织）的可靠性及其效率，这在策划跨国跨地区的经营战略时尤为重要。

（4）经济全球一体化的影响。各国之间经济相互依赖程度越来越高，世界上相互关联的经济体出现任何不稳定，都会影响该经济体内的企业，同时还会通过国际贸易波及经济体外的企业。而互联网的加速效应将使这种传递性更加迅速，影响也更加深刻。如果一国经济环境剧烈波动，则扭转经济形势需要付出很大的代价，所以关注、分析和预测国际经济形势对本企业抓住市场机遇，规避市场风险是非常必要的。

二、政治与制度因素的运用

政治因素对创业环境也有重大影响，在一些行业内创业需特别注意政策带来的机会和风险。政治因素一般需关注政府对产业是否支持。在中国，创业不仅需要关注法律环境，还需特别注意政策的调整以及政策对一些产业的支持，特别是近年来，有关部门对创业有一系列政策的支持。

政治变革会形成新的创业机会，例如带来数码侦探技术和相关产业的兴盛，以及安检设备市场的兴旺。

一些国家的国体与政体、关税政策、进口控制外汇与价格控制、国有化政策以及群众利益集团的变化都带来了商机，特别是一些新的法律条款的修改或新法律的修订，需要密切注意。

三、社会文化因素的运用

社会文化因素是指一定时期内整个社会发展的一般状况，其与一个社会的态度和价值有关，态度和价值是构建社会的基石，它们通常是人口、经济、法律政策和技术条件形成和发展的动力。社会文化要素主要包括社会道德风尚、人口变动趋势、文化传统、文化教育、价值观念、社会结构等，如人口变动趋势，人口是"潜在的购买者"，企业必须时刻注意人口因素的动向。目前世界人口迅速增长，世界人口的增长意味着消费将继续增长，世界市场潜力和机会将继续扩大，但是快速增长的人口正在大量消耗自然资源和能源，加重粮食和能源供应的负担，这些也预示了 21 世纪的主要挑战和商机。

文化因素包括一个社会的文化传统、生活方式以及道德习俗。它强烈地影响着人们的购买决策和企业的经营行为，影响着一个国家的经济和法律政策环境。

四、技术因素的运用

技术因素是指在目前社会技术总水平下引起革命性变化的发明，与企业生产有关的新技术、新工艺、新材料的出现、发展趋势及应用前景，它具有变化快、变化大、影响面大等特点。

新技术的产生能够引发社会性技术革命，创造出一批新产业，同时推动现有产业的变迁。历史上彩色胶卷、立体相机的问世，自动打字机淘汰全机械打字机，电脑打字机取代电子打字机等无不是技术创新的结果。近年来计算机行业中个人计算机及其软件的开发，改变了教育、娱乐和家用电子业，以致电子信息技术的发展和应用前景非常广阔。

一个国家经济增长速度的快慢受到采用重大技术发明的数量与程度影响，一个企业盈利状况也与其研发费用呈高相关关系。随着世界科技技术的进一步加快，产品更新、产业演变的速度将越来越快，技术因素对企业的影响也将越来越重要。因此，我们年轻的创业者，应该根据趋势来把握创业机会。

综上所述，趋势分析也是创业机会识别的重要方法。在机会识别中，产业周期规律、产业关联关系、科学进步趋势以及社会心理规律，是影响机会的最基本规律。

专创融合

【案例 8–1】

把握机会创造价值

创业机会识别是一个系统的实践性课题，在整个商业运作过程中占很重要的地位，需要靠自己以及创业团队的集体智慧、经得住各种事务的考验，而且需要搭建自己的“人脉”，才能够很好地把握住这个机会。我们走访了在实践过程中成功创业的人士，看看他们是怎样识别并把握创业机会的。

北京广安联合电力工程设计有限公司总经理陆潇说：创业机会的把握有一定的“运气”成分，要把握创业的机会之窗，就是积累见识、苦练基本功，简单来说就是平时要多积累、多学习。

保定远扬航程电力科技有限公司总经理李鹏飞说：在创业初期创业团队的“兄弟”情谊很重要，要有较强的心理抗压能力，明察时势，要有敏锐的洞察能力，才能抓得住市场机遇，且能经得住市场“考验”。

保定中创电子科技有限公司总经理马文良说：从学校毕业后入职国有企业做销售，这样一个经历使得我对掌握了经济及制度因素的运用，对电力客户群体以及产品需求有深入的了解；性格比较外向，善于与他人沟通交流，喜欢挑战性的工作，从而促使自己抓住了商业机会。

启智润心

通过对几位创业经理人的访谈可以看出，机会往往垂青于有准备的人，不安于现状、喜欢挑战的“不安分”心理等会促使人们去拼搏、去追求、去学习更多的知识，了解更多的“人情世故”，为将来的创业埋下“可行”的种子。在实践中要充分熟悉国家政策及本行业市场情况，并充分认识所处行业的细分市场情况，利用经济因素和技术因素，来抓住创业的机会之窗从而实现自己的创业梦想。

奇思妙想

训练一：什么是创业机会？它有哪些特征？

训练二：创业机会识别头脑风暴法操作中遵循的基本原则包括哪些？

训练三：创业机会的基本内容包括哪些？

增知提素

德鲁克提出的机会的七种来源

1. 意外之事

意外的成功，没有哪一种来源比意外的成功能提供更多的创新机会。而且，它所提供的创新机遇风险最小，求索的过程也最不艰辛。但是，意外的成功几乎完全受到人们的忽视，更糟糕的是，管理人员往往积极地将其拒之门外。

意外的失败。与成功不同的是，失败不能够被拒绝，而且几乎不可能不受注意，但是它们很少被看作是机遇的征兆。当然，许多失败都是失误，是贪婪、愚昧、盲目追求或是执行不得力的结果。但是，如果经过精心设计、规划及小心执行后仍然失败，那么分析失败的原因，可以发现隐藏的变化与机遇。

2. 不协调

所谓“不协调”是指事物的状态与事物“应该”的状态之间，或者事物的状态与人们假想的状态之间的不一致、不合拍。也许我们并不了解其中的原因，事实上，我们经常说不出个所以然来。但是，不协调是创新机遇的一个征兆。引用地质学的术语来说，它表示下面有一个“断层”，这样的断层提供了创新的机遇，它产生了一种不稳定性，“四两可拨千斤”，稍作努力即可促成经济或社会形态的重构。

3. 程序需要

与意外事件或不协调一样，机会也存在于一个企业、一个产业或一个服务领域的程序之中。程序需要与其他创断来源不同，它并不始于环境中（无论内部还是外部）的某一件事，而是始于需要完成的某项工作。它是以任务为中心，而不是以状况为中心。它是完善一个业已存在的程序、替换薄弱的环节、用新知识重新设计一个旧程序等。

4. 产业和市场结构

产业和市场结构有时可持续很多年，从表面上看非常稳定。实际上，市场和产业结构相当脆弱，受到一点点冲击它们就会瓦解，而且速度很快。市场和产业结构的变化同样是一个重要的创断机遇。

5. 人口变化

在所有外部变化中，人口变化被定义为人口数量、人口规模、年龄结构、人口组合、就业情况、受教育情况以及收入的变化等，人口变化最为一目了然。他们毫不含混，而且能够得出最可预测的结果。

6. 认知、意义和情绪上的变化

从情理上，“杯子是丰满的”和“杯子是半空的”没有任何区到，但是这两句话的在意义上却完全不同，造成的结果也不一样，如果一般的认如从看见杯是“半满”的，改变为看见杯于是“半空”的，那么这里就可能存在者重大的创新机选。

7. 新知识

基于知识的创断是创业精神的“超级巨星”，它可以得到关注、获得投资，它是人们通常所指的创新。当然，并不是所有基于知识的创新都非常重要，有些的确微不足道，但是在创造历史的创新中，基于知识的创新占有很重要的分量。然而，知识并不一定是科技方面的，于知识的社会创新也同样甚至更重要。

聚焦二：擘画蓝图定方向——创业计划书的撰写

导师寄语

如果你已经确定好了创业内容，决定自己要做自己的一番事业，我们就要着手准备撰写自己的创业计划书。什么是创业计划书？他的一般程序和撰写原则是什么？创业计划书在创业中的意义是什么？创业计划书的内容、写作技巧是什么？在本章节学习中，我们要将这些问题一一解决，初步学会撰写一般的创业计划书。

理论启发

知识一：创业计划书的概念

创业计划又叫商业计划，是创业者的一份全方位的项目计划，是对所创办企业进行包装和宣传的文件。它从所创办企业的人员管理、制度建设、管理模式和企业产品、市场营销等多个方面对将要开展的创业项目进行可行性分析。为所创办企业将来的经营管理提供必要的标准衡量和分析基础，同时向供应商、投资商、银行和目标客户宣传自己的企业和营销模式，是创业者能否融资成功和投资商是否投资的重要依据。

【案例 8-2】

云南某高校大四女生小李，在大学的学习中品学兼优，人缘也好，其能力也广受同学的认可，小李在大二时上了一堂关于大学生创业的课程后，就萌生了创业的梦想。经过一段时间的思考和摸索，并在社会上进行了一定的观察，小李将项目确定在宠物美容店上，思路是开一个实体店，再开一个网店，基本的计划是给宽物美容，兼营宠物寄养及售卖各类宠物饰品。随着城市的扩张，越来越多的城里人在闲暇之余开始养宠物，那么如何养好宠物，把宠物打扮漂亮和寄养的问题，逐渐形成了一个有潜力的市场，可以说这个项目在选择上还是独具眼光的，可行性也很强，既潮流也时尚，并且是一个可以长远发展大有作为的行业。在进行了前期准备工作后，小李开始撰写创业计划书，目的是申请一个 5 万元的创业基金。小李参考了各类的创业计划书的模板和格式，为了提高申请的成功率，将购买的国家未认可专利 - 宠物梳毛器，作为申请书的重点进行介绍，还将 3 个具有动物饲养硕士学位的研究生作为了店内的特聘人员，借此说明究物店的营运能力和盈利能力，申请书上对实地调研部分的叙述基本是依靠观察和网上查询资料得来的。申请书上交一个月后，信心满满的小李得到了未予立项的通知。

分享讨论：

（1）你认为小李的项目是否可行？可行性在哪里？

（2）你认为小李在前期的准备工作中的不足之处有哪些？

（3）小李在申请书上写入国家未认可专利（宠物梳毛器），对其申请的项目又怎样的危害？

（4）为了申请项目成功，申请人应该抱着一种怎样的心态？

知识二：创业计划书的内容

创业计划是一个逻辑严谨、层次分明、结构有序的书面文件，是将自己的创业设想系统的用文字表述出来，具体包括下面几个方面：封皮及目录、摘要、企业介绍、人员构成及组织管理机构、产品介绍、行业分析、营销策略、生产计划、工作进度、风险分析和财务预算等诸多方面。商业计划书通常没有固定格式，但一定要包括创业基本要素中的主要内容，让投资者对创业者的想法有一个综合印象，以便于投资者能够根据计划书的内容评估项目的可行性，判断是否有投资价值。

商业计划书的几种版式和内容纲要：

商业计划书模板一

目录

第一部分：摘要

第二部分：公司概况

一、基本信息

二、组织结构

三、公司价值观及战略规划

四、专利技术与知识产权

五、场地资源与设施设备

六、协作与公共关系资源

第三部分：项目描述（含产品与服务）

一、项目背景

二、产品和服务

第四部分：行业及市场分析

一、行业分析

二、市场分析

三、竞争分析

四、SWOT 分析

第五部分：项目执行计划

一、总体战略目标与规划

二、研发与生产计划

三、基本信息

四、营销计划

五、经营管理计划

第六部分：财务预测与融资计划

一、历史财务状况

二、财务预测

三、投资分析

四、盈亏平衡点分析

五、融资计划

第七部分：项目风险与机遇

一、项目风险分析

二、项目机遇

第八部分：管理团队概述

一、管理团队成员介绍

二、管理团队整体描述

商业计划书模板二

第一章　执行总结
1.1　产品介绍
1.2　团队优势
1.3　盈利点与营销
第二章　产品介绍
2.1　产品结构
2.2　产品功能及创新点
2.3　产品生产方式
第三章　团队优势与企业管理构想
3.1　专家指导团队
3.2　创业团队优势
3.3　学校助力
3.4　企业管理构想
第四章　市场分析
4.1　行业现状
4.2　市场机遇与前景
4.3　竞争分析
第五章　市场营销与未来规划
5.1　产品和服务内容
5.2　目标客户
5.3　营销策略
5.4　企业发展规划
第六章　投资与盈利预测
6.1　投资预测
6.2　企业股本结构
6.3　盈利预测
6.4　风险投资退出
第七章　风险与对策

商业计划书模板三

1. 执行摘要
1.1　目标
1.2　任务
1.3　关键因素
2. 公司情况
2.1　公司所有权结构
2.2　公司现状
2.3　商业模式
2.4　其他情况
3. 产品及服务
3.1　产品及服务描述
3.2　产品优势
3.3　产品资源
3.4　产品技术
3.5　未来发展
4. 市场分析
4.1　市场组成
4.2　目标市场
4.3　行业分析
4.4　竞争分析
5. 策略分析
5.1　价值体现

续

5.2 市场策略
5.3 销售策略
5.4 进度计划
6. 管理团队
6.1 组织结构
6.2 管理团队
6.3 激励方案
7. 财务分析
7.1 投资回报
7.2 财务指标
7.3 盈亏平衡分析
7.4 利润分析
7.5 现金流分析
7.6 投资退出时间和方式
8. 风险与对策
8.1 原材料供应风险与对策
8.2 技术风险与对策
8.3 竞争风险与对策
附录 1：营业执照
附录 2：专利证书
附录 3：合作协议
附录 4：税务报表

知识三：创业计划书内容分解

一、封面及目录

封面是阅读者看到创业计划书的第一页，也是创业计划书的“门面”能否给阅读者留意下一个良好的印象，有意阅读里面的内容，起很大的作用。

（1）封面的设计首先要规范，内容包含：企业名称、创业者姓名、联系电话、通信地址、传真、邮编、日期。

（2）封面设计要透露清新自然之美。普通封面：一般是按照顺序直接排列企业和创业者信息，黑色字体，纸质材质没有底色背景。彩色封面：有彩色图片或底色作为背景，企业和创业者信息等内容排列巧妙，采用彩色有质感的艺术字。

（3）目录一般在计划书的第二页，内容包含全部标题，注明页码，以便于阅读者及时找到自己感兴趣的内容。

二、摘要（执行总结）

摘要列在创业计划书的第一项，它是创业计划的浓缩的精华所在，涵盖了创业计划书的计划要点，注明自己所创办企业的特点及优势，其基本功能是在短时间内吸引投资者的注意力，便于投资者在短时间内评审计划并做出判断。

（1）撰写摘要的构思。

第一，要说明创办企业的思路，企业目标及发展战略。

第二，要说明企业筹备现状、发展背景和经营范围。要对企业发展前景做客观的评述，不回避不利因素，实事求是往往更能赢得投资者的信任，增加获取投资的成功率。

第三，要介绍创业者自己的专业及其背景、自身特长、社会经验和阅历等。企业家的素质对所创办企业的成功往往起关键性的作用，要突出自身的优点，同时也不避讳自己的不足。

最后要表达自己强烈创业意愿和拼搏精神，表明希望创业的态度和决心，以给投资者留下一个好印象。

（2）摘要所包含的内容：公司介绍、经营产品和经营范围，市场及行业概况、市场分析及预测、营销计划、生产管理计划、管理者及其组织、财务计划、资金需求状况、风险分析等。

（3）在摘要中，创业者还必须要回答下列问题：创办企业所具备的条件和环境；企业所处的行业、企业经营的性质和范围；企业主要产品；企业的主要市场在哪里，谁是企业的顾客主体以及他们的需求；企业的合伙人、投资人是谁；企业的竞争对手是谁，竞争对手对企业的发展有何影响等。

（4）摘要内容要简明、生动，语言方面一定要文笔生动，风格开门见山，创业者要充分了解自己所做的事情，一般此部分仅需在2–4页来说明问题足以，切记烦琐、晦涩。

三、企业介绍

企业介绍是指介绍企业的发展历程和现状以及未来规划，重点在于创办企业的宗旨理念和如何制定战略目标进行介绍。

（1）企业宗旨和理念。企业宗旨是指企业管理者确定的企业生产经营总目标、总方向、总特征和总的指导思想，是创办企业的出发点和归宿以及得到社会普遍认同并体现企业自身个性特征明确经营意识的价值体系。描述了企业力图为自己树立的形象；界定了企业的主要产品和服务范围，以及企业试图满足顾客的基本需求。

企业宗旨的主要内容有：

1）企业形成和存在的基本目的，它提出了企业的价值观念以及企业的基本社会责任和期望在某方面对社会的贡献。

2）为实现基本目的应从事的经营活动范围，它规定着企业在战略期的生产范围和时长范围。

3）企业在经营活动中的基本行为规则和原则，它阐明了企业的经营思想。经营思想的陈述往往反映在经营方针中。

（2）企业基本情况。包括项目公司与关联公司的关系以及基本信息，成立日期、发展历程、所属行业、业务范围、法定名称、所有制形式、办公地址、特许经营权、人员规模、硬件资源、技术力量、公共关系资源、生产能力、历史经营业绩等。重点介绍企业未来发展的详细计划，企业的发展方向和战略，以及中远期目标。

在这部分内容中，创业者需回答以下问题：做的是什么样的产品或者什么样的服务；产品或服务的具体描述，包括专利、版权、商标等情况；企业的地理位置；企业建筑的现状，新的还是旧的，是否需要翻修，如果需要翻修，列出成本；该建筑物是属于自己的还是租赁的，列出有关条款；选择该建筑物该地点的原因；企业生产需要哪些办公设备，需要购买还是租赁；企业的运营需要哪些技术和技术人员；创业者有无创业背景；有无管理经验；个人基本情况如年龄、教育程度、特长、兴趣等；参与该企业的原因是什么；有哪些成功经验；已完成那些开发工作。

四、人员构成及组织管理机构

“人”是创业中非常重要的一个资源要素，任何事情都需要人来做，即使是最先进的机器设备也需要人来操作。从某种意义来讲，创业能否成功，最终取决于该企业是否有一个强有力的管理团队，企业管理的好坏，直接决定了企业经营风险的大小。高素质的创业人员和良好的组织结构是创业成功的重要保障。管理层在创业初期一般就是创业者的创业团队，而创业团队的情况正是众多投资者最为关注的内容之一。因此，该部分应该突出进行描述，并强调管理团队的整体优势。

（1）管理团队成员介绍。主要涉及企业的创业核心成员、创业顾问和主要投资人。主要包括姓名、职位、性别、年龄、所持公司的股份或选择权、毕业院校、教育程度、个人工作经历、专业水平、知识与技能、历史成果、业界影响力、创业态度与动机等。可以附上核心成员的详细经历。

（2）企业结构情况介绍。一般包括企业的组织构成图、各部门的功能与职责、各部门负责人及主要成员、公司的薪酬体系、企业的股东名单及股权比例、公司董事会成员及背景资料。

五、产品或服务介绍

在项目投资时，投资人最关心的问题是风险企业的产品、技术或者服务能否以及在多大程度上解决现实生活中的问题，即产品或者服务的实用性。顾客能从企业产品中获得哪些好处，能否帮助顾客节约开支，增加收入。

（1）产品或者服务的介绍。产品介绍一般包括以下内容：产品的概念、性能及特性；主要产品的介绍；产品的研究开发过程；产品的市场前景预测；产品的市场竞争力；发展新产品的计划和成本分析；产品的品牌和专利。

（2）产品或者服务说明。在产品或者服务介绍部分，要对产品或者服务做出详细说明。说明要通俗易懂也要准确，即使非专业人员的投资人也能看明白，可以附上产品的照片。

（3）产品或者服务要解决的问题。第一，顾客希望企业的产品能解决什么问题，提供哪些服务，顾客能从企业的产品中获得什么好处？第二，企业的产品与竞争对手的产品相比有哪些优缺点，顾客选择本企业产品的理由？第三，企业为自己的产品采取了何种保护措施，企业拥有哪些专利、许可证，或与已申请专利的厂家达成了哪些协议？第四，为什么企业的产品定价可以使企业产生足够的利润，为什么用户会大批量地购买企业的产品？企业采用何种方式去改进产品的质量、性能，企业对发展新产品有哪些计划？

六、行业分析

行业分析是发现和掌握行业运行规律的必经之路，是行业内企业发展的大脑，对指导行业内企业的经营规划和发展具有决定性的意义。旨在界定行业本身所处的发展阶段及其在国民经济中的地位，在充分调研的基础上，对整个产业及竞争状况进行充分而详实的分析，对不同行业进行横向比较，为确定投资提供准确的行业背景，并据此做出正确的投资决策。行业分析需要从以下几个方面来进行：

（1）行业现状：处于萌芽期还是成熟期？该行业的发展动态和发展程度如何？总销售额是多少？总收益如何？

（2）该行业的发展趋势：未来走向如何？

（3）该行业市场上的所有经济主体概况：竞争者是谁？消费主体是哪些？供应商、销售渠道有哪些？

（4）该行业的影响因素：社会文化环境、国家的政策走向、竞争者的现状、行业壁垒等内容。

七、营销策略

营销策略是企业在经营中最富挑战性的环节，对于处于不同发展阶段的企业来说，其营销策略也是不同的，对市场错误的认识是企业经营失败的主要原因之一。营销策略的主要因素有：消费者特点、产品的特性、企业自身的状况、市场环境方面的因素，而最终影响营销策略的则是营销成本和营销效益。

（1）在创业计划书中，营销策略包括市场机构和营销渠道的选择；营销队伍的建设和管理、价格策略、促销计划和广告策略。

（2）对于创业企业来说，由于产品和企业知名度的高低，很难进入其他企业已经稳定的销售渠道中去。因此，企业不得不暂时采取高成本、低效益的营销战略，如大力投放广告、上门推销、向批发商和零售商让利，或交给任何有意愿经销的企业销售等。

制定营销策略的要点。在综合分析了影响营销策略的因素后，要制定适合企业发展的销售策略事关企业成败的大局，从以下四个方面把握制定一个合理营销策略

的要点:

1)市场及环境分析。只有掌握了市场需求，才能做到有的放矢，减少失误，从而将风险降到最低。进行市场及环境分析的主要目的是了解产品的潜在市场和预计的销售量及竞争对手的产品等信息。美国的七喜汽水，之所以能成为美国第三大软性饮料，就是由于采用了与竞争者划定界线的定位策略。可口可乐和百事可乐是市场的领导品牌，占有率极高，在消费者心中的地位不可动摇，于是美国的七喜汽水，宣称自己是“非可乐”型饮料，是代替可口可乐和百事可乐的清凉解渴饮料，突出其与“两乐”的区别，成为可乐饮料之外的另一种选择，因而吸引了相当部分的“两乐”品牌转移者。这一定位，既避免了与两巨头的正面竞争，又成功地使其在龙虎斗的饮料市场中占据了老三的地位。

2)消费心理分析。目前的营销大多是以消费者为导向的，根据消费者的需求来制定产品，但仅仅如此是不够的，对消费能力、消费环境分析才能使整个营销活动获得成功，只有掌握了消费者购买产品的原因和目的，才能制订出具有针对性的营销创意。脑白金畅销数十年，其营销创意正是结合了中国人的传统观念和习俗:过节不收礼正是利用了国人在过节时爱送礼的特性；而作为保健品，两个老人的形象在无形中影响老人都喜欢这个，驱使晚辈在过节时选择脑白金，相信如果换成两个年轻人在说广告语，效果就会差很多。

3)产品优势分析。只有做到知己知彼，才能战无不胜，产品优势分析包括本品分析和竞品分析。在营销活动中，本品难免会被拿来与其他产品进行对比，如果无法了解本品和竞品各自的优势和劣势，就无法打动消费者。自1984年海尔集团的前身青岛电冰箱总厂成立至1991年的7年时间里，海尔在实施名牌战略过程中，坚持技术质量至上的高起点，强化全员质量意识和产品质量意识，坚持技术进步，通过狠抓产品质量，创立了海尔冰箱。2009年，海尔品牌价值高达812亿元，自2002年以来，海尔品牌价值连续8年蝉联中国最有价值品牌榜首。

4)营销方式和平台的选择。营销方式和平台的选择要考虑企业自身情况和战略，同时还要兼顾目标群体的喜好，伊利优酸乳针对时尚、年轻的消费族群量身定制“我就是巨星”活动，打破冠名电视娱乐节目的常规做法，与浙江卫视深度合作，跨媒体设计各个环节，在特别节目中植入了“我要的改变”和“我要我的滋味”的环节，表现出伊利优酸乳“勇于改变”和“积极向上”的品牌主张；邀请明星为伊利优酸乳品牌代言，在幕前与年轻人群进行娱乐互动。由于具备了代言人与品牌内涵的高度关联优势，创造了收视与娱乐的双重价值，在年轻消费族群中夯实了其“健康青春饮品”形象。根据腾讯网数据监测显示，活动得到海量曝光，活动推广为期不到1个月，广告总曝光37.1亿次，点击222.6万次，页面总浏览

32.8 万次。从影响力覆盖来看，地域分布广，其中广东省、浙江省、江苏省、山东省、北京市用户参与度最高，用户参与度比为 23.17%；其中 74% 以上的参与用户年龄在 18~30 岁间，完全符合产品目标受众特征。“伊利优酸乳玩转娱乐营销”之所以被《成功营销》杂志评为“2009 最具人气乳品奖”，是因为伊优酸乳在这个案例中运用的娱乐营销有很多创新之处，其成功经验非常值得其他品牌借鉴，娱乐平台正在成为年轻消费人群中的最大推动力量。

八、生产计划

生产计划应完整的描述产品的生产和制造过程，是商业计划书的重要组成部分。其作用在于使投资者了解企业的资金需求和研究进度。作为初创企业，创业计划中大多数是服务型或者高新技术企业，对生产制造环节涉及较少，但随着企业的不断做大，生产制造也将会在企业发展中占据越来越重要的地位。

具体来说，商业计划书中的生产计划一般包括：生产场地的基本情况、基础设备和基本配置情况、生产工艺和流程管理、新产品的生产及其稳定性和可靠性、是自己生产还是委托他人生产、生产经营成本分析、质量管控和质量改进计划。

如果新创企业是服务型企业，该部分内容可以命名为“经营计划”，内容包括对货物购买、存储控制以及库存需求等进行描述。经营计划需注意回答一下问题：货物将从哪里进行购置，存储控制系统如何运营，存货需求如何，剩余货品如何促销等。

九、风险分析

创业是一种高风险“理财行为”，投资者希望在投资以前清楚了解企业所面临的风险，风险的大小程度以及将如何降低或防范风险、增加收益等情况。没有风险分析的商业计划书是不完整的，风险分析不仅能减轻投资者的顾虑，让他们对企业有全方位的了解，更能体现管理团队对市场的洞察力和解决问题的能力，成功地消除和减轻投资者的顾虑，取得投资者的信任。创业者可以从以下几个方面进行阐述。

（1）市场风险。市场风险包括生产中可能遇到的问题、销售者未知的因素、顾客的不同需求与反馈其他难以预料的风险等。

（2）技术风险。技术风险主要是技术研发中的困境，如技术力量不够强大、研发不到位、员工熟练程度不高、经验不足、研发资金短缺等。

（3）资金风险。创业者需要阐明可能出现的资金周转不畅和资金断流等问题，讲明万一企业遭遇清算的后果及遭遇清算后有无偿还资金的能力。

（4）管理风险。创业者要实事求是，不能刻意隐瞒管理方面的缺陷和漏洞，如实反映情况，诸如人手不足、经验欠缺资源匮乏等。

（5）其他风险。企业的其他风险有很多，如政策的不确定性、经营中的突发状况、财务上的不确定因素等，都可以归入其他风险。

十、财务规划

财务规划又可称为财务计划，投资者可根据财务规划内容看到一个好的创意能否营利。一份好的财务规划可以帮助企业降低经营风险，提高企业的评估值，增加企业获取投资的可能性。如果财务规划准备不充分，会让投资者认为企业管理人员缺乏经验，从而降低企业的评估值，同时也会增加企业的经营风险。

一个项目必须要有健康的现金流以并具有获利的长期潜力，否则项目的存在就失去了意义。可以说财务规划是商业计划书的核心和灵魂，因为它将以上所说的各部分转换成了预期的财务成果。

（1）财务规划包括以下内容：创业计划书的条件假设、预计的资产负债表、预计的损益表、现金收支分析、资金的来源和使用。

（2）编制财务规划可依据以下原则进行编制：

1）财务规划编制应该体现国家计划对企业的指导，符合国家的政策以及法律法规。

2）财务规划中的各项指标应与企业的全部生产经营活动相适应，要与其他计划协调一致。

3）要按照年度、季度、月度分别编制财务规划。

4）各项指标既能调动职工增产节约、改善经营管理的积极性，又要有切实的措施保证其实现。

（3）财务规划的内容：

1）生产经营活动中的收入、支出和盈亏情况。

2）纯收入的分配和亏损的弥补。

3）流动资金的来源及周转情况。

（4）财务规划的要点。财务数据假设必须是现实的，不能超出行业经验的范围，并且给出它的来源、证据、专家意见以及你选择某一增长率或分销成本的理由。需说明以下问题：

1）产品在每个同期的发出量有多少？

2）什么时候开始产品线扩张？

3）点检产品的生产成本是多少？利润是多少？

4）单件产品的定价是多少？

5）在固定时间内产品的销量有多少？

6）使用什么分销渠道？

7）雇用哪些人生产、加工以及销售产品，工资预算是多少？

知识四：撰写创业计划书

商业计划书是企业获取投资的敲门砖，撰写商业计划书是一个十分系统的工作，作为众多创业成长企业进行融资的必备文件，有着固有的技巧和规律；它是根据一定的格式和内容要求编辑整理的一份向受众全面展示公司和项目目前状况、未来发展潜力的书面材料。制作一份详实的商业计划书，已经成为越来越多创业者的必修课程。

一、创业计划书的写作技巧

撰写创业计划书虽然有固有的规律可循，但要写出一份好的创业计划书还是有一定技巧的，掌握好创业计划书的写作技巧，关键在构思和写作过程中，写作过程中应注意以下几个方面。

（1）你是否了解你所创办的企业或者项目，正在解决的重要问题是什么？你所创办的企业或者项目是否具有吸引投资的潜力？如何解决这些问题或者抓住商机。

（2）谁是你的客户，竞争对手市场是否了解，如何赚钱？

（3）你所创办的企业或者项目如何做到与众不同，或者哪些方面与竞争对手不同，不同方面有何潜力？

（4）你的企业或项目如何打开市场，近期的营销方案和长远的营销策略是什么？

（5）你的产品或者服务有哪些优势，客户为什么要购买你的产品或者服务？

（6）你的竞争对手是谁，你与竞争对手各自都有什么优势？

（7）你的团队包括哪些人，各自都有那些特长，如何管理你的团队。

（8）未来两三年你的财务收入预测如何，具备哪些实现预测的假定条件？

（9）你的长远目标是什么，要达到哪些目标才能让企业良好地运转？

二、创业计划书的撰写要点

一张好的地图可以增加或者准确地到达目的地的可能性。创业计划书就是我们这张地图，制定的过程就是绘制地图的过程，看清自己在那儿，要去哪儿，有自己的目标就可以开启自己的“旅途”。制定创业计划要考虑创业现状分析、创业目标分析和创业手段分析三个问题。

（一）创业现状分析

（1）分析自己企业或者项目提供产品或服务的现状。如：在价格、质量等方面如何与他人竞争？你的产品或者服务有哪些优势或者区别于他人产品或者服务的地方？

（2）分析自己的优势和劣势。如：自己的优势和劣势是什么？自己的团队如何，是否善于领导和交流？公司的目标是什么？

（3）分析客户需求。客户对自己的产品或者服务是否满意？市场组合有哪些优缺点？能否找到更多的目标客户？能否辨别并正确的进入细分市场？

（4）分析市场的机会与威胁。目标客户的消费品位是否有变化？自己有新产品或者新的服务项目吗？竞争对手进入公司所处行业是否容易？

（二）创业目标分析

（1）确定自己创办企业的宗旨。企业宗旨是关乎企业存在的目的或对社会发展的某一方面应做出的贡献的陈述，是企业追求的基本使命。其内容包括：企业形成和存在的基本目的；为实现根本目的应从事经营活动的范围；企业在经营活动中的基本行为规则和原则。

（2）根据宗旨确立一些具体目标。目标必须是定量的、有时间限制的，并且可以实现的，可将它们作为有效的判断标准来评价自己的表现。如：一个具体的目标可以实现10%的利润增长，最小资本回报率为15%等。目标是路途的里程碑，告诉创业者要到哪儿去，并且在到达目标时让创业者知道。

（三）创业手段分析

（1）制定可实现创业目标的战略。创业战略是基于目前资源形势的判定之后对远景的布置以及大体行动方法的总纲，直接决定了创业者以后所成长的空间。制定战略需要不同的管理职能部门一同合作。

（2）制定适合自己的营销计划。营销计划涉及的是营销战略和策略，它可以帮助公司达到总体战略目标。制定一个连贯的营销组合，已明确如何把产品或服务提供给不同的客户群体。

（3）财务预算、利润和资金流分析。要完成这个计划需要什么财务资源？是否能吸引投资者，如果不能需要修改计划。

三、如何写出好的创业计划书

（一）创业计划书概述

“该如何去写出一份好的商业计划书”，“一个好的商业计划书他的内容有哪些？”下面向大家介绍在写商业计划书的过程当中，怎样从零开始，该考虑哪些因素，就能快速地掌握如何写出一份让投资人青睐的商业计划书。

商业计划书可以说是一份“文件”，他的读者是投资人或赛事评委，他们想获取的信息就是我们在商业计划书中应该呈现的内容。比如：这个项目的参加比赛的赛道；是不是未来的风口；是不是最值得投资的选手等等。所以在商业计划书中，要呈现的内容就是在这些方面，我们分成四点去呈现。

第一，商业计划书在试图解决什么问题，看到了一个什么样的机会，这个机会的适用人群中存在什么样的痛点。

第二，是对于找到的机会和需求，能给出怎样的解决方案，是通过什么样的产品或者服务来解决的。

第三，在你选择的市场中，他的机会、市场、规模有多大，这个市场的量级是多少，其他人能否进入这个市场。

第四，在你选择的市场中，没有其他的竞争对手，竞争状况如何。

痛点和赛道确定后，接下来撰写团队方面信息。如：你的团队到目前为止运营状况及运营数据；对未来的规划，未来规划可以包括目标用户、产品的发展、销售收入的规划等；需要融资的金额；出让的股份比例；股权结构等；做这件事情的团队结构怎样。这些商业计划书的核心的内容一个也不能少。

有声小课堂｜创新创业教育之创业计划书概述

（二）目标客户的痛点和需求

展示痛点和需求问题是创业项目的机会所在。一般情况下，创业者撰写商业计划书的这部分内容时，往往会写我是一家什么样的公司，公司成立于哪一年，公司产品是做什么，公司的未来规划和愿景是什么。指导教师看到这些内容，会指出这些内容在一开始是无效信息。对于投资者来说，他关注的并不是公司叫什么，是个什么样的公司，而是你能解决什么问题！所以创业者最重要的目标就是我解决了什么问题。在生产生活中，看到了某一个方面存在着未被满足的需求或者痛点，而我存在的意义和使命就是解决她。

一个好的商业计划书，是从问题开始的，是从要解决的需求和痛点开始的，在这部分内容中，告诉大家某一个目标群体存在某方面的需求，目前还没有被解决或者解决得不理想。创业者看到了其中的机会，愿意去做，去尝试，从而引起读者的注意，有想进一步了解的欲望。

有声小课堂｜创新创业教育之创业计划书：痛点和需求

（三）解决方案与产品

该部分内容展示产品或者服务怎样去解决人们的需求或痛点，产品或者商业模式，产品或服务的价值如何。让所有的读者能直观地感受到你产品的解决方案是什么样，还包括成本情况、盈利点、收入来源、利润率等。这部分内容要展示这些有价值的信息。让读者感觉你的产品或服务不但能解决问题，你确实有商业才能，这个产品或者服务也确实有商业价值，在这个项目中能获得很大的收益或者回报。

一部分创业者在创业初期不考虑项目赚钱的问题，在撰写这部分内容时没有加入任何赚钱或盈利模式相关内容，这样的思考是不对的。任何一个商业计划书，任何一个项目，它的目标一定是盈利，或者先积累一部分有效的客户，盈利的过程放在后面的阶段，也是一种表达的方式，也可以把项目的盈利模式相关内容在不同的阶段来呈现给读者，如：第一阶段收入的方式以差价为主，第二阶段用户积累到一定数量会有其他的延伸收入，到了第三个阶段，会有更多的收入来源，这样也是比较合理的呈现方式。所以该部分内容要呈现的是产品和商业模式还有就是痛点的解决方案，解决痛点和需求之后要考虑我的盈利模式是什么，该项目怎样盈利。

有声小课堂 | 创新创业教育之创业计划书：解决方案

（四）市场规模

市场规模主要是目标产品或行业的整体规模，具体包括目标产品或行业在指定时间的产量、产值等。对于读者会选择有一定规模的市场进行投资，如果你的目标市场在未来的增长空间以亿元为单位，有足够的想象空间或者将来的增长速度很快，这样的项目读者是很感兴趣的。该部分创业者要呈现的就是所做的项目市场或者解决的问题他的空间是无限的。

在撰写过程中数据信息可参考国家统计局、行业报告或第三方报告、行业研究报告等相关数据。如果进入的是一个全新的市场，而这个市场没有可参加的数据来源，我们要做合理的假设，相关数据需要靠自己对未来进行合理的预估和假设而给出一个数据。估算出来的数据逻辑要合理，不要存在瑕疵和漏点。

有声小课堂 | 创新创业教育之创业计划书：行业分析

（五）竞争对手分析

什么是竞争对手？对于一个企业，广义的竞争对手是来自多方面的，企业与自己的客户、供应商之间都存在着某种意义上的竞争关系。狭义的讲，竞争对手是那些与本企业提供的产品或服务相类似、并且所服务的目标客户也相似的其他企业。

如果我们的产品或者服务解决问题及痛点的情况还不错，市场空间也具有吸引力，接下来作为读者会考虑市场的竞争对手如何。这个产品或者服务有没有其他人在做？有没有其他的企业也在关注这个市场？如果这部分直接叙述为“你是唯一的”那这样的市场是不存在的。所以这部分内容要分析自己的竞争对手，不要只关注自己的产品或者服务。

有部分创业者在撰写这部分内容时存在一个误区的，就是把不同的竞争对手罗列的非常详细，如：竞争对手叫什么？它成立于哪一年？他的地址在哪里？公司主营业务是什么等。这些是没有价值的信息，我们不仅要呈现竞争对手是谁，还要呈现你的产品或者服务竞争对手强在哪里，将自己的亮点客观的呈现出来。

有声小课堂｜创新创业教育之创业计划书：竞争对手分析

（六）运营情况

运营情况是指企业的产品在市场上进行销售、服务的发展情况，该部分内容需要我们用数据的方式呈现给读者。如：到今天为止有多少用户、销售收入如何、规模怎样、进入了哪些市场等。将这一系列的数据呈现给你的读者，而这些数据一定要展现你的亮点，同时这些数据要和你所处的行业息息相关。

如果做的是 App，需要将注册用户数，用户的活跃数等进行描述；如果做的 B2B 行业，需要呈现用户签约数。对于不同的行业，不同的产品，所需要呈现的数据就会不一样。这些数据需要用图表和图形来展示。读者会通过这些数据判断你团队的效率和团队的执行力，这是决定整个创业项目未来成功的一个重要因素。比如加入运营期间、市场的反馈、用户的评价、媒体的评价以及合作伙伴的评价，在这些信息和数据呈现的过程当中，要确保它的真实性。

有声小课堂｜创新创业教育之创业计划书：运营状况

（七）未来规划

未来规划就是创业者对这个行业未来的想法，这些想法跟你的业务息息相关，比如在未来 1~2 的周期中对用户数量增长的预期，对未来销售收入的预期，对产品迭代的规划以及团队的成长等。

对于未来的规划要以里程碑的形式告诉读者，如：到某个时间节点项目做成什么样，在某个时间节点成长成什么样，这些内容需要根据你的产品和业务的形态详细呈现。除了业务的规划外还学要对你的财务数据进行规划，如早期阶段对未来收入的增长预期或者利润预期。在这里需要做三张表，资产负债表、利润表和现金流量表，在这个过程当中我们更多的是用其中的一张表要做损益表，就是利润表。利润表会呈现了你的收入情况，毛利情况以及各项费用的情况，这也是反应你未来的运营开支情况，包括你的最终的利润情况。这些数据要经得起推敲，需要有一定财务功底的人做估算。

有声小课堂 | 创新创业教育之创业计划书：未来规划

（八）融资计划

要达到对未来规划的目标需要资金的注入，就需要我们说明项目的融资计划。在这一部分需要创业者表达出融资金额的需求，前文已介绍了未来规划，要达到这个规划可能需要多少钱，在未来的多长时间用这些钱能达到这个目标。这部分钱创业者愿意稀释多少股份，建议在这里不要写绝对数值，比如：创业者想融资五百万，可以写成需要融资五百至六百万，稀释股份比为百分之十五到二十，用区间的方式展现创业者想要融资的金额和需要稀释的股份。

除了融资金额和稀释股比之外要明确在下一步这些钱用在什么地方，比如：融资五百万资金，在未来，百分之三十用于产品研发，百分之三十用于市场拓展以及人力的拓展等一系列方面，清晰的告诉读者这些钱怎么用。要明确融资的币种是什么，因为不同的投资机构以及创业者公司结构，对币种的要求和未来的规划是不一样的，还要明晰融资之后整个公司股权的结构有何种变化。

对于不同的阶段，你可能的需求会不一样。比如：天使轮可能需要一百到二百万左右人民币，A 轮我们大概是 1000 万 ~1500 万左右，要根据公司的实际需求阐明相应的融资的金额。融得的资金要与前文所述业务规划一一对应，需要多少钱就融多少钱，这是比较合理的融资规划。

有声小课堂 | 创新创业教育之创业计划书：财务规划

（九）团队成员

前文已经介绍了团队组成，包括团队的作用、特征、组建基础等，当然对于撰写创业计划书这部分内容也是不可缺少的。对于一个项目，团队内容有一定的灵活性，可以把团队的信息放到最后，如果团队信息中有可能的加分内容，也可以放在前面。比如：你是做人工智能的，团队中有一位全国知名人士，因为他的加入，对于这件事情的成功起到非常重要的决定性作用，而且是非常稀缺的人才，那团队介绍这部分内容就往前提。

该部分需要介绍项目团队的核心成员，他们分别在公司负责什么，什么角色，他们有哪些经历，尝试过哪些行业，以往工作与现在项目的相关性等，并将成员的照片加工处理后放到里面。

项目团队展示的信息要有说服力，给读者的感觉是这个团队“很强”。比如：团队成员在各自的领域中、在整个行业中是优秀人才，或者在某些大公司工作过，或者个人背景非常强，这是第一点；第二点，团队成员个人能力互相契合；该团队做这件事情没有明显的短板。例如：你的项目是做产品的，而团队成员中缺少做技术的人，或者项目是一个互联网产品，结果缺少了解产品的人，那这样的团队存在明显的短板，做这件事情的成功概率就会打折。所以这部分内容，要呈现的两点就是第一“很强”，第二就是互补。

有声小课堂｜创新创业教育之创业计划书：团队介绍

（十）注意事项

在设计商业计划书封面页，用一句精炼的语句将整个项目叙述出来，让读者能从这句话中知道这个项目是做什么的。

商业计划书的内容并非越多越好，但前面阐述的几个要点是一个也不能少的。在篇幅方面，一个好的商业计划书 12 ~ 15 页就可以呈现完毕，假如在路演现场 PPT 介绍时，前 3 ~ 5 页会介绍得非常仔细，到 10 页之后由于时间的关系翻页速度会变快，所以，要控制整个商业计划书的篇幅。

在商业计划书每页的标题行，要注意展示这一页的核心内容，让读者明白你展示的是什么。在介绍的过程中，不要用大段的文字，尽量用图表和图形的方式表达，如需要文字展示，最好用短语、小标题的方式来说明你的观点，PPT 色彩不要太多，尽量控制在三种颜色以内。

计划书中所有的数据确保他的真实和准确性，确保所有数据有据可依，不要夸大。在内容的写作过程中，前后要有逻辑性，要从一个投资人的思考出发撰写。商业计划书撰写完毕后要仔细检查，不要出现错别字。

有声小课堂｜创新创业教育之创业计划书：注意事项

专创融合

【案例 8–3】

项目名称：隔墙售电－区块链分布式电力共享互售系统

获奖情况：2020 年“建行杯”第六届河北省互联网＋大学生创新创业大赛银奖。

项目背景：

2017 年 12 月，国家发改委、国家能源局印发的《关于开展分布式发电市场化交易试点的通知》指出：“分布式发电就近利用清洁能源资源，能源生产和消费就近完成，具有能源利用率高，污染排放低等优点，代表了能源发展的新方向和新形态。目前，分布式发电已取得较大进展，但仍受到市场化程度低、公共服务滞后、管理体系不健全等因素的制约。为加快推进分布式能源发展，遵循《关于进一步深化电力体制改革的若干意见》（中发〔2015〕9 号）和电力体制改革配套文件，决定组织分布式发电市场化交易试点。”并且明确要求“建立分布式发电市场化交易平台”。

项目现状：

“隔墙售电—区块链分布式电力共享互售系统”已经研发完成并经过专业软件机构测评，达到功能需求，2019 年 10 月在国网廊坊供电公司测试应用，效果良好。

有声小课堂｜案例分享：创新创业教育之学生参赛——隔墙售电

【案例 8–4】

项目名称：“酣”畅淋漓——便携式电焊机接地装置

获奖情况：第十二届“挑战杯”中国大学生创业计划竞赛铜奖
2020 年“挑战杯”河北省大学生创业计划竞赛特等奖

项目背景：

在电力施工作业中，工人经常需要焊接，焊接最常用的设备是电焊机。电焊机是典型的低压大电流设备，地线与焊件的接触是否良好，是保证焊接过程稳定的关键环节。目前市场上的电焊机接地方法有两种，一是钳夹式，二是焊接式，存在钳夹式接地法易脱落与焊接式接地法焊疤难以清理的缺陷。另外，市场上现有 LGK-160D1 逆变式等离子切割机、逆变式直流手工弧焊机等不留接地焊疤的电焊机，价格较昂贵，实用性与传统的电焊机也并不存在任何使用区别。

项目现状：

基于一线工人的作业要求，“酣”畅淋漓——便携式电焊机接地装置研发之后经过在河北省邯郸市武安市供电公司试用后，效果良好，形成了良好的产品评价。目前本产品实现了在该单位的全面应用，获得了广泛认可。

有声小课堂 | 案例分享：创新创业教育之学生参赛——“焊”畅淋漓

思维启发

通过以上两篇案例可以看出，商业计划书的各要素里面均有涉及，撰写思路清晰，符合所参加赛事格式要求，对项目背景、产品、团队、市场营销、融资、利润、风险等多个方面对将要开展的创业项目进行可行性分析，为我们参赛及将来创业提供了一份详实的计划书模板。

奇思妙想

训练一：创业计划书的主要内容包括哪些？

训练二：根据所学知识简述如何吸引投资人关注创业者的创业计划书。

训练三：简述创业计划书的作用。

训练四：简述优秀创业计划书的特点。

增知提素

周鸿祎：教您打造十页完美的创业计划书

第一页，用几句话清楚地说明你发现目前市场中存在一个什么空白点，或者存在个什么问题，以及这个问题有多严重。例如，现在网游市场里盗号情况严重，你有一产品能解决这个问题，只需要几句话说清楚就可以。

第二页，说明你有什么样的解决方案或什么样的产品，能够解决这个问题，你的方案或产品是什么，提供了怎样的功能。

第三页，说明你的产品将面对的用户群是哪些，一定要有一个用户群的划分。

第四页，说明你的竞争力，为什么这件事情你能做，而别人不能做？否则如果这事谁都能做，为什么要投资给你？你有什么特别的核心竞争力？有什么与众不同的方？所以，关键不在于所做事情的大小，而在于你能比别人做得好，与别人做得不一样。

第五页，再论证一下这个市场有多大，你认为这个市场的未来会是什么样。

第六页，说明你将如何挣钱。如果真的不知道怎么挣钱，你可以不说，可以老老实实地说，我不知道这个怎么挣钱，但中国一亿用户会用，如果有一亿人用我觉得肯定它的价值。想不清楚如何挣钱没有关系，投资人比你有经验，告诉他你的产品多有价值就行。

第七页，用简单的几句话告诉投资人，这个市场里有没有其他人在做，具体情况怎样的。不要说“我这个想法前无古人后无来者”这样的话，投资人一听这话就要打个问号。有其他人在做同样的事不可怕，重要的是你能不能对这个产业和行业有一个基本的了解和客观认识。要说实话、干实事，可以进行一些简单的优劣分析。

第八页，突出自己的亮点。刚出来的产品肯定有很多问题，说明你的优点在哪里，只要有一点比竞争者强就行。

第九页，进行财务分析，可以简单一些，不要预算未来三年挣多少钱，没人会信。说说未来一年或六个月需要多少钱，用这些钱干什么？

第十页，如果别人还愿意听下去，介绍一下自己的团队，团队成员的优秀之处，及自己做过什么。

一个包含以上内容的计划书，就是一份非常好的创业计划书了。

聚焦三：居安思危、有备无患——创业的风险管理

导师寄语

做任何事情都有一定的风险，创业更是如此，那么什么是创业风险？它有哪些特点？是否可预测可防范？如何规避创业风险？通过本章的学习让我们更清楚创业中的风险。

理论启发

知识一：创业风险的概念

如今就业形势日益严峻，自主创业成为大学生解决就业问题的一种良好途径，但创业存在风险，抵御风险能力、识别和控制风险对大学生创业者来说极其重要。

对于风险的理解，有广义和狭义之分，广义的风险强调了结果的不确定性，狭义的风险则强调了损失的不确定性。广义上的风险，说明未来利润多寡的不确定性，可能是获利（正利润）、损失（负利润）或者无损失也无获利（零利润）；狭义上的风险，只能表现为损失，没有获利的可能性。

从企业风险因素的来源看，风险可以划分为外部风险和内部风险。从企业风险的表现形式看，企业面临的风险通常表现为：市场经营风险、投资风险、财务风险、技术风险、法律风险等。

那么什么是创业风险呢？

创业风险是指企业在创业过程中存在的各种风险。由于创业环境的不确定性，创业机会与创业企业的复杂性，创业者、创业团队与创业投资者的能力与可控资源的有限性而导致创业活动结果的不确定性，就是创业风险。

知识二：创业风险的特点

一、客观存在性

创业风险的客观性，是指他的存在是不以人的主观意志为转移的，是任何企业都会遭遇的必然事实。客观性要求创业者采取正确的态度承认和正视创业风险。

二、不确定性

创业风险的不确定性是指创业风险的发生是不确定的，风险的程度有多大、风险何时何地有可能转变为现实均是不确定的。也就是说风险发生的条件和创业所依赖和影响的因素具有不确定性，这些因素是不断变化、不断发展的，甚至是难以预

料的，有时候是防不胜防。

三、相关性

创业者面临的风险与其创业行为及决策是紧密相连的。同一风险事件对不同的创业者会产生不同的风险，同一创业者由于其决策或采取的策略不同，会面临不同的风险结果。

四、可识别性

创业风险是可以被识别和划分的，是有一定规律可循的。因为任何事情的发生都是有其因果关系的，随着科技的进步和人们素质的提高，风险的规律性可以被更好地认识和掌握。

知识三：创业风险的来源

一、资金风险

资金风险是指创业者或创业企业在理财活动中存在的风险。对创业所需资金估计不足，难以及时筹措创业资金，创业企业财务结构不合理、融资不当、现金流管理不力等都可能会使创业企业丧失偿债能力，导致预期收益下降，形成一定的资金风险。一旦资金不足，企业日常运营就会非常困难，甚至会导致破产。

二、竞争风险

一旦选择创业，就要随时考虑如何面对竞争的问题。如果创业者选择的行业是一个竞争非常激烈的领域，那么在创业初期极有可能受到同行的强烈排挤。一些大企业为了吞并或挤垮小企业，常会采用低价销售的手段。对于大企业来说，由于规模较大、实力雄厚，短时间的降价并不会对它造成致命的伤害，而对初创企业而言则可能意味着彻底毁灭的危险。因此，考虑好如何应对来自同行的残酷竞争是创业企业生存的必要准备。

三、技术风险

技术风险是指由于技术方面的因素及其变化的不确定性而导致创业失败的可能性。技术成功的不确定性，技术前景、技术寿命、技术效果的不确定性，技术成果转化的不确定性等，都会带来技术风险。

四、市场风险

市场风险是指由于市场情况的不确定性导致创业者或创业企业遭受损失的可能性。市场风险包括产品市场风险和资本市场风险两大类。市场供给和需求的变化、市场接受时间的不确定性、市场价格变化、市场战略失误等都可能会给创业活动带来一定的市场风险。

五、团队风险

现代企业越来越重视团队的力量。创业团队能使创业企业迅速地发展，但同时也蕴含一定的风险。一旦创业团队的核心成员在某些问题上产生分歧不能达到统一，极有可能会对企业造成强烈的冲击。另外，创业团队在面临与股权、利益相关联的问题时，也容易出现问题。

知识四：风险管理的内容

一、环境风险管理

（1）国家政策风险管理。创业者遇到的国家政策风险主要是：国家出台一些扶持初创企业的相关政策（如：税收、资金扶持和法律法规保护等方面）。对于国家政策风险的管理，初创企业的管理者应时刻关注国家的有关政策，并及时有效、充分地预测国家政策的动态、方向，在现有的风险管理体系中做出调整。

（2）行业风险管理。初创企业的管理者需要充分认识、理解行业风险，避免出现恶性竞争。这就需要创业者具有较高的素质，敏锐的洞察力，以及对此行业有一定深入的了解，能够知道本行业的发展动态、运转模式及行业处于生命周期的哪一阶段，对初创企业的发展方向及时做出调整。

（3）市场风险管理。对于创业者而言，市场风险包括：市场供求变化、利率的变化和人力成本增长等。启动资金和融资的多少直接影响初创企业的规模和成本，除此之外还影响初创企业抵抗风险的能力。特别注意的是融资风险，创业者必须要准确、快速、可靠地判断出项目何时需要融资，及需要融资的金额，避免出为融资造成市场风险过大，影响企业的健康发展。

（4）竞争者风险管理。随着我国市场经济的不断完善及获取的信息的渠道越来越畅通，市场中一旦出现高利润的行业，便有大量的资本涌入，很容易出现“僧多粥少”的现象。为了能压垮对手和获得利润，同行很容易采取价格战、提高工人工资和加大营销投入等手段。如何避免出现恶性竞争，这对创业者提出了很高的要求。管理者对将要进入的行业有充分的认识，做出合理的评估，在进入行业后密切关注同行业竞争对手的动态，及时做出应对策略，在出现恶性竞争时及时做出应对策略。

（5）灾害风险管理。除了上述风险之外，初创企业还要面对灾害风险。无论是天灾还是人祸，对于初创企业的发展而言都是极为不利的，因此，需要对其进行控制预防。对于灾害风险的处理办法是可以通过购买一些保险产和日常中提高经营团队的防范风险的意识来避免造成重大损失的。

二、过程风险管理

（一）营运风险管理

初创企业的营运风险主要是：职工健康风险、市场营销风险和技术创新风险。其中职工健康风险，主要体现在工作环境可能对职工身体造成危害的（如：粉尘、噪声和其他有害物质）；市场营销风险为创业初期由于知名度不高，用于提升知名度、投放的广告等营销手段产生的成本而未能达到预期收益所产生的风险技术；创新风险是指为了降低成本、提高产品质量、提高生产效率和开发新产品等投入的成本，但未能达到预期的效果，所产生的风险。

（二）金融风险管理

结合初创企业的金融风险特点，其主要是由筹资风险和流动风险管理。初创企业的筹资风险管理主要集中在筹集资金的渠道、筹集方式和维护上，最大限度地发挥筹集资金的作用；流动风险管理主要是初创企业的现金流是否合理，以及短时间内应对资金短缺的能力。规避此类风险可以从控制、减少不必要的支出着手。

（三）道德风险管理

初创企业的道德风险管理主要集中在社会道德风险管理和个人的职业道德风险管理。社会道德风险管理要求孵化项目必须承担一定的社会责任，不对社会造成危害，树立良好的公众形象；个人职业道德风险管理主要在于建立约束机制和激励机制，约束项目参与者可能存在的一些不道德行为，避免因个人的不道德行为对企业的发展造成不良的影响。

三、决策风险管理

（一）战略性决策风险管理

决策风险主要集中在方案的制定和决策的执行上。方案风险管理主要针对的是孵化项目管理者在把握项目的发展过程中，需要充分考虑初创企业的内部、外部环境，做出切实可行的方案；执行风险主要集中在决策制定后员工的执行能力、执行效率，员工对于该决策的理解是否正确，以及决策落实过程中的监管。

（二）财物性决策风险管理

财物性决策风险管理对于初创企业而言，是指筹资决策、营业额分配和运用成本风险。在现有资金流的条件下达到收益最大化，使孵化项目的现金流合理，加快资金的周转速度，提高资金的使用效率。

有声小课堂 | 创新创业教育之创业风险管理

奇思妙想

训练一： 什么是创业风险？

训练二： 创业风险的来源有哪些？

训练三： 创业风险的管理内容包括哪些，并简要说明？

增知提速

创业风险识别的途径

创业者在识别自身存在的风险时，通常从自然环境、政治与文化环境和自身环境入手，具体说来，包括以下几个方面：

（1）自然环境。自然环境是最基本的风险来源之一，如暴雨、地震、火灾、疫情等都会带来意料之外的损失。例如，建筑项目会因雨天而影响其进度，旅游业会因地震、天灾、疫情而影响其游客人数。在面临自然环境的变化时，创业者应该保持高度的敏感性，结合环境的变化迅速做出反应，尽可能减少损失。

（2）政治文化环境。一般而言，创业者需要关注国家大政方针走向、关注社会经济文化环境变化，审慎考虑政策及文化环境对企业的影响，及时调整企业发展战略，避免因产业政策调整带来的经济损失。

（3）企业自身的营运环境。创业企业自身的营运环境也是创业风险识别的重要途径之一。创业企业活动的性质、生产经营方式、生产经营过程等，都决定了风险识别渠道的不同。

一般来说，对于传统的、常见的风险，创业者凭借经验和简单的风险知识使可识别，但是由于企业的经济环境的不断变化，识别一些新的、潜在的风险难度就会加大，必须掉照一定的途径和方法才能识别。一般而言，这种情况下，企业识别风险的途径有两条：一是借助企业的外部力量，利用外界的信息、资料识利风险；二是借助企业自身力量，利用内部信息及数据识别风险。值得注意的是，企业往往难以完全凭借自身力量实现风险识别，因此，创业企业为了更好地识别潜在风险，需要充分利用外界的资料。如保险公司、咨询公司、学术团体等机构提供的保险资料，以及从网络和情报资料中获得的经营风险信息资料。他们提供的资料具有一定的权威性和可靠性，对创业企业的风险识别具有一定的指导意义。

创业者预防风险“八字诀”

成功人士在谈到预防经营风险时，透露了“八字秘诀”，分析、评估、预防、转嫁。

学会分析风险。创业者对每一经营环节都要学会分析风险，做什么都不能满打满算，要留有余地，对可能出现的风险要有明确的认识和克服的预案。

善于评估风险。通过分析，预测风险会带来的负面影响。例如，投资一旦失误，可能造成多大损失；投资款万一到期无法挽回，可能造成多大经济损失；贷款一旦无法收回，会产生多少影响；资金周转出现不良，对正常经营会造成哪些影响……

积极预防风险。例如，对投资方案进行评估，对市场进行周密调查，制定科学的资金使用政策等。一旦某个环节出了问题，要有采取补救措施的预案，尽可能减少负面影响。同时，还要加强管理，建立健全企业各种规章制度，特别是合同管理、财务管理、知识产权保护等；在平时的业务交往中要认真签订、审查各类合同，加强对合同履行过程中的监督。

设法转嫁风险。风险不可避免，但可以转嫁。例如财产投保，就是转嫁投资意外事故风险；购商品是转嫁筹资风险；以租赁代替购买设备是转嫁投资风险。创业也是如此，个人独资承担无限责任，但几个人共同投资，就是有限责任，就能分散风险。

规避风险有九招

成功人士认为，与其老想着预防风险，还不如从积极方面入手，规避风险，尽可能提高制胜概率。他们指出，规避风险有九招：

以变制胜。所谓“适者生存”，强调的就是“变”，经营者要适应外部环境的变化，随时做出调整。

出其不意，攻其不备。核心是一个“奇”字，用出奇的产品、出奇的经营理念、出奇的经营方式和服务方式去战胜竞争对手。

以快制胜。机不可失，时不再来，比对手快一分就能多一分机会。对什么都慢慢来、四平八稳左顾右盼的人必然被市场淘汰，胜者属于那些争分夺秒、当机立断者。

后发制人。从制胜策略看，后发制人比先发制人更好，可以更多地吸收别人的经验，时机抓得更准，制胜把握更大。

集中优势重点突破。这一策略特别适用于小企业，因为小企业人力、物力、财力比较弱，如果不把有限的力量集中起来很难取胜。

趋利避害，扬长避短。经营什么产品，选择什么样的市场，都要仔细掂量，发挥自己优势。干应该干的，干可以干的，有所为，有所不为。

迂回取胜。小企业与人竞争不能搞正面战，搞阵地战，而应当搞迂回战，干别人不敢干的，干别人不愿干的。

积少成多，积微制胜。“积少成多”是一种谋略，一个有作为的经营者要用“滴水穿石”“聚石成山”的精神去争取每一个胜利，轻微利、追暴利的经营者未必一定成功。

以廉制胜。“薄利多销”是不少经营者善于采用的一种经营策略，“薄利多销”前提是能多销，“薄利少销”则是不可取的。

第四篇 寻找榜样力量

榜样是一种力量，可以彰显进步、鼓舞斗志、引领方向！那么经常出现在创新创业课堂上的榜样都有谁呢？有贝尔、牛顿、爱因斯坦；有袁隆平、屠呦呦、任正非……榜样很多，他们身上都存在着创新创业者所具备的丰富的智慧、勤奋的实践、无畏的勇气和坚定的毅力，但是与我们普通的学习者总有距离感，他们有所创新的专业可能是我们不熟知的、他们创业的奋斗过程可能是我们不能亲身体会的，对于我们普通学习者来讲，这些榜样犹如天上明月，仿佛难以企及！

上述感受给了双创教师一个方向：榜样为什么一定要离我们很遥远呢？为什么不可以就是我们身边的人呢？创新创业学习总在不断地向学习者提出新的要求，那我们的课程建设同样也需要创新与发展！《名匠访谈》就是寻找我们身边的榜样，采访他们的创新故事、探求他们的创业灵感、分析他们的创新模式、总结他们的创业成功经验！

《名匠访谈》让我们身边的“名匠”现身说法，他们有的是教师、有的是电力行业内的工程师、有的是保定电力职业技术学院毕业的优秀毕业生，他们就生活在我们身边，他们的创新案例对学习者的指导与启发会更加具体也更加具有针对性，尤其是身处电力行业领域的学习者便更加具有可参考性，总之他们的真实案例可以真正走进学习者的学习与生活当中！

导师寄语

本章节中共记录共访谈了19位“名匠”，其中包含6位校内教师、2名优秀国家电网工程师、11名优秀的学院毕业生。访谈依托保定电力职业技术学院“青电途”众创空间为基地，访谈提纲全面严密，既有实践案例剖析，又有双创理论指导，更有双创方向指引，真正实现了理专结合的学习目标。

希望各位学习者能够从中得到有益启发，深刻感受到创新创业并不神秘，更不是想象中那么遥远，创新创业就在身边，只要用心观察生活、用心改变生活，勤于实践、敢于拼搏，我们都可以取得相应的成绩！

第九章　创新名匠

>> 樊　浩 <<

保定电力职业技术学院专职培训师，高级讲师，高级技师，目前兼任保定电力职业技术学院双创导师。

在教育培训工作中经历了10个春秋，期间担任过专职教师，主讲《装表接电》《专业外语翻译》等课程；后担任专职培训师，主要承担配电线路及设备运检专业培训管理与授课任务。主持或参与各级各类课题研究5项，发表论文10篇，出版专著一部，主持或参与实训基地建设3项，主持或参与培训软资源开发3项。

创新项目介绍

《乡镇供电所台区经理能力标准模型》属于人力资源管理范畴，应用在职后人才培养领域，主要针对乡镇供电所台区经理这个岗位，以工作任务作为出发点，将工作任务转化为对台区经理的能力要求，按能力性质和难易程度进行分类重构，形成了一套比较完整的能力标准模型。

该成果先后获得了2019年冀北公司QC小组成果二等奖，北京市质量管理成果三等奖，河北省质量管理成果二等奖，其团队获得了冀北公司优秀QC小组荣誉称号。

名匠寄语：既要高瞻远瞩，又要脚踏实地；既能独立发展，又能合作共赢！

有声小课堂｜观看访谈：名匠访谈之樊浩

>> 姜秉梁 <<

保定电力职业技术学院专职培训师，高级讲师、高级技师、高级企业培训师，冀北电力有限公司 QC 评审专家，目前兼任保定电力职业技术学院双创导师。

主要从事变电检修、电气试验培训教学，曾获得“科技创新先进个人”等荣誉称号，主持成果先后获得学院科技项目二等奖、河北省教育教学信息化大赛一等奖、国网冀北电力公司质量管理小组三等奖、国网公司网络大学“双优”二等奖、冀北公司创新创效二等奖、冀北公司青创赛铜奖等奖项。

创新项目介绍

《隔离开关操作机构电气故障模拟装置》主要包括：隔离开关模块、故障控制模块、服务器模块三部分。

该装置功能全面，移动方便，即可用于 GW4 型本体调试培训教学，也可用于操作机构故障查找教学，故障设置“一键完成”，极大程度降低了教师的工作强度，同时也延长了设备的使用寿命。本装置可用于变电检修专业培训、教学、竞赛等，具有推广价值。

名匠寄语：以梦为马，不负韶华！

有声小课堂 | 观看访谈：名匠访谈之姜秉梁

>> 潘洪涛 <<

保定电力职业技术学院专职教师，硕士、副教授，从事计算机网络技术专业授课 15 年，目前兼任保定电力职业技术学院双创导师。

工作期间，获得信息系统集成项目管理工程师、网络规划设计师资质，通过信息通信高级技师认定。负责或参与教育厅课题 3 项，负责学院课题 4 项。2019 年组建 FIT QC 小组，获得国网冀北电力有限公司 QC 成果一等奖，河北省一等成果，电力行业 QC 成果三等奖等。

创新项目介绍

《培训师绩效管理系统》是信息工程与管理系和技能培训一部联合开发的信息管理系统。

该系统基于技培中心培训师绩效管理的工作需求，采用数据库、Web 软件开发技术实现工作数据的线上填报、审核和统计。系统投入使用之后，提高了培训师绩效管理的工作效率。2020 年，该成果获得国网冀北电力有限公司 QC 小组成果一等奖，电力行业三等奖。

名匠寄语：细心观察，勤于思考，勇于实践，持之以恒。

有声小课堂 | 观看访谈：名匠访谈之潘洪涛

>> 王羽凝 <<

保定电力职业技术学院专职培训师，目前兼任保定电力职业技术学院双创导师。

参加工作以来曾参与过多项创新项目工作，先后获得河北省 QC 小组活动一等成果、河北省现代化管理创新二等奖、河北省高校辅导员技能大赛二等奖、国网冀北电力有限公司青创赛三等奖、国网冀北电力有限公司“青年岗位能手”称号。

创新项目介绍

《全能型乡镇供电所精准培训模块》是用于基层乡镇供电所员工的培训与管理的系统网站。可实现的功能有：管理培训资源、测评员工能力、分析用户需求、制定培训计划、归档培训资料、辅助培训实施。在产品的协助下，可以增强员工专业素质，提高企业服务水平，满足员工个人的个性化需求，对于提高电力员工个人技能水平、统筹企业人员培养规划等方面有事半功倍的显著效果。

名匠寄语：有一双发现问题的眼睛，做创新创业的有心人！

有声小课堂 | 观看访谈：名匠访谈之王羽凝

>> 姚宏坤 <<

保定电力职业技术学院专职教师，副教授，目前兼任保定电力职业技术学院双创导师。

从事计算机教学三十余年，具有丰富的教学经验，多次获得河北省教学比赛一等奖。主编的《C 语言程序设计》等多本教材，广泛应用于各类职业学院的教学中。主持和参与了多个省级、院级课题，分获省级二等奖、院级二等奖。2020 年主持了《无人机巡检图像自动检测系统》的研发，并参加了 2021 年国网、冀北和北京市质量管理（QC）比赛，获得了国网三等奖、冀北一等奖、北京市一等奖。

创新项目介绍

《无人机巡检图像自动检测系统》是保定电力职业技术学院信息工程与管理系和技能培训一部、二部联合开发的应用软件。开发团队成员包括信息系专业教师和技能培训部培训师组成，专业教师进行软件系统的开发和应用，培训师负责系统的测试。

本创新项目源于上级公司分配的无人机巡检图像搜集、检测和统计的工作要求，采用数据库、Python 和 WEB 技术实现无人机图像的自动检测和统计，大大提高了工作人员在进行无人机图像检测工作时的效率。2021 年，该成果获得了国网 QC 成果三等奖，冀北电力有限公司 QC 一等奖，北京市 QC 一等奖。

名匠寄语：不积跬步无以至千里，不积小流无以成江河，从小处着眼，积少成多！

有声小课堂 | 观看访谈：名匠访谈之姚宏坤

>> 周国亮 <<

保定电力职业技术学院专职教师，博士、教授，目前兼任保定电力职业技术学院双创导师。

主要从事高性能数据分析、电力大数据分析、区块链技术等方面的研究应用工作。主持并通过验收河北省自然科学基金一项，主持完成河北省高等学校科学研究计划项目一项，参与国家科技部、教育部、北京市、冀北电力有限公司等各类科技项目 6 项，项目成果获得河北省优秀教学成果一等奖 1 项，保定市科技进步二等奖 1 项。发表 SCI 论文 1 篇，出版专著两部，发表 EI 期刊论文 8 篇，核心期刊论文发表 10 多篇，申请专利 6 项，获发明专利授权 3 项。

创新项目介绍

《隔墙售电 – 区块链分布式电力共享互售系统》根据国家电力发展需要，响应国家发改委、国家能源局《关于开展分布式发电市场化交易试点的通知》精神，利用区块链技术将分布式发电业主和附近消费者结合在一起，实现剩余电力的点对点直接交易。

该系统支持分布式发电业主主动参与市场交易，实现电能就近消纳，无须远距离、升降压传输。本系统已经研发完成并经过专业软件机构测评，达到功能需求，2019 年 10 月在国网廊坊供电公司测试应用，效果良好。

名匠寄语：勉于观察，勤于思考；善于综合，用于创新！

有声小课堂 | 观看访谈：名匠访谈之周国亮

第十章　行业名匠

>> 魏爱民 <<

任职于国网冀北电力有限公司张家口供电公司怀来县狼山供电所，目前兼任保定电力职业技术学院双创导师。

1989 年应征入伍，先后获得优秀士兵，优秀班长，优秀党员，三等功等光荣称号。1999 年入职国家电网，2006 年在国家电网比武大赛中荣获全国第一名，被授予为“国家电网优秀技能人才”，享受国家电网特殊津贴待遇。2007 年被评为冀北电力有限公司优秀农村供电所长，2008 年被评为怀来县十大优秀青年，2009 年至今任狼山供电所配电营业班长，被张家口盛垣电力服务有限公司评为优秀技能人才。2016 年获得中电联高级技师资格证，历年来共计获得 6 项国家专利，被张家口市总工会命名并成立魏爱民创新工作室，2019 年其创新工作室被河北省总工会命名“魏爱民创新工作室”。

魏爱民创新工作室简介

魏爱民创新工作室创建于 2016 年 8 月，现有专业技术人才 8 名。工作室始终秉承科技创新理念，以创新创效为目的，普及先进的管理理念，加快新技术的推广与应用，围绕安全生产、技术进步、降本增效、节能减排等主题，积极组织开展科技创新、技术攻关、导师带徒、培训研讨、经验交流和管理创新等活动。

截至目前，创新工作室已有成果 15 项，其中 5 项成果获得国家专利授权，1 项成果荣获全国电力系统职工技术创新成果二等奖，1 项成果荣获冀北电力有限公司 QC 成果二等奖，5 项成果在分公司及以上范围内推广应用。

名匠寄语：多学习、多总结、温故而知新！

有声小课堂 | 观看访谈：名匠访谈之魏爱民

>> 王　川 <<

工程师，2016 年毕业于华北电力大学（保定），获电气工程工学硕士学位，任职于国网冀北电力有限公司张家口供电公司，目前兼任保定电力职业技术学院双创导师。

自参加工作以来，努力扎根一线，以百折不挠的韧劲、求真务实的拼劲，为推动公司和电网高质量发展奉献力量。2020 年被评为河北省“冀青之星”，1 项成果获河北省科学技术成果奖；1 项成果获国家电网公司青年创新创意大赛金奖；3 项成果获国网冀北电力有限公司青年创新创意大赛银奖；1 项成果获第四届“中国创翼”创业创新大赛张家口地区优秀奖；2 项成果获国网冀北电力有限公司 QC 成果优秀奖；1 项成果获张家口供电公司 QC 成果优秀奖。

访谈项目简介

随着国家可再生能源发展战略以及光伏扶贫政策的大力推广，分布式电源发展迅猛，但随着分布式电源大量接入，对电网影响愈发严重。因此，《分布式电源集群协同管控和数字孪生》通过对分布式电源集群协同控制，协调分布式电源与电网规划和运行相适应，进而实现全口径分布式电源的可测、可控、可调，实现电网对分布式电源“泛在物联，融通发展”，促进分布式电源合理有序发展，提升可再生能源使用率。

名匠寄语：成功没有捷径，努力很重要！

有声小课堂 | 观看访谈：名匠访谈之王川

第十一章　创业名匠

>> 陈保利 <<

保定电力职业技术学院工业仪表及自动化专业 2002 届毕业生，现任中国民主建国会会员、河北华电聚能电力技术有限公司总经理，兼任保定电力职业技术学院双创导师。自 2002 年毕业后一直从事与电力仪器仪表的销售及销售管理工作，于 2016 年创办河北华电聚能电力技术有限公司。

公司简介

河北华电聚能电力技术有限公司位于有“中国电谷”之称的保定市国家级高新技术产业开发区，是新兴的电力电子高新技术企业，公司是集产品研发、生产、销售、技术服务于一体的综合型企业。现公司有员工 25 人，总资产 1300 万元，主要业务为电力检测仪器仪表的生产、销售，电气设备的检测及运维服务、防雷装置的检测服务、电力安全工器具的检测服务。

公司依托华北电力大学、河北大学的科技力量，立足校园科研成果的转化和推广，是一家专注于电力用户状态检修及在线监测、离线检测仪器仪表等产品的自主研发和生产制造，并提供系统解决方案的制造商。

为顺应市场需求，近年公司成功实现战略转型，先后取得了国家能源局华北监管局颁发的《承装（修、试）电力设施许可证》、河北省市场监督管理局颁发的《检验检测机构资质认定证书》，专心致力于变（配）电设备运行维护、防雷装置检测、电力安全工器具检测等多元化专业服务。

公司目前拥有一批经验丰富的设备维护和检验检测人员，经过大量对用户的维护服务，积累了丰富的运维、检验检测经验和一整套系统科学的管理模式。同时，公司严格遵循 ISO9001 质量管理体系、ISO14001 环境管理体系、OHSAS18001 职业健康安全管理体系的要求，已具备综合全面的保障体系和生产服务能力。

名匠寄语：勤能补拙，成功没有捷径可走；人生拼到最后，往往拼的不是运气和聪明，而是努力！

有声小课堂｜观看访谈：名匠访谈之陈保利

>> 霍志峰 <<

2001 年以优异的成绩毕业于保定电力职业技术学院，毕业后进入清苑县供电公司实习，2002 年进入某电力设备生产企业从事销售工作，2014 年成立保定大恒电气科技有限公司至今，目前兼任保定电力职业技术学院双创导师。

公司简介

保定大恒电气科技有限公司位于保定国家高新技术产业开发区火炬园，是一家自主研发、自主生产、多元化销售、专业化售后为一体的高新技术企业。现已全面实行现代化管理制度，严格按照 ISO9001 质量管理体系程序和标准对产品进行全程控制。以庞大的高素质研发团队为基础，把握技术前沿，自主设计和研发产品，不断提升产品的竞争力和市场的核心地位。

大恒电气公司有着雄厚的技术研发实力，并且与保定各重点高校保持着广泛的技术合作，依托华北电力大学的人才和技术优势，建立了拥有数十名油化、电力电子设计技术专业人员的研究中心；产品用户遍布全国所有省市，其中包括国家电网公司、南方电网公司、五大发电集团、中国电科院、国网电科院、电力建设企业、电力制造企业、铁路、石油、冶金、化工等大型企业集团，部分产品已出海外市场。自从投入运行以来，无论从产品质量上还是售后服务上，都受到用户的好评。

名匠寄语：创业，一定要找好自己的定位和优势，扬长补短，为梦想坚持到底！

有声小课堂 | 观看访谈：名匠访谈之霍志峰

>> 李姬飞 <<

保定电力职业技术学院仪器仪表自动化专业 2002 届毕业生，目前兼任保定电力职业技术学院双创导师。2005 年在成都注册贸易公司，主做电力仪器仪表的销售业务，开始接触仪器仪表行业；于 2010 年在保定创办保定腾远电力科技有限公司，先后担任公司技术总工程师和总经理职务。

公司简介

保定腾远电力科技有限公司，创建于 2010 年，地处具有“中国电谷”之称的河北省保定市国家高新技术产业开发区，是河北省高新技术企业、国家级科技型中小企业、ISO 9001 国际质量认证企业。专门从事电力系统高压、直流、油化测试自动化仪器仪表的研发、生产和销售。并承接 220kV 及以下电站电气安装与调试工程。

公司立足电力系统，根据市场需要，自行研发、生产和销售的产品达 20 余种，其中绝缘电阻测试仪、超轻型试验变压器、有载分接开关测试仪、断路器特性综合分析仪、变压器绕组变形测试仪、变压器综合测试仪、电力试验车等仪器在国内属于领先水平。

名匠寄语：珍惜在校园中的美好时光，夯实理论基础，多参加社团活动或社会实践，拓展自己的人际交往能力，无论创业成功与否，首先做个善良、正直对社会有用的人！

有声小课堂｜观看访谈：名匠访谈之李姬飞

>> 李鹏飞 <<

2000—2003 年就读于保定电力职业技术学院热工仪器仪表专业，2002—2005 年就读于河北工业大学电气工程自动化专业，2005—2008 年就读与河北农业大学计算机与管理专业，目前兼任保定电力职业技术学院双创导师。

于 2003 年 4 月参加工作，曾任河北新大通管业有限公司计量中心主任，河北和正鑫电气公司市场部总监，保定京南电气公司财务总监。2007 年组建创业团队，成立保定京南电气自动化有限公司，获得了第一次最宝贵的创业经验——做良心产品，才能赢得客户信任。2010 年 5 月创办保定远扬航程电力科技有限公司，同年 8 月，组建研发生产团队，为电力系统安全稳定运行提供专业保障，同时组建并开发客户网络体系，保证公司稳固持续发展，同年 10 月和国内一线品牌——上海正泰电气集团签署长期合格供应商协议至今。

公司简介

保定远扬航程电力科技有限公司是一家集科研、生产、销售为一体的高科技企业，位于“中国电谷”——保定市国家高新技术产业开发区。公司主要服务于电力、化工、石油、冶金、煤炭、矿山和石化及其他行业电力建设及各类型输变电场所，具有较强的市场开拓和产品研发能力，产品主要销往全国各地和东南亚地区。

公司重视自主知识产权的研究开发，严格按照 ISO 9001 质量管理体系程序和标准对产品进行全程监控。企业发展至今，共获得软件著作权 11 项、专业技术产品专利 9 项、企业商标 1 项，并获得高新技术企业认定证书、ISO 9001 国际质量体系认证证书。截至目前，公司相关业务除面向国内大、中、小城市以外，还在菲律宾、泰国、缅甸等国家的用电行业拥有长期稳定的业务市场。

名匠寄语：好好学习专业知识，博览群书，丰富自己的阅历，拓宽自己的思维，开阔自己的眼界！

有声小课堂 | 观看访谈：名匠访谈之李鹏飞

>> 李志慧 <<

1994 年 9 月—1998 年 7 月，于保定电力学校（后更名为保定电力职业技术学院）进行专业学习，1998 年 7 月—1999 年 12 月，进入北京电力建设有限公司工作，后于 2020 年 5 月—2010 年 11 月，进入保定建通电器制造有限公司工作，于 2012 年 5 月 18 日，创建了保定普世电器制造有限公司，目前兼任保定电力职业技术学院双创导师。

公司简介

保定普世电器制造有限公司成立于 2012 年，坐落于河北省保定市高新技术开发区，是一家专业从事石油产品分析仪器以及电力检测设备研发、生产、销售和服务为一体的高新技术企业。

公司在满足客户需求的基础上产品逐步多元化，现有检测设备十余类，主要包括油化分析类、SF_6 测试类、变压器检测类、开关测试类、高压试验类、电能计量以及继电保护测试类等等，广泛应用于电力、铁路、石油、化工、科研、国防等领域。

公司拥有专业的研发、生产、检测和销售团队，产品专利 20 多项以及多种实用新型和软件著作权证书。凭借先进的技术、严格的质量控制和周到的客户服务，产品已销往欧洲、南美洲、非洲及亚洲多个地区，并赢得了国内外客户的一致好评！

名匠寄语：人生能有几回搏，此时不搏何时搏，不负韶华，无悔青春！

有声小课堂 | 观看访谈：名匠访谈之李志慧

>> 陆　潇 <<

2008 年毕业于保定电力职业技术学院，华北电力大学电气工程及其自动化专业本科毕业生，曾担任国家电网冀北廊坊公司办公室主任，目前兼任保定电力职业技术学院双创导师。2017 年开始担任北京广安联合电力工程设计有限公司总经理，带领公司阔步向前，经营业绩实现稳定增长，合同额连续四年超亿元。2019 年营业收入 3 个多亿，同比增长 220%。2020 年在疫情重大影响下营业收入 1 个多亿。

公司简介

北京广安联合电力工程设计有限公司成立于 2009 年，具有工程设计乙级、输变电工程专业承包三级、电力承装（修）三级、承试四级、市政公用工程施工总承包三级、建筑工程施工总承包三级、施工劳务不分等级等资质的，集设计、施工、运维服务于一体的专业工程公司。

公司在 220 千伏及以下送变电工程设计、施工、项目管理等领域经验丰富，参与了北京环球影城设计施工总承包工程、北京轨道交通指挥中心外电源工程、华为数据中心机电施工、华为中心实验室外电源设计、施工，还与龙湖地产、珠江地产、恒大地产、世茂地产、万科地产等知名房地产企业在全国多地保持长期稳定的合作关系。另外，公司在高原输变电、大塔技术、节能减排技术、太阳能热发电、城市综合能源供应、综合管廊等前沿科学技术方面保持优势，成功完成了一批具有影响力的电力设计咨询和工程总承包品牌项目。

名匠寄语：沉住气，提高认知，找准需求、创造价值！

有声小课堂 | 观看访谈：名匠访谈之陆潇

>> 卢义京 <<

2002 年毕业于保定电力学校（后更名为保定电力职业技术学院）企业供电 98–1 班，后一直从事高电压产品的生产制造、设计研发等工作。2017 年组建团队成立了保定和为电力科技有限公司，现任保定和为电力科技有限公司的法人，公司总经理，目前兼任保定电力职业技术学院双创导师。

公司简介

保定和为电力科技有限公司是专业生产高压电力设备的高新技术企业，公司坐落于具有中国电谷之称的河北省保定市，毗邻雄安新区，占地面积 6000 平方米。公司通过了 ISO9001 质量管理体系认证，并获得多项产品技术专利。公司倡导和谐、有为、勤奋、创新的企业文化，秉承以市场为导向，质量为生命的经营理念，以优质的产品服务于电力行业。

现主要产品有：12 ~ 252kV 电容型复合穿墙套管、瓷套管，干式变压器套管，35 ~ 220kV 干式复合高压电流互感器，1 ~ 35kV 中压载波一体化电容耦合器等高电压产品。

名匠寄语：和谐、有为、勤奋、创新！

有声小课堂｜观看访谈：名匠访谈之卢义京

>> 马文良 <<

2007 年毕业于保定电力职业技术学院，后进入保定天威集团下属的高科技公司工作，先后任销售部区域经理、西北、东北区大区经理、销售一部部长等，带领公司销售团队，开辟西北和东北市场，给公司带来大量订单，为公司以后的发展奠定了基础。

2014 年创办保定中创科技，从事高科技产品的研发、生产、销售，在公司创办短短的几年里，市场已遍布全国 20 几个省市以及五大发电集团。于 2018 年被评为河北省创新人才，目前兼任保定电力职业技术学院双创导师。

公司简介

保定中创电子科技有限公司位于保定市高新技术产业开发区，是一家致力于电气设备与自动化装备的研发、生产、销售及服务的科技型企业，主要产品包括：电力系统智能化在线监测设备和各类检测仪器、保证电力系统安全可靠运行装备，广泛应用于供电系统、发电系统、铁路、石化、钢铁等众多领域。公司将人才队伍建设和科技创新作为企业发展的核心动力，目前有专业技术人员 30 余人，诊断服务专家 10 余人。

公司曾承担、参与过多项国家级攻关课题，并得到用户的充分认可，目前已拥有多个产品系列，具备完全自主知识产权，并达到国内外领先水平。

名匠寄语：可以坚持，但不要固执；可以谨慎，但不要保守！

有声小课堂｜观看访谈：名匠访谈之马文良

>> 武　旭 <<

2009 年毕业于保定电力职业技术学院，目前兼任保定电力职业技术学院双创导师。因喜欢旅游，决定毕业后从事自己喜欢的行业，于 2013 年毕业后从事旅游行业。从最基层的导游做起，一步一个脚印，终于凭借自己的实力在 2015 年收购了保定市天涯国际旅行社有限公司，并于 2018 年正式更名为河北中青国际旅行社有限公司，开始了全省范围内的连锁加盟。

公司简介

河北中青国际旅行社有限公司，简称“中青国旅”，成立于2009年，是经工商局注册，国家旅游局批准，具有合法资质的出境旅游公司。

2018年“中青国旅”完成了战略转型和体制重组，开始了中青国旅全省各运营中心同步开始门店连锁加盟。截至目前，已经完成了保定地区100余家，全省500余家门店的落地。

名匠寄语：创业，一定要趁早，不要害怕失败，一定要做自己擅长的领域；如果没有，就用心去学，只要能学到东西！

有声小课堂｜观看访谈：名匠访谈之武旭

>> 吴锡茜 <<

1999年毕业于保定电力学校（后更名为保定电力职业技术学院），2000年就职于固安县文化体育局，自2014年至今担任北京京门老爆三餐饮管理有限公司总经理，2019年成为餐创云主题街区餐饮创业孵化导师，目前兼任保定电力职业技术学院双创导师。

公司简介

京门老爆三餐饮管理有限公司创立于2009年，“京门老爆三”是公司旗下中餐火锅连锁品牌，现有门店48家，员工上千人，门店多分布于北京区域，外阜门店分布在河北省和内蒙古，主营老北京铜锅涮肉、爆肚、炙子烤肉、八大碗、老北京小吃。

京门老爆三传承了老北京胡同文化、民俗文化，具有深厚的文化情结，京吃、京味、京韵就是其最佳的文化诠释！

名匠寄语：天道酬勤，有志者事竟成！

有声小课堂｜观看访谈：名匠访谈之吴锡茜

>> 张　帆 <<

2009年毕业于保定电力职业技术学院电厂生产过程自动化专业。毕业后先后从事脱硫项目的电气、热工调试工作，后升至脱硫项目项目经理。2012年从事电力行业销售工作，2016年开始创业至今，现任河南阿刚泉环保科技有限公司总经理，目前兼任保定电力职业技术学院双创导师。

公司简介

河南阿刚泉环保科技有限公司，是一家致力于大宗散料环保处理设备设计、制造、销售、服务于一身的环保公司。公司具有一支经验丰富的创新团队，具有多项产品专利，产品范围涵盖了全自动机械纠偏器、清扫器、空气炮、缓冲床、清扫箱、落煤管、导料槽等，其产品销往全国各发电公司、煤炭码头、钢厂及港口。

2016 年初，阿刚泉公司成为 Walsn（沃森）中国区的战略合作伙伴；2018 年年末，成为法国标准工业中国区的合作伙伴，并且成立郑州分销中心，负责旗下产品销售工作和产品的全国推广服务。

> 名匠寄语：用创业去创造新生活，实现人生梦想！

有声小课堂 | 观看访谈：名匠访谈之张帆

参考文献

[1] 余华东 . 创新思维训练教程 [M]. 2 版 . 北京：人民邮电出版社，2007.

[2] 周廷波，郭兴全，王正洪 . 大学生创新教育 [M]. 北京：科学出版社，2004.

[3] 王振宇 . 创新思维与发明技法 [M]. 北京：中国工人出版社，2007.

[4] 邢群麟，王艳明 . 一看就懂的创新思维 [M]. 上海：立信会计出版社，2010.

[5] 缪晨 . 300 个创新小故事 [M]. 上海：学林出版社，2007.

[6] 胡飞雪 . 创新思维训练与方法 [M]. 北京：机械工业出版社，2009.

[7] 陈爱玲 . 创新潜能开发实用教程 [M]. 北京：化学工业出版社，2013.

[8] 吕爽 . 创业基础 [M]. 2 版 . 北京：中国铁道出版社，2018.

[9] 姬振旗，周锋 . 创业教育实务 [M]. 北京：高等教育出版社，2014.

[10] 唐丽 . 大学生创新创业基础 [M]. 北京：化学工业出版社，2018.

[11] 鲁玉桃 . 创新创业基础训练 [M]. 上海：上海交通大学出版社，2019.

[12] 郭元新 . 创新创业案例分析与仿真训练 [M]. 江苏：江苏大学出版社，2019.

[13] 杨其龙，李婷，黄重成 . 创新创业案例分析与能力训练 [M]. 上海：上海交通大学出版社，2019.

[14] 丁木金 . 新编大学生就业与创业指导 [M]. 上海：上海交通大学出版社，2018.